沈阳师范大学法律实务实训系列教程
沈阳师范大学涉外法治实务实训教程

民事法律实务实训教程

李晓霖 / 主 编
李 冬 李易敏 / 副主编

中国民主法制出版社

图书在版编目（CIP）数据

民事法律实务实训教程 / 李晓霖主编;李冬，李易敏副主编．-- 北京：中国民主法制出版社，2025. 1.

ISBN 978-7-5162-3828-8

Ⅰ. D923

中国国家版本馆 CIP 数据核字第 2025LF7850 号

图书出品人： 刘海涛

责 任 编 辑： 许泽荣

书　　名 / 民事法律实务实训教程

作　　者 / 李晓霖　主编

李　冬　李易敏　副主编

出版・发行 / 中国民主法制出版社

地址 / 北京市丰台区右安门外玉林里 7 号（100069）

电话 /（010）63055259（总编室）　63058068　63057714（营销中心）

传真 /（010）63055259

http://www. npcpub. com

E-mail:mzfz@ npcpub. com

经销 / 新华书店

开本 / 16 开　710 毫米 × 1000 毫米

印张 / 21　**字数** / 309 千字

版本 / 2025 年 1 月第 1 版　2025 年 1 月第 1 次印刷

印刷 / 北京建宏印刷有限公司

书号 / ISBN 978-7-5162-3828-8

定价 / 78. 00 元

目 录

第一章 民事法律实务实训课程概论 …… 1

第二章 民事案件第一审法律实务实训 …… 14

第一节 民事案件立案法律实务实训 …… 14

第二节 民事案件庭前准备法律实务实训 …… 59

第三节 民事案件开庭审理法律实务实训 …… 100

第三章 民事案件上诉审法律实务实训 …… 165

第一节 上诉审的提起与受理 …… 165

第二节 上诉案件的审理与裁判 …… 183

第四章 民事再审法律实务实训 …… 211

第一节 再审的提起与复查 …… 211

第二节 再审的审理与裁判 …… 244

第五章 民事案件律师代理法律实务实训 …… 262

第一节 案件受理 …… 262

第二节 证据收集 …… 279

第三节 代理方案设计 …… 293

第六章　涉外民事诉讼案件法律实务实训 …………………………… 307
第一节　涉外民事案件管辖 ……………………………………… 307
第二节　涉外民事案件法律适用 ………………………………… 316
第三节　判决、裁定的承认与执行 ……………………………… 325

第一章

民事法律实务实训课程概论

“他山之石，可以攻玉。”一直以来，西方的法学教育非常注重实践性教学，“模拟课程”便是其中重要的教学形式之一。近年来，我国法学教育界和教育管理部门对这一“舶来品”给予了高度重视和关注，并一再重申法学人才培养离不开实践教学，而且实践教学不能再附属于理论教学，应当具有第一位的实训教育功能。[1]

由此，契合我国法学教育现实的“法律实务实训”教学模式应运而生，并在与相应的实体法和程序法结合之后，产生了民事法律实务实训课程、刑事法律实务实训课程、行政法律实务实训课程、非诉讼法律实务实训课程。但是，由于理论研究不深、师资力量不足、经费和设备短缺以及法律实务实训教程缺乏等原因，我国法学专业的实训教学在很大程度上，尚未广泛、深入、有效地开展起来。

一、民事法律实务实训与民事法律实务实训课程

（一）民事法律实务实训的含义

明确民事法律实务实训的含义是理解民事法律实务实训课程的前提。民事法律实务实训，简单地说，就是模拟当事人之间的民事纠纷经由人民法院审判予以解决的诉讼过程。一般来说，民事法律实务实训涉及的内容相当多，依照不同的标准可以作如下划分。首先，依照民事法律实务实训所涉诉讼业

[1] 郭洁，路军:《法学实验室建设与实验教学的研究》，载《实验技术与管理》2008 年第 9 期。

务的不同可以分为：接受当事人委托，办理授权和委托手续；进行案件证据分析、证据调查；选定诉讼方案和确定操作流程；起草起诉状、答辩状、反诉状、财产保全申请书、强制执行申请书、先予执行申请书等相关法律文件；办理财产保全、先予执行等手续；参加开庭、代理法庭调查、法庭辩论和法庭调解；参加法院执行案件中的相关事务的代理业务；其他须有代理人参与的事项。其次，依照民事法律实务实训所涉诉讼职责的不同可以分为：律师实训、人民法官实训、人民检察官实训、其他岗位实训。最后，依照民事法律实务实训所涉诉讼阶段的不同可以分为：民事案件立案法律实务实训、民事案件庭前准备法律实务实训、民事案件第一审法律实务实训、民事案件上诉审法律实务实训、民事案件执行法律实务实训、民事案件审判监督法律实务实训。

（二）民事法律实务实训课程的定位

民事法律实务实训课程是在教师的指导下，学生担任和扮演法官、当事人以及其他诉讼参与人，在接近真实诉讼的场景下，严格依照现行法律规定进行诉讼活动的一种教学模式。它具有以下特点：第一，教学方式的实践性。民事法律实务实训课程是由学生通过承担和扮演各种诉讼角色，依照《中华人民共和国民事诉讼法》和相关民事实体法的规定，演绎解决纠纷的诉讼全过程。在此过程中，教师要求学生积极动脑、动嘴、动手甚至其他一切必要的肢体语言，因此具有很强的实践性。第二，学生参与的主体性。民事法律实务实训课程打破了传统理论法学教学中教师占据主导地位、学生只是被动接受的模式。在法律实务实训课程中，教师只是组织者、答疑者、评价者，而参与法律实务实训的学生才是整个教学的中心，推动教学过程的进行。第三，诉讼角色的扮演性。在民事法律实务实训课程中，尽管有法官、当事人等不同的诉讼角色，但是法官不是真正的法官，当事人不是真正的当事人，因此，这种教学活动具有很强的角色扮演性。这里需要特别指出的是，扮演法官、律师、其他诉讼参与人等法律职业人角色的学生不应当让自己成为“演员”，简单地拿着庭前准备好的“台词”照本宣科，而应当实实在在地以法律职业人的身份参与诉讼。第四，实训素材的真实性。民事法律实务实训课程是通过模拟实际社会生活中的各种民事纠纷，在社会和课堂之间，在理论与实践之间架起一座沟通的桥梁，通过民事法律实务实训的教学模式，提高学生的理论运用能力和实务操作水平。第五，言行依据的复合性。参与民事法律实务实训课程的指导教师和学生，其言行均受教学规章制度和法律法规的双重约束。民事法律实务实训是一种教学活动，理所当然地要遵守学校教学的各项规章制度。同时，民事法律实务实训是在模拟法官和当事人及其他诉讼参与人的诉讼角色和过程，还应当遵守法官和当事人、其他诉讼参与人所必须遵守的法律、法规等。

由此可见，民事法律实务实训课程是培养学生法律职业素养和技能的一种教学模式，“把法学理论知识转化为法律职业能力”是民事法律实务实训教学的基本理念。在民事法律实务实训课程设置上，必须根据民事法律的专业特点和民事诉讼的不同阶段，设计系列的专项模块和综合训练，使学生直接参与民事纠纷的诉讼过程，培养学生应当具备的法律实务技能，促使学生将理论知识应用于实践。因此，我们完全可以将民事法律实务实训课程的定位概括为以下两个方面：

一方面，民事法律实务实训课程是衔接民事实体法与民事程序法的平台。我们知道，法律的正义表现为实体正义和程序正义两个方面。实体正义和程序正义是互为基础、互为依托、互为形式的关系。民事法律实务实训课程，就是要有效地衔接民事实体法和民事程序法，通过让学生亲身操作现实或仿真的案件，检验理论教学中传授的法学知识，体会民事实体法如何应用民事程序法对民事实体法在形式上提供保障，从而运用民事程序法实现民事实体法中规定的权利和义务。与此同时，通过“学生自我评价”“同学评价”“教师评价”三个方面来帮助学生发现自身的不足，使学生在民事法律实务实训课程中“会做、能做”具体民事案件，实现教、学、做一体化，在教、学、做中建构学生的法律职业能力。因此，民事法律实务实训课程正是所谓的“民事实体法与民事程序法衔接课”，以此增强法学专业学生的就业竞争力，符合普通高校培养应用型法律人才的教学目标。

另一方面，民事法律实务实训课程是与民事法律理论课程并行的体系。我们知道，法学是一门实践性学科，理论教学中传授的知识最终都将应用于法律实践。就目前实践教学存在的问题而言，主要是理论教学限于主观和客观的各种原因可能无法较好地将实训环节融入教学中，而法律实务实训课程正是通过学生以不同的身份参与真实或模拟案件处理，促进学生运用各种技巧、方法和能力解决实务问题，它可以改变理论课教学无法克服的学生始终处于被动接受地位的不足，真正以学生为主体，教师始终处于指导者、交流者地位。避免以往单向教学所带来的学生学习兴趣不足的弊端，激发学生的学习兴趣，培养学生的独立思辨习惯，提高学生的实践能力。更重要的是，通过系统的法律实务实训课程，可以改变目前实践教学所面临的尴尬境地，即理论教学与课外实践环节各自为政的状态，将实践能力的培养融入实训教学，将课外实践延伸到实训课堂。社区法律服务、毕业实习等课外实践能力拓展成为实训教学的自然延伸，而社区法律服务、毕业实习的开展则直接为法律实务实训教学内容的更新提供素材。因此，法律实务实训教学不仅可以解决实践教学发展过程中遭遇的瓶颈问题，而且可以改变实践教学是理论教学补充和辅助的地位，使法律实务实训教学与理论教学共同成为教学体系中并行的两翼。

二、单独开设民事法律实务实训课程的必要性

法学人才培养离不开实践教学，而实践教学以法律职业能力培养为核心，这就决定了实践教学不能再附属于理论教学，应当具有第一位的实训教育功能。但是，对于法学实践教学是否需要以独立的法律实务实训课程体系作为载体，在许多法学教学工作者中仍存在不同的认识。

有人提出，课程是学校根据培养目标设定的既相互区别又相互补充的各种知识的集合单元，设置的原则之一是避免重复。就现有的课程而言，在各诉讼法类课程中，已经有了实践教学的内容；在实体法类课程中，也有了实践教学的要求。如果把现有课程中涉及的实践性教学内容移动出来，开设独立的法律实务实训课就属于课程的重复设置。此外，还有的观点认为，法律实务实训课程没有教学计划、没有教学大纲、没有教材、没有专任主讲教师、没有教学考核体系甚至连专门的教学场所和必备的教具都没有，堪称“六无

课程”[1]。

笔者认为，开设独立的民事法律实务实训课程，并不是将原来民法理论课中分散进行的实践教学内容移动出来，而是除此之外进一步丰富实践教学内容，提高实践教学要求，将此内容和要求集中在一个时间段、一个教学场合来完成。这样设置课程的原因在于：一是传统的实践教学环节不能形成教与学的互动和促进。在诉讼法教学中，仍以“教师讲授”的方法为主，尚未采用“以学生为中心”的方法或“从实践中学习”的方法，在非常有限的课时内，最好的模式是安排1—2次的模拟法庭，但是仍然无法保证每名学生都参与其中。而且，即便参与了模拟法庭的学生，也只扮演其中的某一角色。这与在单独开设法律实务实训课程的情况下，每名学生先后扮演法官、律师、其他诉讼参与人等不同诉讼角色所能达到的教学效果是无法比拟的。二是单一化的实践教学环节难以达到理想的效果。在诉讼法教学中，教师和学生往往过多地关注程序问题，而对于实体法的运用、司法文书的写作、诉讼技能训练等重视不够，从而使实践环节沦为程序化表演，难以实现实践教学的多元化目标。这里要强调的是，民事法律实务实训课的教学内容并不是简单的重复，而是将理论课中学习的知识形成知识链，再对民事实体法和民事程序法进行衔接，并融入法学学科作为社会科学所独具的隐性知识，形成有效的更新和补充，从而实现实践教学的仿真化。三是所谓“六无课程”只是说开设法律实务实训课程缺少相关的软件条件和硬性条件，与是否设置该类课程及其合理性是两个层面的问题。既然法律实务实训课程是符合法律人才培养方向的实践教学模式，有助于提升法学专业学生的实践能力，就应当挖掘潜力、创造条件解决法律实务实训课程建设过程中所遇到的困难和障碍，不可因噎废食。

三、民事法律实务实训课程建设的基础条件

民事法律实务实训课程不同于传统的民事理论课程，对师资条件、物质

[1] 范祥等：《高等院校刑事法学实践教学方法初探——“高等院校刑事法学实践教学研究”课题研究报告旨要》，载《内蒙古财经学院学报（综合版）》2010年第2期。

条件、平台资源等方面均有特别要求。具体来说，单独设置民事法律实务实训课程，至少需要满足以下条件。

（一）实务型教师队伍的建设

法律实训课与传统理论课不同，需要实务型教师来担任教学和指导任务。这类教师不仅要有扎实的理论知识，还要有长期从事实务工作的经历和经验，并且是正在继续从事法律职业的专兼职人员。这一问题可以通过“教师兼职”和“兼职教师”两个途径来解决。“教师兼职”是法学院校现有的专职教师兼职从事法律实务的“双师型”教师；“兼职教师”是学校直接从法律实务部门聘请高水平、有经验的实务工作者来担任。与此同时，积极接纳法律实务部门有较高理论水平和丰富实践经验的人才到高校任教，大力鼓励教师到法律实务部门挂职锻炼或者到律师事务所做兼职律师，建设一支专兼结合的师资队伍。

（二）有针对性教材的编写

法学实训教材应突出实践性和可操作性特征，虽然目前有些应时而出的教材冠以“实训”或“实务”的名称，但内容却不具有法律实务实训的功能。要求法律实务实训课任课教师的讲义以实训操作内容为主，适当补充必要的实务常识；相关实体法、程序法及司法文书写作等内容列入其中，但避免与相关理论课程的内容重复。所选实训素材应当注重代表性、全面性、真实性，并再现案件的全景。根据不同身份（原告、被告、法官、其他诉讼参与人）选择不同角度有针对性地训练。此外，以现有讲义为蓝本，应当筹备与实务部门专家联合编写高质量的法律实务实训教材以满足教学需求。

（三）先进教学设施的引进

法律实务实训课除了需要理论课所使用的教学设施之外，还需要根据实训目标的要求建立相关的模拟实验室和仿真教具等。在物质条件比较优越的情况下，可以借助高端的法律网络教学平台，如 CAI 法律实务仿真实验室等。通过上述先进的网络教学平台引进国内一流的审判软件系统，学生便可以在实训室进行真实案件的情景模拟。一方面，学生可以通过软件操作体验不同的角色，进行各种单项或综合类法律职业技能训练；另一方面，教师通过实时监控实现教学指导和互动，从而完成实训教学的过程。

（四）多元化平台资源的建设

法学作为人文社会科学，单纯教学技术的提高无法完全满足前期的数据采集、素材收集和社会体验，因此，需要整合、利用各种平台资源，加强同公安、检察、法院、司法和律师事务所、有关行政机关和企业等部门和单位的沟通与合作，建立校外固定实训基地，满足多元化的法律实务实训需要。法律实训课程可以根据具体实训项目和任务，有计划地布置学生到实训基地观摩学习、参与力所能及的实务工作。这样既可以使实训单位多一些较为专业的人手，又能让学生得到实际的技能训练。此外，还应当与相关的实训基地联建纸版、电子版案例库，这可以为法律实务实训课程的教学提供更具时效性、真实性、广泛性的素材和资料。

四、民事法律实务实训课程运行的教学路径

民事法律实务实训课程有别于传统的理论课程，它在教学目标、教学手段、教学环节等方面均有特别要求。具体来说，在开设民事法律实务实训课程过程中，教师必须确定实训课程的总体教学目标，并按照不同年级学生的特点，因材施教、因事制宜地采取相应的教学手段，科学地组织和管理全部的教学环节。

（一）教学目标

1. 训练法律思维能力

传统法学教育的思维培养，是建立在已知案件或虚拟思想的基础之上的，存在先天的不足。在传统法学教育中，学生的思维惯性是“法官式”思维，面对问题时常常出于一种力求中立和客观的角度作出判断。法律实务实训课程是培养在真实的案件背景、素材资料和当事人基础之上，通过角色扮演的方法，模拟真实案件，参与案件的过程和细节，激发学生学习的自主性和积极性。

2. 培养法律语言表达能力

在法律实务实训课程中，教师采用角色扮演、分组讨论、头脑风暴、案

例模拟等教学方法，结合学生参与案件的过程和细节，有针对性地训练学生接待当事人、法律咨询、收集分析证据、拟定诉讼策略、庭审驾驭、起草法律文书等职业技巧，为法科学生向法律职业人转化奠定基础。

3. 提高法律文书写作能力

撰写法律文书是法学专业学生的基本功，也是法律职业人必备的技能。从理论上讲，撰写法律文书并不难，然而让学生写出符合要求的法律文书也并非易事。在法律实务实训教学中，教师要求学生根据提供的证据材料以及所扮演的角色，撰写相关的司法文书，这为培养学生法律文书写作能力提供了很好的实践机会。

4. 培育高尚的法律职业伦理

除了传统实践性教学的技能培养外，法律实务实训课程对法律职业伦理的培育也是重要内容之一。在法律实务实训教学中，有些课程内容必然贯穿始终，也是实训教学的题中应有之义，如“律师的素质和操守”“法官的角色定位”“法官如何运用法律原则和规则”“司法中的歧视”“法律职业伦理”等，“法律与社会公正”“法律与贫困”等也远远超出了解决法律实务问题的范围，从而引导学生从社会的角度思考法律的价值，从法律的角度追求社会的公正。

（二）教学手段

与传统课程不同，民事法律实务实训课程主要采用体验式的教学方法，让学生了解、掌握民事法律实务各环节的基本理论，训练学生参与民事法律实务的实践技能，提高学生应对和解决可能遇到的各种问题的能力。总体来说，民事法律实务实训课程主要有以下几种教学方法：

1. 课堂讲授

课堂讲授即由教师通过课堂教学的形式，让学生系统地了解、体会、掌握民事诉讼的基本理论和技能，并能将之运用于具体的案例或模拟演练中。课堂讲授的教学方式不仅包括相关理论知识和实训要点的讲解和阐释，还包括对一些具体技能，结合相关事例和情形，或由教师、教学团队通过角色扮演，或采用录音录像资料，进行具体演示，从而让学生更为直观地体会和感受所学技能。在教学过程中，课堂讲授贯穿始终，是必不可少的一个环节，但同时要注意适当控制课堂讲授的时间分配。

2. 角色扮演

角色扮演即由学生扮演民事诉讼中的当事人及律师、法官等角色，让学生在课堂上通过模拟演练，熟悉、体会、掌握民事诉讼的基础理论和各项技能。为了让模拟达到最佳效果，模拟演练素材的选择要真实、客观，并结合具体的教学目的和内容进行改编；各当事方的信息材料要均衡不能一边倒，便于扮演不同角色的学生都能通过模拟演练达到训练目的。同时，要求学生事先对模拟演练进行充分准备。

3. 反馈点评

学生模拟演练后，首先要对自己刚刚完成的演练进行评价，从优点和缺点两个方面进行阐述，之后可由旁听同学对其进行点评，最后由任课教师针对学生在演练中的表现进行点评，指出学生值得肯定的地方及不足之处，解释理由并提出相应的调整、完善建议。课程结束后，教师应当要求学生针对自身学习的感受进行反馈。反馈的内容包括学生自我感受、课程安排、课堂氛围、课程优缺点及改进意见等。教师应对学生的反馈予以重视，结合教学效果不断修正本课程的教学方法。

（三）教学环节

与传统理论课程不同，本课程主要由若干个类似于实验式的教学环节来完成每一个教学过程，让学生将理论课的实体法规范和程序法规范运用于实训教学当中，提高认识问题、分析问题、解决问题的能力。实验式的教学环节主要包括以下几个部分：

1. 明确实训目标

明确目标是教师教学和学生学习的出发点。在每一个实训模块之前，教师自己不仅要明确上述教学目标，而且还要将教学目标转化为学生的学习目标，使学生明确通过法律实务实训所要达到的学习目的，并有意识地在法律实务实训过程中根据教学目标培养学生的综合素质和能力。

2. 确定实训素材

法律实务实训素材的选择，需要考虑以下因素：一是案件存在明显的争点，即应该使案件的双方无论是从事实上还是法律上都有话可说，有理可辩。一方当事人明显胜诉或者败诉的案件不宜为法律实务实训教学所用。二是案件要有一定的难度。这是激发学生举和求知欲望的重要保障。但是，案情也不能过于复杂，实践中那些当事人较多、法律关系较为混乱的案件不适宜选作法律实务实训的案例素材。此外，关于案例的来源，有的教师主张可以让学生自己寻找案例，也可以由教师提供，案例的来源是多渠道的，如《最高人民法院公报》上所载的典型案例，报刊上讨论的热点案例、当地法院审理的典型案例等。笔者认为，为增强法律实务实训教学的实战性，所采用的案例最好由教师提供，而且是法院的原始案例。具体来说，可以从法院已经审结的案件中根据上述标准确定合适的案件，然后将案例素材交给学生。那种仅凭一张判决或者相关新闻媒体的报道而进行改编的案例缺乏真实性，尽量不要采用。

3. 做好实训准备

实训准备是法律实务实训教学必不可少的重要环节，主要包括以下几项内容：一是分小组、分角色。教师根据参与实训教学的学生人数，将班级分成若干个小组，再根据实训素材的要求确定每一个成员的诉讼角色。二是精读实训素材、做好案情报告。教师根据上述诉讼角色的分工，将学生分为原告、被告、法官等，然后要求学生在课前充分了解案件的事实元素，分析法律关系性质，制作案情报告。在此过程中，首先要着重从证据的角度，引导原告、被告、法官三方把握案件的关键事实；其次，从法律的角度让学生明白该案涉及哪些法律问题。三是教师根据上述案情分析发现事实认定和法律适用的问题后，要求学生进行必要的法律文献检索。首先，从法学理论知识的角度，需要重新梳理有关的知识体系和结构；然后，从法律规范性文件的角度，需要全面搜索可能涉及的法律、行政法规及最高人民法院发布的司法解释、批复等。四是撰写实训文书。在每一个诉讼流程中，教师要求学生根据不同的角色制作相应的法律文书。例如，民事案件立案实务实训中，原告、被告分别需要撰写起诉状、答辩状，法官需要准备受理材料或者撰写不予受理的民事裁定书。上述法律文书的写作，必须在做好前三项准备工作之后才能够完成。

4. 提示实训要点

法律实务实训课是衔接实体法和程序法的平台式课程，与传统理论教学相比，是一种全新的法学教育模式。而这个“全新”也体现在任课教师对实训要点的讲授上，可以说，这部分内容在传统理论教学中基本未涉及，多为法律职业人的经验心得之累积，即所谓的“隐性司法知识”。即便如此，在实训要点的提点过程中，教师“应当切忌成为标准答案的提供者，切忌用自己的思维模式禁锢学生的思维方式，而是应当成为学生独立思考、解决法律争议的指路人”❶。

5. 展现实训过程

实训过程是法律实务实训课程的最重要环节。每一个诉讼角色均要从各自的立场陈述案情报告，拟定各自的诉讼策略，设计各自的方案，最终通过相应的诉讼行为予以展现。在此过程中，教师应注意以下两点：一是树立法官主导诉讼的意识。在法律实务实训过程中，教师只是旁听者，扮演法官的学生是整个诉讼流程的真正主导者。因此，为了保证法律实务实训的完整性和连续性，整个实训过程都要让学生自己完成，教师只负责记录学生的表现。二是对庭审中可能出现的一些突发性问题或者学生容易犯错误的一些地方，指导教师应该有充分的估计，并在实训准备中指导学生如何处理。

6. 注重实训点评

实训点评就是针对学生的实训过程进行分析、判断和评估，指出学生的诉讼策略、诉讼方案乃至诉讼行为的问题和症结所在，以便达到提高学生法律实务技能的目的。点评的方式一般有以下三种：一是旁听学生评议。由旁听学生进行评议的好处在于：既可以促使旁听学生积极思考，使其积极地参与到法律实务实训中来，也便于学生之间相互学习和互动提高。二是学生自评。在法律实务实训过程结束后，教师可以要求学生就实训准备的效果、实训要点的应用、诉讼方案的实现、疑难问题的突破等进行自我总结，找出得失以及改进的方法。三是指导教师点评。指导教师的点评一般安排在最后进行，可以采取全面评价和个体评价等方式进行。评价的内容主要包括：各个

---

❶ 陈学权：《模拟法庭实验教程》，高等教育出版社 2016 年版。

角色准备是否充分；诉讼流程是否规范；法律语言表达是否流畅；事实发现是否清晰；法律适用是否正确；等等。指导教师的点评既要充分肯定学生的创造性和表现中的精彩之处，同时也需要诚恳地指出存在的问题以及改进和完善的地方。

7. 恰当的实训拓展

法律是一门综合性很强的应用学科，学生不仅需要在本专业范围内不断提升业务素质和业务能力，而且需要积累其他交叉专业的相关知识以及社会生活经验，不断丰富和完善作为从业者所必备的知识体系。因此，实训教学必须尽可能地挖掘学生的潜能，拓展学生的知识涉猎范围，教师在教学过程中必须依据本课程的教学目标、教学内容、教学目的，在一定范围和深度上与外部相关的内容密切联系起来。所谓的“拓展式”教学，即在进行课堂式实训教学的同时，尽可能地让学生了解、熟悉、掌握与课堂实训相关的知识。例如，法院的与法官的等级、职责、权限；庭前准备的由来与发展；典型民事纠纷的举证、质证指南；等等，而且在每一次课堂实训结束后，教师均准备与课堂实训内容相似、难度相当的拓展案例，以便学生在课后进行有的放矢的重复练习。

五、民事法律实务实训课程的特别考核方法

法学实训课不同于传统理论课，需要通过考查学生对实际问题的操控和解决来评判学生的学习情况。因此，确立科学的考核机制是保证教学目的实现的必然要求。由于民事法律实务实训课程具有教学方法多样性和学生参与分散性的特点，考核机制要改变以往的一次性考试的评价体系，既要有阶段性评价又要有总结性评价，既要注重结果又要反映过程，全面考查学生的实践能力。由此，民事法律实务实训课程要改革传统的考试考核方法，即采取平时考查与综合考评相结合的方式进行。笔者认为，民事法律实务实训课程的考核内容应当包括以下几个方面：

1. 参与法律实务实训课程的态度

进行法律实务实训教学，功夫在课外。学生在参与每一实训模块之前需要做大量的准备工作。在实训过程中，所有参与的学生能否进行有效协作至

关重要，如“原告”“被告”“法官”的缺席就可能使得法律实务实训难以进行。因此，对学习评价的第一个重要环节就是考查参与法律实务实训的态度是否认真，准备工作是否充分，是否具有协作精神和团队精神。

2. 法学理论知识的掌握程度

民事法律实务实训课程的先修课程是民法以及相应的程序法。每一名参与民事法律实务实训的学生，应当将重温相关理论知识作为实训的基础性准备工作，只有这样才能真正发挥法律实务实训的功能——在实践中加深对理念知识的掌握。因此，学生在实训过程中所表现出来的对相关专业知识的掌握程度是课程考核的另一个重要内容。

3. 实训技能及表现

对学生实训技能及表现的考查从以下四个方面进行：一是发现事实、分析案情的能力；二是发现法律、正确适用的能力；三是法律思维和语言表达的能力；四是抓住案情焦点、灵活应变的能力。

4. 法律文书的写作

对学生制作的各种法律文书，从形式、内容以及所反映出来的法律文书写作技巧进行评价，并从中发现对实体法、程序法的运用能力进行评价。

在考核的方式上，法律实务实训课程没有专门的考试，对学生的考核贯穿于法律实务实训的始终，学生对每个实训模块的参与就等于是参加考试，学生做完本课程的全部实训模块也就意味着本课程教学和学习的结束。以民事案件模拟法庭的考核为例，教师可以从案件的专业性、复杂性，模拟者的思路、法律程序是否得当，法律适用是否正确，模拟过程是否流畅，准备工作是否到位，对突发状况解决是否合理，以及提交的案件卷宗质量等方面进行考核。全班分成若干个小组，小组成员分别抽签决定担当不同角色。随机抽取真实案例，课下准备，课上模拟开庭。指导教师当场点评并打分，以小组团队表现和个人角色表现相结合计分。在成绩的评定上，教师可以根据设定的考查内容，按照百分制逐项赋分，然后再根据该模块占总成绩的比例进行核算，给出该模块的成绩。

第二章

民事案件第一审法律实务实训

民事案件第一审是民事纠纷的当事人将争议交由人民法院寻求救济，人民法院予以处理和解决的必经诉讼过程。从司法实践来看，民事诉讼第一审的基本流程主要包括民事案件的立案、民事案件的庭前准备、民事案件的庭审三个部分。从立法上看，它被规定在众多程序之首，这部分条文最多，内容最复杂，集中体现了民事诉讼的基本结构、完整性和层次性，也因此成为其他诉讼程序的基础。因此，民事案件第一审法律实务实训在整个民事法律实务实训中占有十分重要的地位。

第一节　民事案件立案法律实务实训

民事案件立案是纠纷进入司法程序的初始阶段，也是必经阶段，对于当事人是诉讼权利保障的程序起点。现行民事诉讼立案制度所规定的起诉与受理条件，既包括实体内容又包括程序要求，能够在一定程度上起到过滤纠纷、节约司法资源的作用。民事案件的主管与管辖是人民法院与其他机构之间、各级人民法院之间和同级人民法院之间受理第一审民事案件的分工和权限。正确确定民事案件的管辖，对便利当事人诉讼和均衡利用司法资源具有重要意义。因此，本节将针对起诉与受理、主管与管辖两个法律制度进行实训。

实训一：起诉与受理

一、实训目标

了解民事诉讼立案的基本流程，明确立案审查的基本条件，掌握相应法律文书的制作，独立完成民事纠纷的立案工作。具体包括以下两项实训内容：

1. 起草民事起诉状，并准备起诉需要的其他材料。

2. 当事人和法院法官共同完成民事纠纷的立案程序，并办理民事案件受理的法律手续或者制作不予受理的民事裁定书。

二、实训素材

案例 1

王某与张某系夫妻，两人同住于某市望花区。2017 年 1 月，王某以性格不合，经常吵架，致夫妻关系难以维持，夫妻感情破裂为由，向望花区人民法院提起离婚诉讼。被告辩称，性格不合是原告的托词，经常吵闹是原告故意破坏家庭关系，原告离婚的真正原因是第三者插足，表示绝不离婚。经过法院调解，双方无法达成协议。开庭审理后，判决驳回原告的离婚诉讼请求。判决书于 2017 年 4 月 19 日生效。2017 年 9 月 3 日，王某再次向法院起诉要求与被告离婚。2017 年 9 月 5 日，张某也以第三者插足，致使夫妻感情破裂为由，向同一法院起诉，要求与王某离婚。

问题：

1. 如果你是王某，向人民法院起诉要求离婚，在立案阶段应当做哪些准备？

2. 如果你是人民法院的立案庭法官，面对王某的起诉，会做怎样的处理？

3. 如果你是张某，向人民法院起诉要求离婚，在立案阶段应当做哪些准备？

4. 如果你是人民法院的立案庭法官，面对张某的起诉，会做怎样的处理？

案例 2

2021 年 12 月 11 日，无驾照的张某驾车（车牌号略），在某市区街道与骑自行车的杨某发生交通事故，造成杨某受伤，张某逃逸。经交警部门认定张某负事故全部责任，杨某无责。事后，杨某住院 27 天，急救费 341 元、门诊医药费2190元、住院医药费70700元、外购药910元，住院期间二级护理。经交通运输部门调解无效后，杨某诉至法院，并申请伤残等级鉴定，被鉴定为十级残，杨某支付鉴定费1070元。经证实，肇事车辆所有人是某市太阳汽车租赁有限公司，张某2021年12月9日与其签订汽车租赁合同，约定张某租赁汽车2天，每日租金400元。肇事车辆在某财产保险股份有限公司投保交强险，同时投商业三者险20万元，含不计免赔。

问题：

1. 如果你是杨某，向人民法院起诉要求民事赔偿，会做哪些立案准备？

2. 起草起诉状时，在选择被告、诉讼请求的确定、事实与理由的阐述方面应注意哪些问题？

3. 请尽可能地检索与处理交通肇事损害赔偿有关的法律、法规，并指出其与本案的关联性。

4. 如果你是人民法院的立案庭法官，面对杨某的起诉，是否应当受理？如果受理，会做怎样的处理，案由是什么？

案例3

2013年11月，张某某与家人到售楼处就房屋买卖问题进行沟通，该售楼处的办公地点位于2楼。当原告张某某与家人准备离开时，由于售楼处楼梯处没有安装安全栏杆、照明灯，且没有任何注意安全的提示性标志，导致位于楼梯外侧的张某某直接由2楼摔至楼下，当时原告全身无法活动，异常疼痛，随即原告家人拨打110、120要求出警和急救。之后，当地派出所民警到达现场并进行调查，同时张某某被送至某市立骨科医院就医。经诊断为左股骨颈骨折，于当日入院治疗。另外，据原告张某某称，张某某摔伤的售楼处名为“××春天”，为大唐公司、绿城公司共同开发、销售房屋所用，但张某某签订的商品房买卖合同中出卖人为“大唐公司”。张某某为有关赔偿问题欲诉诸法律。

问题：

1. 如果你是张某某，你向人民法院起诉要求民事赔偿，会做哪些诉讼准备？

2. 如果你是张某某的律师，在起诉时间上应向原告提出什么建议？在起草民事起诉状时，如何确定被告，为此要做哪些工作？

3. 如果你是人民法院的立案庭法官，应否受理张某某的起诉？如果应当受理，法律依据是什么，案由是什么？应当履行哪些法律手续？

三、实训准备

1. 分小组、分角色：按照学生人数的多少，将学生分成若干小组，并确定每名学生扮演的诉讼角色。

2. 基础准备：阅读《民事诉讼法》教材中有关起诉与受理的理论知识，熟练掌握《民事诉讼法》《最高人民法院关于适用〈中华人民共和国民事诉讼法〉的解释》相关规定，搜集整理《最高人民法院关于人民法院登记立案若干问题的规定》、最高人民法院《民事案件案由规定》、国务院《诉讼费用交纳办法》等规范性文件。

3. 针对性的文献检索：根据具体的实训素材，尽量发现与实训素材相关的实体法规范和程序法规范以及有关司法解释、批复等。

4. 书面报告：发现案件的基本事实和需要适用的法律法规，以上内容须以书面形式提交报告。同时，根据扮演角色的不同，准备相应的法律文书或者书面材料。

四、实训要点

（一）民事案件立案的构成

民事案件的立案由原告的起诉行为与人民法院的受理行为结合而成。只有原告的起诉，人民法院不予受理，诉讼无法开始。当然，如果没有原告的起诉，也就谈不上人民法院的受理。这两方面的行为缺一不可。通过民事案件立案，诉讼程序启动，原告、被告双方当事人取得了相应的诉讼地位，各自依法享有诉讼权利，承担诉讼义务；同时人民法院有权也有责任对这一具体案件进行审判。由此可见，民事案件的立案是很重要的法律行为，它关系当事人的合法权益能否得到应有的保护，关系法院的审判权是否依法行使。因此，对当事人的起诉是否受理，人民法院依法要进行审查，以保证当事人的诉权和法院审判权的正当行使。

（二）原告做好起诉准备

起诉是公民、法人和其他组织认为自己的民事权益受到侵犯或与他人发生争议，以自己的名义向人民法院提出诉讼，要求人民法院予以审判的诉讼行为。原告的起诉可能符合法律规定，也可能不符合法律规定，是否受理由法院进行审查。因此，原告为了行使起诉权应当做好如下准备工作：

1. 提供民事起诉状。民事起诉状必须载明当事人的基本情况、诉讼请求和所根据的事实与理由、证据和证据来源、证人姓名和住所等事项。原告是自然人的，必须由本人亲笔签字按手印，原告是法人的，必须由法定代表人签字及单位盖章。民事起诉状至少准备 3 份，如被告是多人的，每增加 1 名被告，相应增加 1 份，以备法院受理后向被告送达之用。

2. 提供原告的主体资格证明文件。如是自然人，应向法院提交身份证复印件；如是法人，应向法院提交企业法人营业执照副本（见图 2－1）复印件、法定代表人身份证明（见图 2－2）。

3. 提供被告、第三人的主体资格证明文件。这里需要注意被告、第三人必须是明确的，否则，起诉的目的就会落空，原告的诉求无人应诉，人民法院也就无法开始审判活动。因此，被告、第三人如是自然人，应向法院提交身份证复印件或者公安机关出具的常住人口居住信息卡；被告第三人如是法人或者其他组织的，应向法院提交企业法人营业执照副本复印件，或者工商行政管理机关出具的企业档案材料。在司法实践中，一般还要求提供被告、第三人的联系方式，目的是方便法院与其联系。

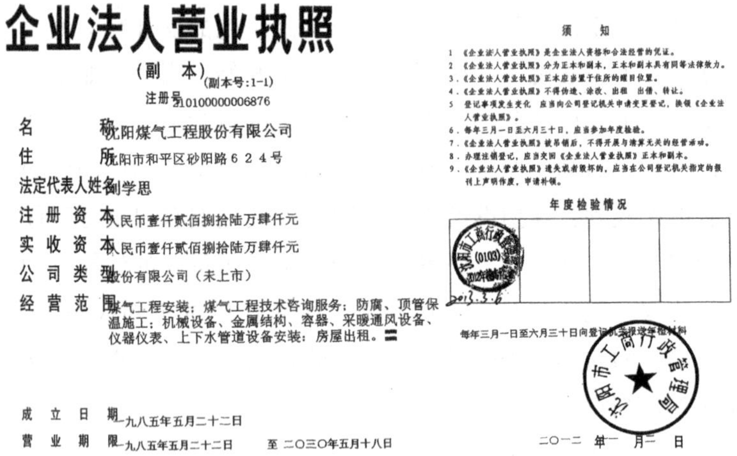

企业法人营业执照

（副　本）（副本号:1-1）

注册号 210100000006876

名　　称 沈阳煤气工程股份有限公司

住　　所 沈阳市和平区砂阳路６２４号

法定代表人姓名 刘学思

注 册 资 本 人民币壹仟贰佰捌拾陆万肆仟元

实 收 资 本 人民币壹仟贰佰捌拾陆万肆仟元

公 司 类 型 股份有限公司（未上市）

经 营 范 围 煤气工程安装；煤气工程技术咨询服务；防腐、顶管保温施工；机械设备、金属结构、容器、采暖通风设备、仪器仪表、上下水管道设备安装；房屋出租。

成 立 日 期 一九八五年五月二十二日

营 业 期 限 一九八五年五月二十二日　至 二〇三〇年五月十八日

须　知

1 《企业法人营业执照》是企业法人资格和合法经营的凭证。
2 《企业法人营业执照》分为正本和副本，正本和副本具有同等法律效力。
3．《企业法人营业执照》正本应当置于住所的醒目位置。
4．《企业法人营业执照》不得伪造、涂改、出租　出借、转让。
5 登记事项发生变化　应当向公司登记机关申请变更登记，换领《企业法人营业执照》。
6．每年三月一日至六月三十日，应当参加年度检验。
7．《企业法人营业执照》被吊销后，不得开展与清算无关的经营活动。
8．办理注销登记，应当交回《企业法人营业执照》正本和副本。
9．《企业法人营业执照》遗失或者毁坏的，应当在公司登记机关指定的报刊上声明作废，申请补领。

年度检验情况

沈阳市工商行政管理局 (0103) 2012年度检验专用章 2013.3.6			

每年三月一日至六月三十日向登记机关报送年检材料

沈阳市工商行政管理局

二〇一二 年一 月二 日

图 2－1　企业法人营业执照副本

法定代表人身份证明书

（法人当事人用）

在我　　　任　　　职务，是

我　　　的法定代表人。

特此证明。

装　订　线

年　月　日

（公章）

附：法定代表人住址：

电话：

注：本件的年月日上方应写明单位全称，加盖公章后递交人民法院。

图 2－2　法定代表人身份证明书

4. 提供起诉时必备的证据材料：能够证明原告是与本案有直接利害关系的初步材料（复印件）即可。如是原件、原物，必须向法院索要交收相应证据材料的收据。如是证人证言，起诉状要写明其姓名、住址、工作单位或联系方式等，以便人民法院通知证人出庭作证。

5. 提供授权委托书：如当事人委托代理人代为诉讼的，要提供授权委托书（见图 2－4 和图 2－5）。诉讼代理人是自然人的，要提供身份证复印件、当事人居住社区出具的推荐证明（配偶、父母、子女担任诉讼代理人免除）。诉讼代理人是律师的，要提供律师事务所公函和律师执业证复印件。

授 权 委 托 书

（法人或其他组织当事人的委托代理人用）

委托单位名称：

所在地址：

法定代表人或代表人姓名：　　　　职务：

受委托人姓名：　　　　性别：

工作单位：

住　　址：　　　　电话：

现委托　　　　在我单位与

一案中，作为我方参加诉讼的委托代理人。委托权限如下：

装订线

委托单位

年　　月　　日

注：1、本委托书供法人或其他组织的当事人委托参加诉讼的委托代理人用，委托单位应按有关法律规定，写明委托权限。

2、年月日上方应写明委托单位全称，加盖公章后递交人民法院。

图 2－3　法人或其他组织授权委托书

授 权 委 托 书

（公民当事人的委托代理人用）

委托人姓名：

受委托人姓名：　　　　性别：

工作单位：

住　　址：　　　　电话：

现委托　　　　在我与

一案中，作为我参加诉讼的委托代理人。委托权限如下：

装订线

委托人

年　　月　　日

注：1、本委托书供公民当事人委托参加诉讼的委托代理人用。委托应按有关法律规定，写明委托权限。

2、本件由委托人签名或盖章递交人民法院。

图 2－4　公民授权委托书

下面将民事起诉状的样式列举如下，供学生参考。

（1）样例一

民事起诉状

（公民起诉用）

原告：姓名、性别、出生年月、民族、职业或工作单位和职务，住所（或经常居住地、临时居住地）。（个体工商户，应写明其字号、业主姓名等身份事项。）

法定代理人：姓名、性别、出生年月、民族、职业或工作单位和职务，住所（或经常居住地、临时居住地）及与异议人的关系。

被告：姓名、性别、出生年月、民族、职业或工作单位和职务，住所（或经常居住地、临时居住地）。

诉讼请求：

……

事实与理由：

……

此致

××人民法院

起诉人：（签名）

×年×月×日

附：1. 本诉状副本×份

2. 证据材料若干（详细列明名称）

（2）样例二

民事起诉状
（法人或者其他组织起诉用）

原告名称，住所地

法定代表人（或主要负责人）：姓名，职务。

被告名称，住所地

法定代表人（或主要负责人）：姓名，职务。

诉讼请求：

……

事实与理由：

……

此致

××人民法院

起诉人：（加盖公章）

×年×月×日

附：1. 本诉状副本×份

2. 证据材料若干（详细列明名称）

（三）法院依照立案条件决定受理与否

受理是人民法院认为原告的起诉符合法定条件，决定立案受理的一种诉讼活动。符合法定条件的，予以受理，并向当事人进行相应的告知和送达；不符合法定条件的，裁定不予受理。

1. 立案审查的最基本条件为《民事诉讼法》第122条的规定：（1）原告是与本案有直接利害关系的公民、法人和其他组织；（2）有明确的被告；（3）有具体的诉讼请求和事实、理由；（4）属于人民法院受理民事诉讼的范围和受诉人民法院管辖。

2. 符合法定条件的，予以受理，同时向原告送达受理通知书（见图2－6、图2－7）、举证通知书（见图2－10、图2－11）、当事人送达地址确认书（见图2－12）、送达回证（见图2－13）、诉讼费用缴纳通知书。受理后，向被告送达传票（见图2－14）、应诉通知书（见图2－8、图2－9）、举证通知书、当事人地址确认书、送达回证。根据《民事诉讼法》和最高人民法院有关司法解释的规定，人民法院在立案审查的过程中，对下列8种情况的起诉，人民法院应当予以受理：

（1）裁定不予受理，驳回起诉的案件，原告再次起诉，如果符合起诉条件且不属于《民事诉讼法》第127条规定情形的，人民法院应当予以受理；

（2）当事人撤诉和人民法院按撤诉处理后，当事人以同一诉讼请求再次起诉的，人民法院应当予以受理；

（3）仲裁条款、仲裁协议无效、失效或者内容不明确，以致无法执行的，以及当事人在仲裁条款或协议中选择的仲裁机构不存在，或选择裁决的事项超越仲裁机构权限的，人民法院有权依法受理当事人一方的起诉；

（4）病员或家属对医疗事故鉴定委员会作出的医疗事故鉴定结论没有意见，仅要求医疗单位就医疗事故赔偿损失向人民法院提起诉讼的，应予受理；

（5）赡养费、扶养费、抚育费案件，裁判发生法律效力后，因新情况、新理由，一方当事人再行起诉要求增加或减少费用的，人民法院应当作为新案受理；

（6）夫妻一方下落不明，另一方诉至人民法院，只要求离婚，不申请宣告下落不明人失踪或死亡的案件，人民法院应当受理，对下落不明人用公告送达诉讼文书；

（7）判决不准离婚，调解和好的离婚案件以及判决、调解维持收养关系的案件的被告在6个月内向人民法院起诉的，应予受理；

（8）当事人超过诉讼时效期间起诉的，人民法院应予受理，受理后查明无中断、中止、延长事由的，判决驳回诉讼请求。

______________ 人民法院

民事诉讼案件受理通知书

：

你方诉

一案，经审查，起诉符合法律规定受理条件，本院决定立案审理。根据《中华人民共和国民事诉讼法》的有关规定，现将有关事项通知如下：

一、当事人有权对合议庭成员申请回避。如需申请回避，请以书面申请说明理由并附相关证明材料，提交本院。

二、当事人可以委托一至二名代理人代为诉讼。如委托诉讼代理人，在代理人参加诉讼时，必须向人民法院提交由你方签名或盖章的授权委托书。委托书必须记明委托事项和权限。如属特别授权，应当逐项写明诉讼代理人代为承认、放弃、变更诉讼请求，进行和解，提起上诉、代收法律文书等权限。

三、你方需在接此通知书3日内向人民法院提交对方当事人住所地、通讯地址、邮政编码、电话号码。对方当事人如系法人或其他组织，应同时提供对方工商注册的有关资料以及法定代表人或负责人的通讯资料。

1

图2-6　法院受理通知书1

四、当事人可向人民法院申请对对方采取财产保全措施和申请保全证据。如申请，应向人民法院提交书面申请材料，写明保全的标的或数额以及相关线索，并提供相应担保、交纳诉讼保全费，否则可能承担判决不能执行或难以执行的风险。

五、在诉讼过程中，当事人及委托代理人必须依法行使诉讼权利，遵守诉讼秩序，履行诉讼义务。来人民法院参加诉讼活动，请携带本人身份证以及相关证件。不明事宜请拨打电话询问。

六、其他需要告知的问题（以下由审判人员填写）：

图2-7　法院受理通知书2

人民法院

民事诉讼案件应诉通知书

：

本院已受理　　　　　　诉你

案，根据《中华人民共和国民事诉讼法》的有关规定，现向你方送达起诉状副本一份，并就有关应诉事项通知如下：

一、在收到起诉状副本之日起应当在15日内向本院提出书面答辩状，阐明对原告诉讼请求及所依据的事实和理由的意见，并按对方当事人的人数提出副本。逾期不答辩不影响本案的审理。

二、你方如是法人或其他组织的，在收收到起诉状和应诉通知书 7 日内应提交法定代表人或负责人身份证明书一份，营业执照副本及工商注册的有关资料；如是自然人的，应提交身份证明。

三、你方可以委托一至二名代理人代为诉讼。如委托诉讼代理人，在代理人参加诉讼时，必须向人民法院提交你方签名或盖章的授权委托书。委托书必须记明委托事项和权限。如属特别授权，应当逐项写明诉讼代理人代为承认、放弃、变更诉讼的请求，进行和解，提起反诉或上诉，代收法律文书等权限。

1

图 2－8　应诉通知书 1

四、本案依法由本院民事第　　　　审判庭（代理）审判员、（代理）审判员　　　　、（代理）审判员　　　　组成合议庭，由（代理）审判员　　　　担任审判长，书记员　　　　担任。当事人有权对合议庭成员申请回避，如需申请回避，请以书面申请说明理由并附相关证明材料，提交本院。

五、当事人可向人民法院申请对对方采取财产保全措施和申请保全证据。如申请，应向人民法院提交书面申请材料，写明保全的标的或数额以及相关线索，并提供相应担保、交纳诉讼保全费，否则将承担判决不能执行或难以执行的风险。

六、在诉讼过程中，当事人及委托代理人必须依法行使诉讼权利，遵守诉讼秩序，履行诉讼义务。来人民法院参加诉讼活动，请携带本人身份证及相关证件。不明事宜请拨打电话询问。

七、其他需要告知的问题（以下由审判人员填写）：

图 2－9　应诉通知书 2

法院

举 证 通 知 书

:

根据《中华人民共和国民事诉讼法》和最高人民法院《关于民事诉讼证据的若干规定》，现将有关举证事项通知如下：

一、当事人对自己提出的诉讼请求所依据的事实或者反驳对方诉讼请求所依据的事实承担举证责任。当事人没有证据或者证据不足以证明其事实主张的，由负有举证责任的当事人承担不利后果。

二、向人民法院提供证据，应当提供原件或者原物，或经人民法院核对无异的复制件或者复制品。并应对提交的证据材料逐一分类编号，对证据材料的来源、证明对象和内容作简要说明，依照对方当事人人数提出副本。

三、申请鉴定，增加、变更诉讼请求或者提出反诉，应当在举证期限届满前提出。

四、你方申请证人作证，应当在举证 期限届满的十日前向本院提出申请。

五、申请证据保全，应当在举证期限届满七日前向本院提出申请。

六、你方在收到本通知书后，可以与对方当事人协商确定举证期限后，向本院申请认可。

你方与对方当事人未能协商一致，或者未申请本院认可，或本院不与认可的，你方应当于　　　年　月　　日前向本院提交证据。

七、你方在举证期限内提交证据材料确有困难的，可以依照最高人民法院《关于民事诉讼证据的若干规定》第三十六条的规定，向本院申请延期举证。

图 2－10　举证通知书 1

八、你方在举证期限届满后提交的证据不符合最高人民法院《关于民事诉讼证据的若干规定》第四十一条、第四十三条第二款、第四十四条规定的“新的证据”的规定的，视为你方放弃举证权利。但对方当事人同意质证的除外。

九、符合最高人民法院《关于民事诉讼证据的若干规定》第十七条规定的条件之一的，你方可以在举证期限届满的七日前书面申请本院调查收集证据。

说明：1、一审案件用；

2、由审理案件的审判庭负责送达。

图 2－11　举证通知书 2

沈阳市铁西区人民法院

当事人送达地址确认书

案由		案号	（　　）　　字第　　号
人民法院对当事人填写送达地址确认书的告知事项	根据最高人民法院《关于以法院专递方式邮寄送达民事诉讼文书的若干规定》第一条、条三条、第四条、第五条和第十一条的规定，告知如下： 一、当事人拒绝提供自己的送达地址的，自然人依其户籍登记中的住所地或者经常居住地为送达地址；法人或者其他组织以其工商登记或者其他依法登记、备案中的住所地为送达地址。 二、因受送达人自己提供或者确认的送达地址不准确、拒不提供送达地址、送达地址变更未及时告知人民法院、受送达人本人或者受送达人指定的代收人拒绝签收，导致诉讼文书未能被受送达人实际接收的，文书退回之日视为送达之日。		
当事人提供的自已的送达地址	当事人（原告、被告或第三人）： 送达地址： 邮政编码： 收件人： 电话（移动电话）： 其他联系方式：		
当事人对自己送达地址的确认	我已经阅读了人民法院对当事人填写送达地址确认书的告知事项，并保证上述送达地址是准确、有效的。 当事人签名、盖章或捺印：________________ 年　月　日		
备考			
法院工作人员签名			

注：1、本样式供所有民事案件使用。

2、当事人填写本表前，应当仔细阅读表中第一栏内人民法院对当事人填写送达地址确认书的书面告知；当事人阅读有困难的，法院工作人员应当向其口头告知。

3、本表中当事人的送达地址应当由当事人自己或当事人的代理人填写；当事人因文化水平限制不能书写，又没有代理人的，可以口述后由法院工作人员代为填写，并经两名以上法院工作人员宣读无误后由当事人签名或捺印确认。

4、当事人的电话号码应当包括办公电话、住宅电话和移动电话。

5、当事人拒绝提供自己送达地址的，或者当事人要求对《当事人送达地址确认书》中的内容保密的，应当在备考栏内注明。

图 2－12　当事人送达地址确认书

人民法院

送 达 回 证

案由		案号	
送达文书名称			
受送达人			
送达地址			
受送达人签名或盖章			
代收人及代收理由			
备注			

图 2－13　送达回证

辽宁省沈阳市铁西区人民法院

传　票（存根）

案　号	（　）　字第　号
案　由	
被传唤人	
工作单位或住址	
传唤事由	
应到时间	年　月　日　时　分
应到处所	
备考 审判员 书记员 年　月　日	

本联存卷

图2－14　传票（存根）

3. 不符合法定条件的，裁定不予受理，向原告送达民事裁定书，告知上诉法院和上诉期限。根据《民事诉讼法》和最高人民法院司法解释的规定，当事人的起诉有下列情形之一的，人民法院不予受理，并分不同情况作出处理：

（1）依照《行政诉讼法》的规定，属于行政诉讼受案范围的，告知原告提起行政诉讼。例如，拆迁人与被拆迁人或者拆迁人、被拆迁人与房屋承租人达不成拆迁补偿安置协议，就补偿安置争议向人民法院提起民事诉讼的，人民法院不予受理，并告知当事人可以按照有关规定申请行政裁决。

（2）双方当事人对合同纠纷自愿达成仲裁协议向仲裁机构申请仲裁的案件，当事人不得向人民法院起诉，如果一方当事人向人民法院起诉的，告知原告向仲裁机构申请仲裁。

（3）在一定期限内不得起诉的案件，在不得起诉的期限内起诉的，不予受理。例如，男方在女方怀孕或者分娩后1年内向人民法院起诉离婚，除人民法院认为确有受理男方的离婚请求的事由以外，对男方的起诉不予受理。

（4）判决不准离婚和调解和好的离婚案件，判决、调解维持收养关系的案件，没有新情况、新理由，原告6个月内又起诉的，不予受理。

4. 不予受理与驳回起诉

如前所述，起诉不符合条件的，人民法院应当裁定不予受理。立案后发现起诉不符合受理条件的，裁定驳回起诉。不予受理的裁定书由负责审查立案的审判员、书记员签署；驳回起诉的裁定书由负责审理该案的审判员、书记员签署。

下面将有关的民事裁定书样式列举如下，供学生参考。

（1）民事裁定书（不予受理的案件用）

××人民法院

民事裁定书

（××××）××字第×号

起诉人……（写明姓名或名称等基本情况）。

×年×月×日，本院收到×××的起诉状，……（写明起诉的事由）。

经审查，本院认为，……（写明不符合起诉条件而不予受理的理由）。依照《中华人民共和国民事诉讼法》第一百二十二条的规定，裁定如下：

对×××的起诉，本院不予受理。

如不服本裁定，可在裁定书送达之日起十日内，向本院递交上诉状，上诉于××人民法院。

审判员×××

×年×月×日

（院印）

本件与原本核对无异

书记员×××

（2）民事裁定书（驳回起诉的案件用）

××人民法院

民事裁定书

（××××）×字第×号

原告……（写明姓名或名称等基本情况）。

被告……（写明姓名或名称等基本情况）。

（当事人及其他诉讼参加人的列项和基本情况的写法，与一审民事判决书样式相同。）

……（写明当事人姓名或名称和案由）一案，本院依法进行了审理，现已审理终结。

……（简述原告起诉的理由和诉讼请求）。

本院认为，……（写明驳回起诉的理由）。依照……（写明裁定所依据的法律条款项）的规定，裁定如下：

驳回×××的起诉。

……（写明诉讼费用的负担）。

如不服本裁定，可在裁定书送达之日起十日内，向本院递交上诉状，并按对方当事人的人数提出副本，上诉于××人民法院。

审判长×××

审判员×××

审判员×××

×年×月×日

（院印）

本件与原本核对无异

书记员×××

五、实训过程

（一）案例 1

1. 通过投影仪，教师与学生共同回顾案例 1 的基本案情。

2. 通过小组讨论，了解离婚纠纷案件的实质条件和程序条件，掌握该案件在起诉时需要明确的事实问题和法律问题。

3. 以上述讨论确认的事实问题和法律问题为中心，原告完善民事起诉状及有关的证据材料，法官做好对原告起诉受理与否的准备工作。

4. 通过小组演练，由学生扮演不同的诉讼角色，模拟完成上述纠纷的立案工作。

（二）案例 2

1. 通过投影仪，教师与学生共同回顾案例的 2 基本案情。

2. 通过小组讨论，了解机动车交通肇事侵权案件的责任主体如何确定，如何收集合法且有效的证据材料，掌握该类侵权纠纷案件的法律依据有哪些，针对这些问题由学生在实训过程中发言予以确认。

3. 以上述讨论确认的事实问题和法律问题为中心，原告完善民事起诉状、提交足以证明上述纠纷基本事实的起诉证据，法官做好对原告起诉受理与否的准备工作。

4. 通过小组演练，由学生扮演不同的诉讼角色，模拟完成上述纠纷的立案工作。

（三）案例 3

1. 通过投影仪，教师与学生共同回顾案例 3 基本案情。

2. 通过小组讨论，明确上述纠纷受理与否的法律依据是什么，原告在被告的选定上怎样设计诉讼策略，基于此，应如何收集相应的证据予以支持，等等，针对这些事实问题和法律问题，由学生在实训过程中发言予以确认。

3. 以上述讨论确认的事实问题和法律问题为中心，原告完善民事起诉状、提交足以证明上述纠纷基本事实的起诉证据，法官做好对原告起诉受理与否的准备工作。

4. 通过小组演练，由不同学生扮演不同角色，模拟完成上述纠纷的立案工作。

六、实训点评

（一）角色自我点评（略）

（二）旁听学生点评（略）

（三）指导教师点评

1. 案例 1 点评要点

首先，对原告的实训点评可以从以下方面来掌握：（1）离婚纠纷案件中原告的起诉至少要符合哪些条件，包括实体条件和程序条件。（2）作为离婚诉讼中的原告，需要准备哪些起诉证据，怎样完成这些证据的收集；如何合理运用在手的证据材料，达成当事人的诉讼目的。（3）民事起诉状主要由哪些部分组成，简要梳理民事起诉状的格式和写作的注意事项。

其次，对人民法院的立案法官的实训点评可以从以下方面来掌握：（1）审查当事人的起诉是否符合受理的基本法定条件，即围绕《民事诉讼法》第122 条展开；（2）针对王某、张某的两个离婚诉请，法官审查后的处理决定是否正确；（3）针对王某、张某的两个离婚诉请，法官制作的法律文书是否规范，履行的法律手续是否正确。

2. 案例 2 点评要点

首先，对原告的实训点评可以从以下 4 个方面来掌握：（1）交通肇事损害赔偿纠纷中，被告的选定是否准确、完整，怎样选择更有利于原告合法权益的保护；（2）交通肇事损害赔偿纠纷中，可能包括诉讼请求具体项目比较多，是否完整且有事实依据，对不同责任主体的诉求有法律依据且符合现实案情；（3）收集起诉证据是否充分、途径是否合法有效、是否满足立案的基本法定条件；（4）原告的民事起诉状是否简练、清晰地反映案件的基本事实和法律依据。

其次，对人民法院的立案庭法官的实训点评可以从以下 4 个方面来掌握：（1）该案案由的确定是否正确；（2）审查原告在选定被告与关联的证据材料之间是否有法律依据；（3）审查原告提出的诉讼请求完整性、诉讼时间的合理性方面，是否尽到充分的说明义务；（4）法官履行有关受理的法律手续方面是否正确。

3. 案例3点评要点

首先，对原告的实训点评可以从以下4个方面来掌握：（1）原告如何选择被告，更有利于其合法权益的保护，基于此，应如何收集相关证据，支持其诉讼策略；（2）关于原告受伤的事实，从实训素材中显示了哪些证据；（3）原告要求人身损害赔偿的法律依据是什么；（4）当事人撰写的民事起诉状在基本结构的完整性、事实与理由阐述的逻辑性方面如何。

其次，对人民法院的立案庭法官的实训点评可以从以下4个方面来掌握：（1）该案案由的确定是否正确；（2）审查原告提出的诉讼请求及有关证据与原告受伤之间的因果关系方面，是否充分；（3）审查原告在选定被告与关联的证据材料之间是否有法律依据；（4）法官履行有关受理的法律手续方面是否正确。

七、实训文书

下面以“原告于××与被告沈阳××机械有限公司、沈阳市××钢管有限公司、关××、许××民间借贷合同纠纷案”的民事起诉状为范例，供学生参考。

民事起诉状

原告于××，男，××××年××月××日出生，汉族，住沈阳市××区××街××号××室。身份证号码210××××××××××××××××。

被告沈阳××机械有限公司，住所地为沈阳市××区××街××号。

法定代表人关××，系该公司经理。

被告沈阳市××钢管有限公司，住所地为沈阳市××区××街××号。

法定代表人许××，系该公司经理。

被告关××，男，××××年××月××日出生，汉族，住沈阳市××区××镇××村××组××号。身份证号码210×××××××××××××××。

被告许××，男，××××年××月××日出生，汉族，住沈阳市××区××街××号××栋××室。身份证号码210×××××××××××××××。

诉讼请求

1. 判令被告沈阳××机械有限公司返还原告于××借款187.5万元；
2. 判令被告沈阳××机械有限公司给付原告于××借款187.5万元的利息，按月利率2.5%计算（从2014年5月12日起至付清之日止）；
3. 判令被告沈阳市××钢管有限公司、关××、许××对上述给付义务承担连带责任；
4. 本案诉讼费由被告承担。

事由与理由

为了解决经营资金困难的问题，2013年3月10日被告沈阳××机械有限公司（以下简称机械公司）向原告于××借款300万元，同时向原告出具收条1份，并签发300万元中国工商银行转账支票1张（没有记载出票日期）交给原告作为还款保证。2013年12月11日，为了进一步明确借贷双方的权利义务，原告与被告机械公司签订《借款合同》（合同编号ZLS20131210－1），其中第一条、第二条、第七条、第十二条约定：借款人（被告）机械公司向贷款人（原告）借款人民币300万元，自2013年12月11日起，借期为6个月，按月付息，月利率2.5%，付息日为每月11日，先偿还利息后偿还本金。而且将约定还款期限提前至2014年3月31日，并免除协议签订日之前的借款利息。同日，原告与被告沈阳市

××钢管有限公司（以下简称钢管公司）签订《保证合同》（合同编号ZLS20131210－1），其中第一条、第二条、第三条约定：保证人（被告）钢管公司担保的主债权为《借款合同》（合同编号ZLS20132）中债务人向债权人贷款的本金300万元，保证担保的范围为全部债务本金、利息、违约金、损害赔偿金，滞纳金、实现债权和担保权利的费用和其他合理费用，保证方式为连带责任保证，保证期间为主债务履行期限届满之日（包括依借款合同约定的债权人提前宣布债务到期之日）起2年。上述2份合同经三方当事人签字确认。2014年5月7日被告机械公司将金额150万元银行承兑汇票1张交付给原告用作偿还借款利息和本金（偿还5个月利息37.5万元，余款偿还本金112.5万元）。至今，被告机械公司未再向原告偿还借款。2014年11月7日，经协商，原告又与被告关××、许××分别签订《保证合同》各1份（合同编号ZLS20141107－1、ZLS20141107－2），约定：保证人（被告）关××、许××分别为《借款合同》（合同编号ZLS20131210－1）中债务人向债权人的贷款本金300万元承担保证责任，两份合同约定的内容与前述《保证合同》（合同编号ZLS20131210－1）完全一致。

综上，原告要求被告机械公司偿还借款本金187.5万元及利息，被告东明公司、关××、许××承担连带给付责任，既有事实根据亦有法律依据。且上述《借款合同》以及3份《保证合同》中均有关于协议管辖的约定，故原告特向贵院提起诉讼，请求依法支持全部诉讼请求。

此致

沈阳市××区人民法院

起诉人：（签名）

年　　月　　日

八、实训法律法规

1.《中华人民共和国民事诉讼法》第122—127条。

2.《最高人民法院关于人民法院登记立案若干问题的规定》（2015）。

3. 最高人民法院《民事案件案由规定》。
4. 国务院《诉讼费用交纳办法》。

实训二：主管与管辖的确定

一、实训目标

在了解《民事诉讼法》中有关管辖规定的基础上，掌握人民法院对管辖权审查判断的基本原理与工作流程，熟悉诉讼代理人合理选择管辖法院的实践能力，具备科学设计选择管辖法院的能力。具体包括以下三项实训内容：

1. 识别不同类型民事诉讼的管辖法院。
2. 设计选择管辖法院的诉讼策略。
3. 管辖权异议申请书及管辖权异议裁定书的制作。

二、实训素材

案例 1

2012 年初，赵某某（居住于沈阳市铁西区）在沈阳滑翔五金城经营××五金机电经销处，从事电线电缆销售。该个体工商户营业执照的登记业主是王某某（系赵某某的婆婆，住所地为沈阳市皇姑区，经常居住地为河北省某县）。沈阳顺津电缆有限责任公司在沈阳滑翔五金城开设一处经销点，宋某某是该公司的业务员（住所地为黑龙江省某市，在沈阳市经商七八年，现临时住址为沈阳市皇姑区），由于二人从事的业务门类基本相同，赵某某与宋某某逐渐熟识。2012 年 5 月至 6 月间，宋某某多次以个人名义从赵某某处购买电线，从而销售获利。但是，双方没有签订书面合同，每次购货时由宋某某在货单上签字确认即可，关于提货地点、提货方式双方也无明确约定，有的是宋某某在经销处或者从电线生产厂家（沈阳市××线缆制造有限公司，位于沈阳市于洪区）自提，有的是经销处按照宋某某指示向买家送货，总计货款价值 100 余万元。赵某某多次催要未果，于 2013 年 1 月诉至沈阳市铁西区人民法院。法院受理后，依法向其送达了诉状副本及开庭传票等，双方均到庭参加诉讼。

问题：

1. 从法律规定看，哪个（或哪些）人民法院对本案有管辖权？

2. 假设你是原告律师，应当怎样设计诉讼策略实现原告“要求在沈阳市铁西区打官司”的要求，并撰写民事起诉状。假设你是铁西法院立案庭法官，面对原告起诉，应如何处理？

3. 假设你是被告律师，面对原告的起诉如何应对，并撰写相应的法律文书。假设你是铁西法院审判庭法官，面对被告的应对，应如何处理？

4. 从现实情形看，铁西区人民法院受理后并开庭审理直至作出判决，是否正确？请说明理由。

案例 2

A 县与 C、D、E、F 四县相邻。A 县某加工厂和 B 县某食品厂于 × 年 × 月 × 日在 C 县签订一份真空食品袋加工承揽合同。合同约定，“运输方式：加工厂代办托运。履行地点：加工厂在 D 县的仓库。发生纠纷的解决方式：在 E 县仲裁委员会仲裁，也可以向 C 县和 E 县的人民法院起诉”。合同签订后，加工厂即在其设在 F 县的分厂加工，并在 F 县东站发货。食品厂收货后即投入使用。因真空食品袋质量不合格，致使食品厂已封装入库和销售出去的袋装食品大量腐败变质，损失 10 余万元。两厂几经协商未果。食品厂厂长即找到律师王某咨询，要求必须在 B 县打官司。

问题：

1. 本案应通过诉讼还是仲裁途径解决？并说明理由。

2. 如诉讼，A、C、D、E、F 县法院是否有管辖权？并说明理由。

3. 如果你是食品厂代理律师，能否设计合理的诉讼方案来满足当事人的要求？

三、实训准备

1. 分小组和角色：教师按照学生人数的多少，将学生分成若干小组，并确定每位学生扮演的诉讼角色。

2. 基础准备：阅读《民事诉讼法》教材中有关管辖的理论知识，掌握《民事诉讼法》《最高人民法院关于适用〈中华人民共和国民事诉讼法〉的解释》中有关管辖的基本规定，熟悉最高人民法院有关管辖问题的若干司法解释和司法文件，如《最高人民法院关于调整高级人民法院和中级人民法院管辖第一审民商事案件标准的通知》和各个省份高级和中级人民法院级别管辖标准、《最高人民法院关于军事法院管辖民事案件若干问题的规定》、《最高人民法院关于铁路运输法院案件管辖范围的若干规定》等框架性依据。

3. 针对性的文献检索：根据具体的实训素材，尽量发现与实训素材相关的法律、行政法规以及有关司法解释、批复等，从而确定实训素材中民事纠纷的管辖法院，从当事人和法院法官两个不同角度设计相应的诉讼方案。以上内容要求以书面报告的形式提交。

4. 书面报告：确定诉讼主体，发现案件的基本事实和需要适用的法律法规，以上内容须以书面形式提交报告。同时，根据扮演角色的不同，准备相应的法律文书或者书面材料。

四、实训要点

（一）级别管辖

目前，我国审判实践中“案多人少”的矛盾突出，各类疑难、复杂、新型案件日益增多，这就要求对级别管辖制度进行改革，其中一个较为重要的方面是，鉴于民事案件中“重大影响”的标准难以界定，应强化“诉讼标的额”标准的适用。同时，考虑有些案件单纯以标的额确定级别管辖并不妥，如专利案件由于技术性、专业性较强，基层人民法院审理难度较大，还需结合案件性质、人员素质和能力等因素来确定。根据最高人民法院的规定和高级人民法院的授权，个别基层人民法院设立了知识产权审判庭，负责审理包括专利权在内的涉知识产权的民事纠纷案件。

（二）地域管辖

1. 一般地域管辖

一般地域管辖的基本原则是“原告就被告”。但是，在某些特殊情况下这一原则又无法适用，或者适用后将对原告、对法院造成不便。因此，《民事诉讼法》以及《最高人民法院关于适用〈中华人民共和国民事诉讼法〉的解释》规定了数种例外情形，在这些例外情形下由原告住所地人民法院管辖，原告的住所地与经常居住地不一致的，则由经常居住地人民法院管辖。此外，由于我国流动人口人数逐年递增，且流动人口的流动频率亦不断攀升新高，经常居住地的管辖已经不完全适应现实生活和便利诉讼的需要，因此，司法实践中以临时居住地管辖的情况大量出现。

2. 特殊地域管辖

《民事诉讼法》以及《最高人民法院关于适用〈中华人民共和国民事诉讼法〉的解释》规定，在某些例外情形下排除“原告就被告”的一般地域管辖，由原告住所地人民法院管辖，归纳起来集中于以下几类诉讼：（1）与身份关系有关的特殊诉讼；（2）涉及当事人被监禁的情形；（3）追索赡养费的诉讼；（4）涉及离婚诉讼当事人离开住所地的情形。

3. 专属管辖

凡是专属管辖的案件，只能由法律明文规定的人民法院管辖，其他人民法院均无管辖权，从而排除了一般地域管辖和特殊地域管辖的适用。实质在于确保与案件有最密切联系的法院对案件行使管辖权。

4. 协议管辖

协议管辖必须符合以下几个条件：（1）从案件的性质来看，只限于第一审民事经济纠纷案件中的合同案件。（2）从选择管辖的法院来看，只限于被告住所地、合同履行地、合同签订地、原告住所地、标的物所在地人民法院，否则，该选择是无效的。（3）从协议的形式来看，必须采用书面合同，口头协议无效。这里指的书面合同，包括合同书、信件和数据电文（电报、电传、传真、电子数据交换和电子邮件）等。（4）当事人必须进行确定的、单一的选择。如果选择的法院在两个或两个以上，约定管辖的协议或有关条款无效。（5）协议管辖不得违反《民事诉讼法》关于级别管辖和专属管辖的规定。（6）默示协议管辖正式得到承认。原告向无管辖权的人民法院起诉，法院受理后被告不提出管辖权异议并应诉答辩，推断双方当事人均同意由该法院管辖。

5. 共同管辖

共同管辖情况下，几个人民法院对同一案件都有管辖权，这就形成了管辖权的积极冲突。最主要的解决办法是赋予原告选择权，原告可以向其中任何一个法院起诉。如果原告向两个以上有管辖权的人民法院起诉，应当由最先立案的人民法院管辖。

（三）裁定管辖

裁定管辖是指人民法院以裁定的方式确定案件的管辖，它是对法定管辖的补充和变通，既可以弥补法定管辖的不足，又可以解决因管辖问题发生的争议。从现行《民事诉讼法》的规定来看，包括移送管辖、管辖权转移、指定管辖。

1. 移送管辖

从实质上讲，移送管辖是案件从无管辖权法院向有管辖权法院的移送。

根据《民事诉讼法》的规定，适用移送管辖应当具备三个条件：其一，所移送的案件已经被法院受理；其二，受理案件的法院对本案无管辖权；其三，受移送的法院对本案有管辖权。适用移送管辖应当遵守两个要求：受移送的法院对所移送的案件应当受理，不得再自行移送；受移送的法院如果认为受移送的案件依法不属于本法院管辖的，应当报请上级法院指定管辖。

在审判实践中，必须纠正那种因审理中遇到困难而移送、因行政区划变动而移送、因担心结案后执行有困难而移送等错误做法。

2. 管辖权的转移

就本质而言，管辖权转移是对级别管辖进行合理的变通和调整，以弥补级别管辖标准存在的疏漏。

具体来说，管辖权转移包括两种情形：（1）上调性转移，即下级人民法院将自己管辖的第一审民事案件转移至上级人民法院审理。它又分为两种情况：一是上级人民法院主动上调，二是下级人民法院报请。（2）下放性转移，即上级人民法院将本院管辖的第一审民事案件移交至下级人民法院审理。实践中会出现法院利用下放性转移的规定规避级别管辖，弱化案件应有的级别管辖的程序保障，损害当事人利益。

管辖权的转移与移送管辖的不同之处在于：其一，案件转移是形式，实质是管辖权的变更；其二，用于调节级别管辖，一般在上下级法院之间进行；其三，须上级法院决定或同意。

（四）管辖权异议

根据我国《民事诉讼法》第130条的规定，受诉人民法院对当事人提出的管辖权异议应当进行审查，经过审查，法院可以作出如下处理：认为当事人对管辖权的异议成立的，裁定将案件移送有管辖权的法院；异议不成立的，裁定驳回当事人的异议。法院在裁定移送，遇到两个以上法院都对案件享有管辖权的情况时，究竟向哪一个法院移送，应当征求原告的意见。对人民法院因管辖权异议所作的裁定，当事人如果不服，可以在裁定后10日内向上一级人民法院提起上诉。上一级人民法院收到上诉状后，应当依法进行审理，并作出终审裁定。当事人在第二审人民法院确定案件的管辖权后，或对一审裁定逾期未上诉的，应自觉按照二审或一审生效裁定所确定的管辖法院参加诉讼。如果当事人不按要求参加诉讼，人民法院可以按照《民事诉讼法》的相关规定处理。

（五）司法实务中的管辖问题与对策

在民事诉讼实践中，管辖问题集中表现为两个方面：一是当事人对管辖权的争夺，二是管辖权异议的滥用。这两个问题既有联系，又有区别。

1. 实践中当事人争夺管辖权的常见做法及法院的应对措施

原告争夺管辖权的方式一般有三种：一是多列被告。例如，在机动车交通事故责任纠纷案件中，原告将造成损害的对方登记车主、实际车主、实际驾驶人、保险公司等列为共同被告。二是选择有利的案由。比如，对产品质量纠纷和产品质量侵权纠纷的案件、承揽合同纠纷和买卖合同纠纷的案件管辖法院不同，有的原告在起诉时就将案件的性质或案由划为对自己有利的一类，以方便自身的诉讼。三是扩大地域范围。在因侵权行为提起的诉讼中，任意扩大侵权行为实施地、侵权结果发生地的范围。

被告争夺管辖权的方式有两种：一是在明知其提出的管辖权异议不成立的情况下，坚持提出异议申请；二是重复提出管辖权异议，即在法院对被告的管辖权异议进行审查后，认为其异议成立，将案件移送至有管辖权的法院后，其又向新受诉法院以另一理由或法律规定提出管辖权异议。

鉴于实践中争夺管辖权的情况日益加剧，法院应当对此予以重视，并采取切实有效的措施，这些措施包括如下几个方面：其一，法院在面对原告的起诉和被告提起的管辖权异议时，应当严格按照相关实体法和程序法进行初步审查。如果认为本院没有管辖权，应尽快按照移送管辖的规定移送案件；如果认为当事人的异议理由明显不成立，应当果断地予以驳回，坚决不允许其阻滞审理程序的正常进行。其二，设立程序性违法行为的处罚制度，提高恶意争抢管辖权的成本。对于当事人恶意争夺管辖权的行为，法院应根据情节轻重予以罚款。其三，建立恶意争夺管辖权的侵权责任赔偿制度。究其实质而言，滥用管辖权属于民法上的侵权行为，应适用一般侵权责任原理来防止管辖异议权滥用，这种侵权损害赔偿责任主要表现为经济赔偿责任。

2. 实践中滥用管辖权异议的特点及法院的应对措施

实践中管辖权异议的滥用主要表现为以下特点：一是主观意图多样。例如，举证期限较紧、案情复杂，因申请延长举证期不易得到批准而提出异议申请；或者将提出异议申请作为调解或诉讼交易手段之一，迫使对方以金钱换时间；另外，还有当事人为拖延时间而恶意提出异议申请，申请被裁定驳回后立即上诉。二是滥用方式各异。例如，提出异议一般不给出理由，仅仅主张法院对该案不具有管辖权；或者异议申请给出理由，但明显与事实不符；此外，在存在多个管辖依据情形下，法院依据其中之一取得管辖权后，当事人又以其他依据提出异议。三是易使矛盾尖锐化，给审判工作带来较大的麻烦。

针对滥用管辖权异议呈现的以上特点，结合审判实践，法院可以采取如下策略：其一，认真审查案情，积极沟通、协调。因举证期较紧、证据较多且取证难度大、案情复杂等而在举证期内提交证据材料确有困难的，做好沟通、协调工作，尽量准许适当延长举证期。其二，简化异议申请处理程序。异议申请上诉的，为避免移送卷宗，可通过与二审法院建立视频、电话等快速沟通平台，将涉及上诉材料远程提交进行审查，并采用远程电子签章模式出具二审裁定书。其三，强化对恶意提出管辖权异议的制裁，实行“担保费交纳制度”。管辖权异议的滥用与异议申请的成本低廉有直接关系。目前，当事人提出异议申请，异议不成立的受理费较低，而对异议裁定不服提出上诉无须缴纳相关费用。即使该异议申请被驳回，申请人也无须承担支付异议申请受理费和异议被驳回法律后果以外的其他法律责任。为遏制管辖权异议的滥用态势，对于明显恶意滥用管辖权异议并造成严重后果或恶劣社会影响的，可认定其为妨害民事诉讼，对其采取强制措施。另外，可以考虑由申请人依据案件标的提供一定比例担保费用，以平衡诉讼成本。如果法院最终驳回申请人的异议申请，则担保费予以没收，或者支付给对方当事人，作为对其诉讼时间成本的补偿；若其异议主张成立，则法院应退还其担保费。

下面将有关的法律文书样式列举如下，供学生参考。

1. 管辖权异议申请书

管辖权异议申请书

申请人（被告或反诉×告）：姓名、性别、出生年月、民族、职业或工作单位和职务，住所（或经常居住地、临时居住地）。（法人或者其他组织，写明其名称、住所地、法定代表人或主要负责人姓名、职务；个体工商户，应写明其字号、业主姓名等身份事项）

法定代理人：姓名、性别、出生年月、民族、职业或工作单位和职务，住所（或经常居住地、临时居住地）及与异议人的关系。

申请人于×年×月×日收到你院已受理原告×××诉×××……（案由）一案的应诉通知，通知申请人提出答辩状。申请人在提出答辩状的同时，现提出对此案管辖权的异议，理由如下：

……（具体理由），特此请求你院将本案移送管辖，交由××人民法院审理。

请予准许。

此致

×××人民法院

申请人：（签名）

×年×月×日

（法人加盖公章）

附：答辩状副本×份

2. 民事裁定书（管辖权异议案件用）

××××人民法院

民事裁定书

（××××）×民初字第××号

原告……（写明姓名或名称等基本情况）

被告……（写明姓名或名称等基本情况）

（当事人及其他诉讼参加人的列项和基本情况的写法，与一审民事判决书样式相同）。

本院受理……（写明当事人姓名或名称和案由）一案后，被告×××在提交答辩状期间对管辖权提出异议，认为……（写明异议的内容与理由）。

经审查，本院认为，……（写明异议成立或异议不成立的根据和理由）依照《中华人民共和国民事诉讼法》第一百三十条的规定，裁定如下：

……（写明裁定结果。分两种情况：

第一，异议成立的，写：

“被告×××对管辖权的异议成立，本案移送××人民法院处理。”

第二，异议不成立的，写：

“驳回被告×××对本案管辖权提出的异议”）

如不服本裁定，可在裁定书送达之日起十日内，向本院递交上诉状，并按对方当事人的人数提出副本，上诉于××人民法院。

审判员：×××

×年×月×日

（院印）

本件与原本核对无异

书记员：×××

3. 上诉状（管辖权异议案件用）

民事上诉状

上诉人（原审××）……（写明姓名或名称等基本情况）

被上诉人（原审××）……（写明姓名或名称等基本情况）

上诉人因×××诉×××……（案由）纠纷一案，不服（××××）×××民二初字第×号民事裁定书，特提出上诉。

上诉请求：

1. 裁定原审法院对本案没有管辖权；

2. 撤销原裁定；

3. 责令原审法院将本案移送××人民法院审理。

上诉理由：

……

综上所述，在双方当事人对管辖没有约定或约定不明的情况下，法律对此类合同的管辖作出了非常明确的规定，本案应由××人民法院管辖。×市×区人民法院（××××）民初字第×号民事裁定书与事实不符，应予纠正。现提出上诉，恳请贵院依法裁决。

此致

×××人民法院

上诉人：（签名）

×年×月×日

4. 民事裁定书（对管辖权有异议的上诉案件用）

××××人民法院

民事裁定书

（××××）×民初字第×号

上诉人（原审××）……（写明姓名或名称等基本情况）

被上诉人（原审××）……（写明姓名或名称等基本情况）

（当事人及其他诉讼参加人的列项和基本情况的写法，与裁定维持原判或者改判用的民事判决书样式相同）

上诉人×××不服××人民法院（××××）×民初字第×号民事裁定，向本院提出上诉……（概述上诉请求与理由、被上诉人的答辩）

本院经审查认为，……（简要写明二审驳回上诉或者撤销原裁定的事由根据和理由）依照……（写明裁定所依据的法律条款项）的规定，裁定如下：

写明裁定结果。分两种情况。

第一，维持原裁定，写：

“驳回上诉，维持原裁定。”

第二，撤销原裁定的，写：

“一、撤销××人民法院（××××）×民初字第×号民事裁定；

二、本案由××人民法院管辖（在本辖区外的写：本案移送××人民法院处理。”）

本裁定为终审裁定。

审判长×××

审判员×××

审判员×××

×年×月×日

（院印）

本件与原本核对无异

书记员×××

五、实训过程

（一）案例1

1. 通过投影仪，教师与学生共同回顾案例1的基本案情。

2. 通过小组讨论，了解买卖合同纠纷案件有关管辖的法律规定、司法解释、批复等，再结合案例素材的案情，明确原告、被告在本案中究竟应如何适用相应的法律，最后拟定有利于己方的选择管辖策略。上述问题由学生在实训过程中发言予以确认。

3. 以上述讨论确认的事实问题和法律问题为中心，由扮演原告的学生完善相应的法律文书，并提交相应的证据材料。面对原告选择管辖法院的起诉，扮演立案庭法官的学生做好受理与否的准备工作。

4. 以上述讨论确认的事实问题和法律问题为中心，由扮演被告的学生完善管辖权异议申请书，并提交相应的证据材料。面对被告提出的管辖权异议申请，扮演审判庭法官的学生应如何应对，并撰写相应的民事裁定书。

5. 通过小组演练，由学生扮演不同的诉讼角色，模拟完成上述实训素材可能出现的法律场景（立案、提出管辖权异议申请、法官对当事人双方的询问等）。

（二）案例2

1. 通过投影仪，教师与学生共同回顾案例2的基本案情。

2. 通过小组讨论，确定本案的主管、案由，如通过诉讼解决，A、B、C、D、E、F与管辖的关系；明确上述问题，拟定有利于己方的诉讼或非诉讼策略。上述问题由学生在实训过程中发言予以确认。

3. 以上述讨论确认的事实问题和法律问题为中心，由扮演原告的学生完善相应的法律文书，并提交相应的证据材料。面对原告的提出起诉或提交仲裁，扮演立案庭法官或仲裁机构仲裁员的学生做好应对的准备工作。

4. 以上述讨论确认的事实问题和法律问题为中心，由扮演被告的学生完善相应的法律文书，并提交相应的证据材料。面对被告提出的答辩，扮演审判庭法官或仲裁机构仲裁员的学生如何应对，并撰写相应的民事裁定书（或民事裁决书）。

5. 通过小组演练，由学生扮演不同的诉讼角色，模拟完成上述实训素材可能出现的法律场景（律师与食品厂研讨、拟定策略的过程；原告与立案庭法官的立案过程；等等）。

六、实训点评

（一）角色自我点评（略）

（二）旁听学生点评（略）

（三）指导教师点评

1. 案例1点评要点

首先，对原告的实训点评可以从以下方面来掌握：（1）买卖合同纠纷案件中，与管辖有关的法律规定、司法解释、批复的变化脉络。（2）买卖合同纠纷案件中，确定合同履行地的方法，以及与实训案例的关联性。（3）素材案例中，原告要求在某地法院诉讼，方案设计得是否合理合法。（4）原告撰写的民事起诉状以及提交的证据材料，是否充分地反映了设计的方案，优点、缺点在哪里。

其次，对人民法院的立案庭法官的实训点评可以从以下方面来掌握：（1）依照法律规定，原告选择向本案提起诉讼，是否有明确的法律规定。（2）根据原告的民事起诉状以及提供的证据材料，法官的处理方法是否正确。

再次，对被告的实训点评可以从以下方面来掌握：（1）买卖合同纠纷案件中，与管辖有关的法律规定、司法解释、批复的变化脉络。（2）买卖合同纠纷案件中，确定合同履行地的方法，以及与实训案例的关联性。（3）根据自身的实际情况，是否设计了足够的可能情形，分别拟定了不同的诉讼策略。（4）被告撰写的法律文书以及提交的证据材料，是否充分地反映了诉讼策略，优点、缺点在哪里。

最后，对审判庭法官的实训点评可以从以下方面来掌握：（1）依照法律规定，原告选择向本案提起诉讼，是否有明确的法律规定。（2）面对原告的起诉，审判庭法官的处理是否妥当。（3）面对被告的相应行为，审判庭法官的处理是否妥当。（4）案例素材中的做法，审判庭法官的评价是什么，有无法律依据。

2. 案例2点评要点

首先，对原告的实训点评可以从以下方面来掌握：(1) 原告选择的处理本案的途径是否正确，法律依据是否充分。(2) 如原告选择诉讼解决，案由是什么，管辖法院的确定是否正确。(3) 素材案例中，原告想在B地法院诉讼，方案的设计是否能够满足当事人的要求。(4) 原告撰写的民事起诉状以及提交的证据材料，是否充分地反映了设计的方案，优点、缺点在哪里。

其次，对被告的实训点评可以从以下方面来掌握：(1) 无论原告选择诉讼还是仲裁，被告的应对方案如何，有无法律依据。(2) 撰写的法律文书以及提交的证据材料，是否充分地反映了应对的方案，优点、缺点在哪里。

最后，对人民法院法官的实训点评可以从以下方面来掌握：(1) 面对原告的起诉，立案庭法官的处理是否妥当，有无法律依据。(2) 面对被告的应对，审判庭法官的处理是否妥当，有无法律依据。(3) 人民法院的法官，能否以本案为基础，谈谈诉讼和仲裁之间转化的可能性。

七、实训文书

下面以“原告××工程公司××分公司与被告××货运公司公路货物运输合同纠纷案”的管辖异议申请书和相应的民事裁定书为范例，供学生参考。

1. 管辖异议申请书

管辖异议申请书

申请人：××货运公司

法定代表人：×××，系该公司总经理

住址：辽宁省沈阳市×区×街×号。

申请人就××工程公司××分公司诉申请人公路货物运输合同纠纷一案，向贵院提起管辖异议。

请求事项

请将本案移送至有管辖权的沈阳市××区人民法院管辖。

事实与理由

申请人与××工程公司××分公司因在履行公路货物运输合同纠纷过程中发生纠纷诉至贵院，贵院已经受理。但双方签订的运输合同即××货运发货单据背面托运合同条款第九条已经明确约定：如发生争议，由承运人所在地人民法院管辖。根据《中华人民共和国民事诉讼法》第三十五条规定："合同或者其他财产权益纠纷的当事人可以书面协议选择被告住所地、合同履行地、合同签订地、原告住所地、标的物所在地等与争议有实际联系的地点的人民法院管辖，但不得违反本法对级别管辖和专属管辖的规定。"双方当事人的约定完全符合上述法律规定，故按此约定，本案有管辖权的人民法院应是承运人所在地，即沈阳市××区人民法院，并非贵院。

综上，申请人提出管辖异议，恳请贵院依法将本案移送至沈阳市××区人民法院管辖。

此致

××中级人民法院

申请人：（签名）

年　　月　　日

2. 民事裁定书（驳回管辖异议案件用）

××中级人民法院

民事裁定书

（××××）×民管初字第×号

原告××工程公司××分公司，所在地×省×市×街×号。

负责人×××，经理。

委托代理人×××，××律师事务所律师。

被告××货运公司，所在地辽宁省沈阳市×区×街×号。

委托代理人×××，××律师事务所律师。

原告××工程公司××分公司（以下简称工程公司分公司）诉被告××货运公司（以下简称货运公司）公路货物运输合同纠纷一案，被告在答辩期内提出管辖异议，称双方签订的运输合同即××货运发货单据背面托运合同条款第九条已经明确约定“如发生争议，由承运人所在地人民法院管辖”，双方已协议选择了管辖法院，本案有管辖权的人民法院应是承运人所在地沈阳市××区人民法院，故请求法院将本案移送至沈阳市××区人民法院。

原告对被告提出的管辖异议的答辩意见为，一是原告没有签订过××货运发货单据背面的托运合同条款，既没有原告签字，也没有盖章，不存在协议管辖；二是即使约定了管辖，该协议管辖条款无效，因为被告在长春、哈尔滨、沈阳等地均设有办理处，原告是在长春办理托运的，是运货人开小车来取货并出具发货单据，可以认定为长春是承运人所在地，被告提供的整个单据根本没有体现被告所在地，且被告没有告知原告有纠纷需要到沈阳市××区人民法院诉讼。故请求驳回原告提出的管辖异议。

经本院审查，×年×月×日原告与××照明公司（以下简称照明公司）签订了购销合同，双方约定原告购买照明公司的工程照明灯具，由照明公司代为办理托运手续，运费由原告承担。×年×月×日照明公司的工作人员在长春代原告办理了托运，运货人开具了《××货运发货单据》。《××货运发货单据》上的内容为收货人徐××，发货人空白，件数323件，提付1515元，货号14－10B－1000－323，发货单据表格下方印有“发货人已仔细阅读第一、二联背面，托运人须知并同意”字句，单据背面印有《托运合同条款》，托运合同条款第九条“双方约定，如发生争议，由承运人所在地人民法院管辖”。《××货运发货单据》正背面均无原告的签字或盖章。×年×月×日货车在运输过程中在珲乌高速延吉方面延吉西出口匝道处发生翻车事故，造成车辆及货物损失。另查，被告货运公司从事普通货运业务，在沈阳、长春、哈尔滨设了货场（货运点），被告方《××货运发货单据》为电脑直接输入存档方式，给托运人开具的发货单据是手工填写的单据，且不保留发货单据的底联。

本院认为，依照《中华人民共和国民事诉讼法》第三十五条之规定，管辖协议应当采用书面形式。管辖协议虽是合同的一部分，但其争议解决机制与合同其他内容相比具有独立性。被告开具的《××货运发货单据》的背面《托运合同条款》系格式条款，格式条款是当事人为了重复使用而预先拟定，并在订立合同时未与对方协商的条款。尽管发货单据正面有提示，但出具给原告的《××货运发货单据》是被告方填写的，没有原告的签字或盖章确认，不能视为双方对协议管辖条款意思表示一致，故协议管辖未成立。协议管辖未成立并不影响双方之间运输合同关系存在，无论是依照合同履行地还是侵权行为地管辖，本院对本案均有管辖权。被告提出的管辖异议理由不成立，本院不予支持。依照《中华人民共和国民事诉讼法》第三十五条、第一百五十七条之规定，裁定如下：

驳回被告××货运公司管辖异议申请。

如不服本裁定，可在裁定书送达之日起十日内，向本院递交上诉状，并按对方当事人的人数提出副本，上诉于××省高级人民法院。

审判长×××

审判员×××

审判员×××

本件与原本核对无异

×年×月×日

书记员×××

八、实训法律法规

1.《中华人民共和国民事诉讼法》第18—39条、第130条。

2.《最高人民法院关于适用〈中华人民共和国民事诉讼法〉的解释》第1—42条。

3.《最高人民法院关于调整高级人民法院和中级人民法院管辖第一审民商事案件标准的通知》。

4.《最高人民法院关于审理民事级别管辖异议案件若干问题的规定》。

5.《最高人民法院关于军事法院管辖民事案件若干问题的规定》。

6.《最高人民法院关于铁路运输法院案件管辖范围的若干规定》。

附：实训拓展

（一）思考题

黄某与陈某于×年10月经人介绍相识恋爱，同年12月登记结婚，2年后生育一女陈小某。两人婚后关系尚可，后为经济问题产生矛盾，并逐渐恶化，第10年11月起黄某住回娘家，双方分居生活。3个月后黄某诉至法院，要求与陈某离婚，法院判决不准离婚后双方关系未有改善。同年11月黄某再次起诉要求离婚，第二年1月20日法院作出一审判决，判决准予黄某与陈某离婚，并对子女抚养问题以及夫妻共有财产进行了处理。一审判决后，黄某以陈某经济收入高为由提起上诉，不服一审对于财产分割的判决。在上诉期间，被告于2月28日摇出奖金15万元，扣除所得税，陈某得款12万元。黄某要求分割被告中奖款，为此与陈某发生争议。

问题：

1. 黄某的要求是否合法？

2. 如果你是黄某，会采取怎样的方式维护自身的合法权益？

3. 如果黄某的要求具有可诉性，请为其起诉做好立案准备。

（二）知识拓展

民事诉讼以人民法院为发生地，无论从哪个角度看，在当今的司法体制下，法院和法官都是民事诉讼的中心，弄清楚法院和法官的问题，才能在诉讼中做到知己知彼。下面就简要介绍我国法院的机构设置、权力分布状况、法官的职权等问题。

1. 法院

（1）法院的设置

我国的法院分为四级：全国设立一个最高人民法院，与最高人民检察院、公安部一并直接受中央政法委员会领导，行政级别为正部级。省、自治区、直辖市分别设立一个高级法院，行政级别为正局（厅）级。每一个地级市，包括副省级的省会城市设立一个中级人民法院，值得说明的是，有三个直辖市有不止一个中级人民法院，北京有两个，上海有两个，重庆则有六个，一般情况下，中级法院的级别为正处级。每一个县级行政区域，包括地级市的区、县都设立一个基层法院，行政级别为正科级，值得说明的是，在北京、上海、重庆、天津这四个直辖市中，由于一个省级城市只有两级人大，而法院的行政级别是与各自人大的行政级别相对应的，而直辖市的区的行政级别为正局（厅），故此，直辖市的区法院的行政级别为正处级，相当于地方的中级人民法院的行政级别。

同时，按照惯例，每一个法院的正院长及其常务副院长的行政级别是要高配半级的，例如，中级人民法院的行政级别为正处，其正院长的行政级别是副局（厅），常务副院长的行政级别为正处，而一般的副院长的行政级别则是副处。可见，同是副院长，在行政级别上是有差异的。

（2）各级法院

①基层人民法院：根据级别管辖的规则，只要没有特别规定，大部分民事案件的一审法院为基层人民法院，故此，基层人民法院是我国受理案件最多的法院。由于基层人民法院一般设置在县，管辖广大农村地区，为了便于群众诉讼，基层人民法院之下还设立了一些派出法庭，称人民法庭。派出法庭代表基层人民法院审理案件，判决书上的公章是基层法院的公章，当事人上诉对象为中级人民法院。

②中级人民法院：中级人民法院是四级法院中地位最重要的一级法院，因为90%以上的民事案件一审在基层法院，换言之，中级人民法院是90%以上民事案件的终审法院。同时，一些特殊类型的案件，主要是集中管辖的案件，包括知识产权案件、涉外案件、海事案件等必须由中级人民法院一审。中级人民法院的重要性不言而喻。

③高级人民法院：一审案件极少，主要审理二审案件。但高级人民法院判决的权威性很强，一旦高级人民法院针对某个问题作出某项判决，该判决对辖区内所有法院具有事实上的拘束力，在诉讼中注意收集辖区内高级人民法院的相关判例是非常重要的。

④最高人民法院：迄今为止没有一审民事案件，所有最高院的二审判决

都具有事实上的判例法效力。

⑤上下级法院之间的关系：上级法院的判决对下级法院具有事实上的拘束力，往往会成为上级法院辖区内的审判通则；下级法院的判决上级法院不是不会改，而是改得很慎重，毕竟下级法院的成绩好坏是算入上级法院之内的，为了照顾成绩，也碍于脸面，上级法院对下级法院案件的发、改非常慎重，一般需要庭长审批，所以，放弃一审打二审的想法不太现实。

（3）法院的内部设置

①两个最高机构：一个是院党组或者院党委，由全体党员院长及政治部（处、科）主任、纪检监察室主任组成，是最高权力机构，决定法院内部除审判外的一切重要事项，包括人事任免；另一个是审判委员会，由全体院长、个别资深庭长或者研究室主任组成，其中，中级人民法院以上的刑庭庭长肯定是审判委员会成员。审委会对案件的判决、再审的决定等与审判有关的事项具有最终决定权，可以说，无论是独任法官还是合议庭，都没有案件的最终决定权，真正的最高审判组织是审判委员会。

②几个非审判业务部门：政治部（处、科），主管人事、党务，正职主管相当于副院长级别，党组成员。办公室，管理法院的财政、接待、车辆调度等事务，权力非常大，主任单独走行政序列，可以没有法官资格，且必须为院长所信任。研究室，实际上是法院的秘书班子，承担大部分的文秘工作，中级人民法院以上的研究室还承担一定的调研、规则起草工作，作用的大小视院领导的重视程度不同而不同。法警队，管理法警。

③业务庭：立案庭，决定是否立案；分派案件，决定案件具体分派到哪一个业务庭，哪一个法官手中。

刑庭：审理刑事案件，中级以上的法院可能划分为刑一庭、刑二庭等，划分的依据可以是辖区，也可以是审级。

民庭：民间纠纷、房地产、知识产权、经济纠纷、涉外民事纠纷、破产案件等案件均由民庭审理，依审理案件的类别不同分别由民一、二、三、四、五庭审理。民庭的数量各法院不一。

行政庭：审理行政案件，由于较为清闲，往往人手较少，其法官在极度清闲时往往被其他业务庭借调。

审判监督庭：决定是否再审，但最终决定权往往在审判委员会手中。

执行庭：也称执行局，负责案件的执行工作。

2. 法官

（1）什么是法官

在这里，我们将从通常意义上来解释什么是法官。所谓法官，就是具有审判权的法院工作人员。抛开法官等级不论，法院的工作人员可以划分为审判员、助理审判员和书记员三种。其中，书记员没有审判权，审判员具有审判权。值得一提的是助理审判员。书记员晋升后便是助理审判员，根据《中华人民共和国法院组织法》和《中华人民共和国法官法》（以下简称《法官法》）的相关规定，助理审判员并不具有当然的审判权。助理审判员只有经过审判委员会的授权后方可行使审判权，反之，则没有审判权。经过授权行使审判权的助理审判员在司法文书上的署名为“代理审判员”，意思是经审判委员会授权代行审判员的职责。当然，目前，我国法院普遍存在人手不足的情况，一旦书记员通过司法考试晋升为助理审判员，审判委员会一般都会予以授权。故此，我们一般将助理审判员纳入法官的范畴当中。换言之，所谓的法官就包括审判员和助理审判员两种。

（2）法官的等级如何规定

审判员、助理审判员只是一种通常的称谓。事实上，在审判员和助理审判员当中还存在比较复杂的等级划分。

法院等级设下列四等十二级：首席大法官；大法官：一级、二级；高级法官：一级、二级、三级、四级；法官：一级、二级、三级、四级、五级。

最高人民法院：

院长：首席大法官；副院长：一级大法官至二级大法官；审判委员会委员：二级大法官至二级高级法官；庭长：一级高级法官至二级高级法官；副庭长：一级高级法官至三级高级法官；审判员：一级高级法官至四级高级法官；助理审判员：一级法官至三级法官。

高级人民法院：

院长：二级大法官；副院长：一级高级法官至三级高级法官；审判委员会委员：二级高级法官至四级高级法官；庭长：二级高级法官至四级高级法

官；副庭长：二级高级法官至一级法官；审判员：二级高级法官至二级法官；助理审判员：一级法官至四级法官。

中级人民法院：

院长：一级高级法官至三级高级法官；副院长：二级高级法官至四级高级法官；审判委员会委员：三级高级法官至一级法官；庭长：三级高级法官至一级法官；副庭长：三级高级法官至二级法官；审判员：三级高级法官至三级法官；助理审判员：二级法官至五级法官。

基层人民法院：

院长：三级高级法官至四级高级法官；副院长：四级高级法官至一级法官；审判委员会委员：四级高级法官至二级法官；庭长：四级高级法官至二级法官；副庭长：四级高级法官至三级法官；审判员：四级高级法官至四级法官；助理审判员：三级法官至五级法官。

值得说明的是，几年前法官的工资待遇尚未与法官等级挂钩，而只与法官的行政级别和职务挂钩，故此，法官等级在法院系统没有得到足够的重视，而在2019年修订的法官法中，这种情况已经有了改善。根据《法官法》第58条规定，法官实行与其职责相适应的工资制度，按照法官等级享有国家规定的工资待遇，建立与公务员工资同步调整机制。

（3）书记员有几种

目前，法院书记员可以分为委任制、聘任制和聘用制三种类型，每一种都有其独特的属性和特征。下面将分别针对这三种类型进行介绍：

首先，委任制书记员。委任制书记员是按照国家的干部人事政策，由相关机构直接任命到法院担任书记员职务的。这类书记员享有政法专编行政编制，也就是说，他们具有国家公务员的身份和待遇。委任制书记员的职位是终身的，除非有违法违纪行为或其他特殊情况，否则一般不会被解职。

其次，聘任制书记员。聘任制书记员是通过省级以上正式录用程序，经过考试、考核等程序，被录用到法院担任书记员职务的。与委任制书记员一样，聘任制书记员也拥有行政编制，是国家公务员的一部分。他们的录用程序相对严格，需要符合一定的条件和标准，经过层层筛选才能最终成为聘任制书记员。

最后，聘用制书记员。与前两者不同，聘用制书记员是由法院根据工作需要，自主招聘的非编制员工。他们通常与法院签订劳动合同，按照合同约定的工作内容、时间和待遇开展工作。由于是非编制员工，聘用制书记员的待遇和职位稳定性可能相对较低，但也有一些法院会根据工作表现和年限给予他们一定的待遇提升和职业发展机会。

（4）什么是承办人

承办人是具体负责审理案件的法官。在独任审判中，独任法官就是承办人。在合议制中，一名法官为承办人，具体负责案件的审理，法律文书的书写等工作，如果案件被上级法院发回重审或者改判，该承办人将承担主要责任。合议庭内的另外两名非承办人基本上只参加庭审和案件评议。于是，一些不太负责的法官在并非由自己承办的合议案件中表现出漠不关心的态度。

承办人的身份是不向当事人公开的，但通过一些细节可以知道谁是承办人。例如，经常给当事人打电话的法官，在庭审中发问最多的法官。总之，跟当事人打交道最多，最关心案件审理的那个法官就是承办人。

（5）阅核制度改革下的院庭长

为抓实审判管理，落实好院庭长监督管理责任，全国大法官研讨班提出“四类案件”之外的案件，原则上庭领导都应当“阅核”，重大案件报院领导“阅核”。

与“审批制”不同的是，“阅核制”能够依法落实院庭长法定职责。庭长不同意合议庭、独任法官意见的，不能直接调整、改变，可以建议复议、提请专业法官会议讨论、报请院领导提交审委会讨论。在“阅核制”中，裁判由院庭长依职权“阅核”、由法定审判组织依法作出，职能明确、责任清晰。

院庭长作为“阅核”履责的主体，因其由人大及其常委会任命，不仅依法享有法官审判案件的权力和责任，还负有院庭长审判管理的权力和职责，如果院庭长“阅核”后发生错案，也要承担责任。

合议庭、独任法官全面、如实报告案件情况后，院庭长“阅核”同意处理意见，或者复议意见与“阅核”意见一致，出现错误裁判的，院庭长要承担领导责任、“阅核”责任，有时甚至要承担主要责任。而合议庭、独任法官没有全面、如实报告案件审理情况，导致错误裁判的，院庭长如果在“阅核”过程中没有发现问题，仍要承担失职渎职的责任，合议庭、独任法官则要承担主要责任。

（6）为什么案件的审结时间很长

许多人觉得很奇怪，为什么一些简单案件，如简单的欠款纠纷都需要审理几个月才能作出判决，为什么法官的工作效率如此低下？

事实上，在经济发达地区，法官的工作量是非常大的。一名法官一年需要承办300—400件案件，法官的工作日一年大约260天，这就意味着法官一天就需要审结一个案件，包括开庭、合议、书写判决书、裁定书、写内部工作报告等。法官不堪重负。一般情况下，法官是穿插式地处理手头案件，一个案件开完庭后法官会暂时放下它，处理其他案件，在条件成熟审限即将到来时才完成案件的判决工作。

第二节　民事案件庭前准备法律实务实训

民事案件庭前准备，是指民事案件受理后至开庭审理前，由人民法院和当事人及其诉讼参加人共同进行的一系列诉讼活动。总的来讲，主要包括以下工作内容：独任法官的确定或者合议庭的组成；送达诉讼文书；审核诉讼材料并发现问题；财产保全和先予执行；证据的调查、收集、保全（含鉴定、勘验）；举证期限的确定和证据交换；庭前调解；开庭排期。因庭前准备的工作内容繁杂，本节仅就财产保全、当事人的审核与变更两项内容进行实训。

实训一：财产保全的申请与执行

一、实训目标

了解财产保全的概念、种类，掌握财产保全的条件、程序，学会撰写财产保全的有关法律文书，完成财产保全的法律手续。具体包括以下两项实训内容：

1. 起草财产保全申请书；

2. 撰写用于财产保全的民事裁定书，并填写、完成有关的法律手续。

二、实训素材

案例 1

××××年，甲县 A 公司和乙县 B 公司在丙县签订了一份水泥供销合同，合同约定："运输方式：由 A 公司代办托运；履行地点：A 公司在丁县的仓库。" A 公司依约履行了合同，B 公司尚欠 A 公司 30 万元货款。4 个月后，B 公司在当地报纸上刊登了"大幅度降价处理水泥"的广告；同时，着手准备分立为两个公司。为此，A 公司以 B 公司的行为影响货款的偿还和 B 公司即将分立为由，向乙县法院申请诉前财产保全，要求冻结 B 公司银行存款 30 万元，同时提供了同等数额的担保。法院审查以后依法作出了冻结存款的裁定，后由于 B 公司向该法院提供了同等数额的财产担保，法院作出依法解除冻结的裁定。A 公司在法院采取保全措施后 15 日内向法院提起诉讼。一审中，被告 B 公司反诉要求原告 A 公司承担由于申请诉前财产保全给自己造成的损失。

问题：

1. 申请人应怎样履行诉前财产保全的程序？请准备相应的材料。

2. 人民法院如何受理当事人的诉前财产保全申请？请准备相应的法律文书，并完成财产保全。

3. 被申请人要求解除冻结需要具备哪些条件？请准备相应的材料。

4. 人民法院如何审查被申请人的解冻申请？请准备相应的法律文书，并完成解除冻结的手续。

5. 被申请人提出反诉请求，需要准备哪些材料？并完成相应的诉讼准备。

6. 人民法院面对被申请人的反诉请求，应如何处理和回复？

案例 2

××××年 1 月 5 日和 3 月 24 日，申请人湖北光大公司与被申请人德国麦伊尔公司先后签订了两份钢材买卖合同。合同约定，被申请人应在收到申请人开出的不可撤销信用证后的 40 天内装船，在中国汕头三百门港交货。为履行此两份合同，申请人于同年 2 月 26 日和 3 月 31 日通过交通银行武汉分行，先后开出了以被申请人为受益人的编号分别为 LCI09400036、LCI09400037、LCI09400067、LCI09400069 的不可撤销信用证 4 张，总金额为 571 万余美元。5 月 27 日，申请人收到被申请人发来的装船通知书，告知货物已按合同装船期装船。5 月 28 日，申请人与汕头中建房地产开发联合公司（以下简称汕头中建公司）签订购销合同，由申请人将购买的被申请人的钢材转售给汕头中建公司。合同约定于 7 月 10 日前在汕头三百门港交货。汕头中建公司按照合同约定，于 6 月 23 日和 7 月 2 日向申请人支付定金人民币 80 万元、货款人民币 1360 万元，共计 1440 万元。6 月 20 日、7 月 5 日，交通银行武汉分行先后收到上述 4 张信用证项下全套提单，并表示予以承兑，约定付款时间为××××年 10 月 14 日。但至××××年 10 月 10 日，被申请人未将货物运抵中国汕头三百门港，直至同月 19 日货船才抵达三百门港。因申请人未在约定时间向汕头中建公司交货，7 月 12 日，汕头中建公司拒绝收货，并向申请人提出索赔，要求申请人双倍返还定金和支付违约金。据此，申请人认为，被申请人在无法保证按期装运情况下，弄虚作假，伪造单证，倒签提单达 17 天之久，恶意欺诈，严重延误到港日期，构成根本违约，导致用户拒收货物，提出索赔，使申请人蒙受了重大经济损失，申请人对到货只能依法拒收。故依与被申请人的买卖合同仲裁条款，于××××年 9 月向中国国际经济贸易仲裁委员会申请仲裁，请求被申请人赔偿损失等费用共计 1700 多万元。受理后，申请人申请对其在交通银行武汉分行已承兑的 4 张信用证项下的款项予以冻结。中国国际贸易仲裁委员会于同月 21 日向湖北省高级人民法院提请作出财产保全裁定，中国光大对外贸易总公司为申请人的财产保全申请向法院出具了担保函。

问题：

1. 申请人向湖北省高级人民法院提出财产保全申请，属于什么性质的财产保全？需要履行何种程序，并请准备相应的材料。

2. 湖北省高级人民法院应由什么部门受理和执行该申请？应作出怎样的处理和回复，并请撰写相应的法律文书、完成相应的法律程序。

三、实训准备

1. 分小组、分角色：教师按照学生人数的多少，将学生分成若干小组，并确定每名学生扮演的诉讼角色。

2. 基础准备：阅读《民事诉讼法》教材中有关财产保全的理论知识，熟练掌握《民事诉讼法》《最高人民法院关于适用〈中华人民共和国民事诉讼法〉的解释》相关规定，搜集整理《最高人民法院关于人民法院民事执行中查封、扣押、冻结财产的规定》等规范性文件。

3. 针对性的文献检索：根据具体的实训素材，尽量发现与实训素材相关的实体法规范和程序法规范以及有关司法解释、批复，包括最高人民法院与其他相关部门合发的规范性文件，如最高人民法院、国土资源部、建设部《关于依法规范人民法院执行和国土资源房地产管理部门协助执行若干问题的通知》。

4. 书面报告：梳理案件的基本事实和需要适用的法律法规，以上内容需以书面形式提交报告。同时，根据扮演角色的不同，准备相应的法律文书或者书面材料。

四、实训要点

（一）诉讼财产保全

1. 实体条件

（1）需要对争议的财产采取诉讼中财产保全的案件必须是给付之诉，即该案的诉讼请求具有财产给付内容。

（2）诉讼财产保全发生在民事案件受理后，法院尚未作出生效裁决前。如果法院的裁决已经生效，当事人可以申请强制执行，但是不得申请财产保全。

（3）诉讼财产保全一般应当由当事人提出书面申请，当事人没有提出申请的，法院在必要时也可以裁定采取财产保全措施。

（4）将来的生效判决因为主观或者客观因素导致不能执行或难以执行，但司法实践中对此掌握并不严格，一般只要当事人提出书面请求即可。

（5）人民法院可以责令当事人提供担保。但司法实践中对这个条件掌握得比较严格，一般条件下均要求申请人提供担保，且以物保居多。

2. 程序操作

（1）当事人准备的诉讼保全申请材料

向人民法院提起诉讼财产保全前，需要准备以下材料：①诉讼财产保全申请书。应当写明申请人、被申请人基本情况，保全的对象、数量、种类、价值，所处的地址、位置等，以及适当的保全方法。但采取何种保全措施由法院决定。②申请人、被申请人相关身份证明材料。③提供担保。提供担保的数额应相当于请求保全的数额。申请人不提供担保的，法院将驳回申请。

（2）法院对诉讼保全申请的受理

法院受理当事人的诉讼保全申请，按以下程序进行：①将准备好的上述材料及证据向法院立案庭递交。②法院立案人员收到申请书后，将在申请书上加盖法院收文印章，注明收到日期，并由立案人员签名。③法院将立即审查提交的相关材料，并分别情况作出处理：一是对符合受理条件的，予以受理，作出诉讼财产保全裁定，并立即开始执行。同时通知申请人及被申请人。二是法院接受申请后，对情况紧急的，必须在48小时内作出裁定，裁定采取财产保全措施的，应当立即开始执行。三是对不符合受理条件的，裁定驳回申请。④保全申请费由申请人在提出申请时或者在人民法院指定期限内预交，如当事人未按期足额交纳申请费，且未提出减、缓、免申请费或提出申请未获法院批准的，法院将按当事人自动撤回申请处理。保全措施实施后，由于客观原因未达到保全目的的，保全申请费不予退还。⑤采取诉讼保全措施错误或不当，给被申请人造成损失，申请人以该担保财产负责赔偿。2011年最高人民法院《民事案件案由规定》将“因申请诉前财产保全损害责任纠纷”“因申请诉中财产保全损害责任纠纷”这一类案由列入其中。随后在2020年版改为“因申请财产保全损害责任纠纷”和“申请诉前财产保全”。

（3）法院对诉讼保全申请的执行

①当事人提出诉讼财产保全的申请，不论发生在第一审还是第二审程序中，人民法院一般均会采取合议制，并制作民事裁定书。

②财产保全可以采取的强制措施主要是查封、扣押、冻结，即：在被告开户的银行对其账户及存款进行冻结；在被告工作单位对其工资收入进行扣押、冻结；在房地产交易中心对被告拥有所有权或者使用权的房产、土地进行查封；在工商局、证券登记结算公司、证券公司对被告投资于其他人的股权、持有的股票、债券及其收益进行冻结；在公安局车辆管理所对被告的车辆进行查封；在被告、其他人的经营场所内对被告所有的机器设备、货物等进行查封或者扣押；在其他人的住所地对被告享有的对其他人的到期债权或其他人应交付给被告的租金进行冻结；在国家专利局、商标局等机关对被告享有的专利权、商标权进行冻结等。

从法律上来说，查封和冻结具有相同的含义，都是由法院工作人员在有关单位办理一定的手续，送达相关的法律文书，固定被告的财产权利，使其无法办理相关的转让手续。主要区别在于：查封主要适用于有形状的物体，而冻结主要适用于无形存在的财产权利。对已经有其他法院查封（冻结）在先的财产，可以进行轮候查封（冻结）。轮候查封（冻结）是两个或两个以上人民法院对于同一财产进行查封（冻结）时，以先办理手续的人民法院为准，后办理手续的人民法院做轮候处理，暂不生效；待前一手续解除后，轮候手续则自动生效。轮候查封（冻结）不影响在先查封（冻结）的效力；前一查封（冻结）后将财产处置的，则轮候查封（冻结）失效。轮候查封（冻结）可以进行多轮。

③人民法院采取财产保全措施时，保全范围限于当事人争议财产，或者被申请人的财产，否则，对被申请人的合法权益将是严重的损害。因此，在保全过程中会采取一些限制措施以防止明显超出涉案金额的保全。例如，在保全房产、土地时，根据房产的单价×面积估算出总价值，并超额30%予以查封（以备将来评估、折价拍卖等）；或在冻结股权时，要求申请人在多个可冻结的股权中选择一个进行冻结等。因此，申请人对法官限制超出涉案金

额保全的行为也应予以支持，并及时告知法官，选择金额大、价值高、容易变现、保全作用明显的财产进行保全。

④可以进行财产保全的对象主要是被告所有、占有、享有的实物财产和财产权利。具体包括：被告在银行开立的账户（户名必须与被告名称一致）及存款；被告在房地产交易中心登记在案的、拥有所有权的房产，或者拥有使用权的土地；被告对外投资的股权、持有的股票、债券及股息、红利等收益；被告拥有所有权的车辆；被告拥有所有权的厂房、机器设备及原材料、半成品、产成品等货物；被告享有的对其他人的到期债权，其他人应付给被告的租金；被告享有专用权的专利、商标等知识产权；其他各类被告拥有金钱价值和权利的财产。具体的保全期限见表 2－1。

表 2－1　财产保全期限

<table>
<tr><th>序号</th><th>保全标的</th><th>保全期限</th><th>续行期限</th><th>法律规定</th></tr>
<tr><td>1</td><td>冻结银行存款及其他资金</td><td>一年</td><td>一年</td><td rowspan="5">《最高人民法院关于适用〈中华人民共和国民事诉讼法〉的解释》第 485 条第 1 款、第 2 款规定：人民法院冻结被执行人的银行存款的期限不得超过一年，查封、扣押动产的期限不得超过两年，查封不动产、冻结其他财产权的期限不得超过三年。申请执行人申请延长期限的，人民法院应当在查封、扣押、冻结期限届满前办理续行查封、扣押、冻结手续，续行期限不得超过前款规定的期限。
最高人民法院以前发布的司法解释与本规定不一致的，不再适用。</td></tr>
<tr><td>2</td><td>查封、扣押动产</td><td>二年</td><td>二年</td></tr>
<tr><td>3</td><td>查封土地使用权、房屋等不动产</td><td>三年</td><td>三年</td></tr>
<tr><td>4</td><td>查封股权、专利权</td><td>三年</td><td>三年</td></tr>
<tr><td>5</td><td>保全专利权</td><td>三年</td><td>三年</td></tr>
</table>

⑤人民法院采取查询、冻结银行账号的财产保全措施，除依照当事人的申请制作民事裁定书之外，还要出具一式三联的协助查询通知书（见图 2－15 至图 2－17）、协助冻结通知书（见图 2－18 至图 2－20），并要求银行填写相应的回执。此外，人民法院要求银行冻结被申请人的账号是有期限的。期限届满，如果案件尚未审结，申请人必须提出书面请求，人民法院则要求银行继续冻结。

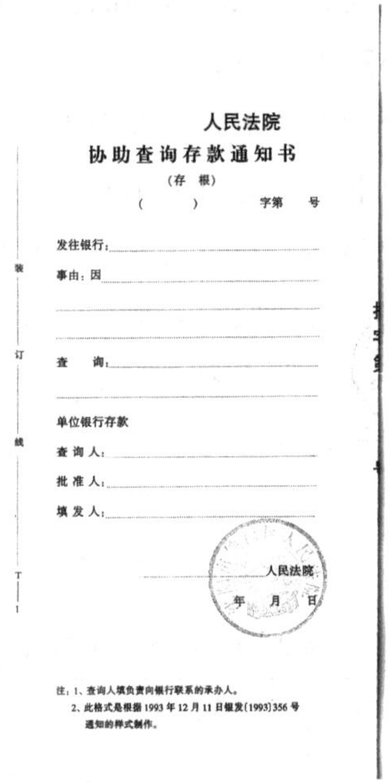

人民法院

协助查询存款通知书

（存　根）

（　　）　　字第　　号

发往银行：

事由：因

查　　询：

单位银行存款

查 询 人：

批 准 人：

填 发 人：

人民法院

年　月　日

注：1、查询人填负责向银行联系的承办人。

2、此格式是根据1993年12月11日银发〔1993〕356号通知的样式制作。

图2－15　协助查询通知书1（用于银行等金融机构账户资金查询之用）

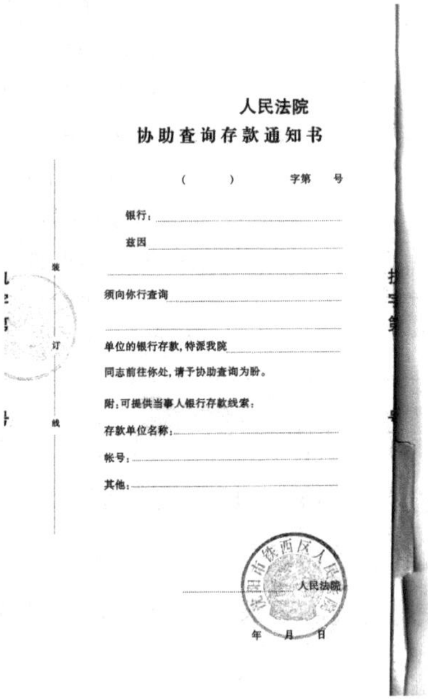

人民法院

协助查询存款通知书

（　　）　　字第　　号

银行：

兹因

须向你行查询

单位的银行存款，特派我院

同志前往你处，请予协助查询为盼。

附：可提供当事人银行存款线索：

存款单位名称：

帐号：

其他：

人民法院

年　月　日

图2－16　协助查询通知书2（用于银行等金融机构账户资金查询之用）

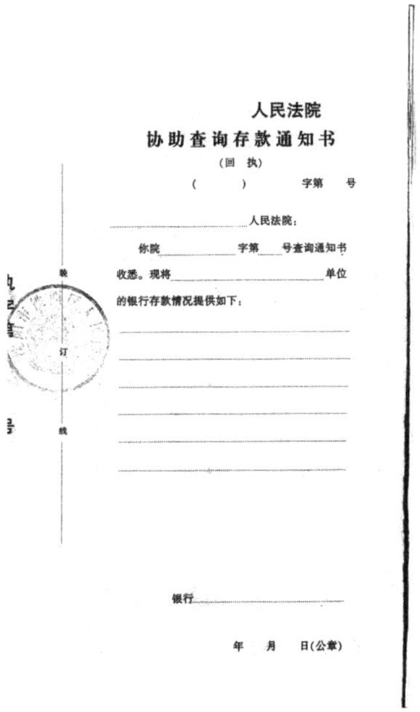

人民法院
协助查询存款通知书
（回 执）
（ ） 字第 号

________人民法院：

你院________字第____号查询通知书收悉。现将________________单位的银行存款情况提供如下：

____

____

____

____

____

____

银行________________

年 月 日（公章）

图 2－17 协助查询通知书 3（用于银行等金融机构账户资金查询之用）

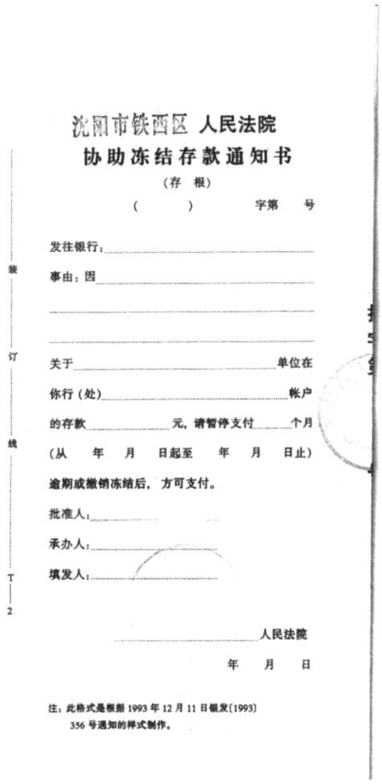

沈阳市铁西区 人民法院
协助冻结存款通知书
（存 根）
（ ） 字第 号

发往银行：________________

事由：因________________

____

____

关于________________单位在

你行（处）________________帐户

的存款________元，请暂停支付____个月

（从 年 月 日起至 年 月 日止）

逾期或撤销冻结后，方可支付。

批准人：________

承办人：________

填发人：________

________人民法院

年 月 日

注：此格式是根据 1993 年 12 月 11 日银发〔1993〕356 号通知的样式制作。

图 2－18 协助冻结存款通知书 1（用于银行等金融机构账户资金查询之用）

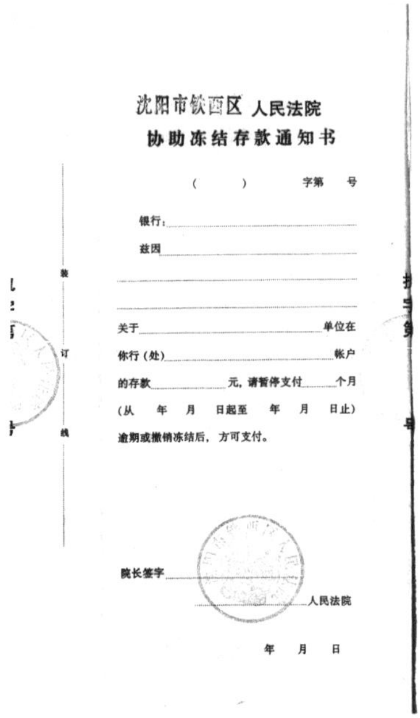
沈阳市铁西区 人民法院
协助冻结存款通知书
（ ） 字第 号
银行：
兹因
关于 单位在
你行（处） 帐户
的存款 元，请暂停支付 个月
（从 年 月 日起至 年 月 日止）
逾期或撤销冻结后，方可支付。
院长签字
人民法院
年 月 日

图 2－19 协助冻结存款通知书 2（用于银行等金融机构账户资金查询之用）

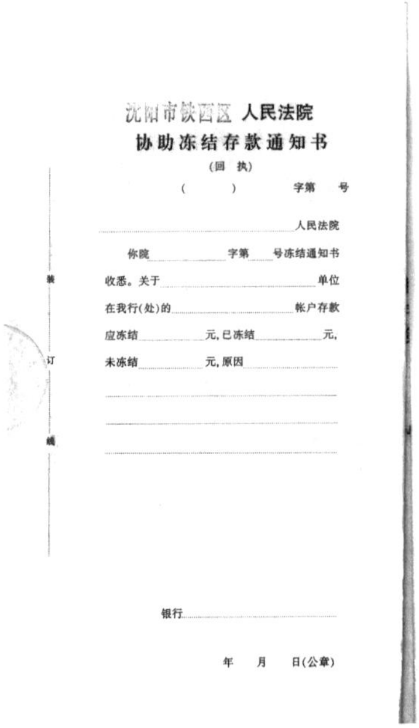
沈阳市铁西区 人民法院
协助冻结存款通知书
（回 执）
（ ） 字第 号
人民法院
你院 字第 号冻结通知书
收悉。关于 单位
在我行(处)的 帐户存款
应冻结 元，已冻结 元，
未冻结 元，原因
银行
年 月 日(公章)

图 2－20 协助冻结存款通知书 3（用于银行等金融机构账户资金查询之用）

⑥人民法院采取查封房屋所有权或土地使用权的财产保全措施，除依照申请人的申请制作民事裁定书之外，还要出具一式三联的协助执行通知书（见图2－21、图2－22），并要求房地产登记部门填写相应的回执。人民法院采取该类财产保全措施，一般是查封房产所有权或者土地使用权的档案等相关手续，而不是查封相应的实物，目的在于限制被申请人在案件审理期间将该财产转让他人。此外，人民法院要求房地产登记部门查封相应的房地产也是有期限的。期限届满，如果案件尚未审结，申请人必须提出书面请求，人民法院则要求相应部门继续查封。

⑦人民法院采取查封机动车、船舶、飞行器所有权的财产保全措施，除依照申请人的申请制作民事裁定书之外，还要出具一式三联的协助执行通知书（见图2－21至图2－23），并要求相应动产的登记部门填写回执。人民法院采取该类财产保全措施，一般也是查封相应动产的档案，而不是查封相应的实物。但是，由于该类动产登记不是所有权转移的生效要件，仅为对抗要件，查封档案系限制当事人将动产转让的目的并不能充分达到，尤其在机动车中表现得更为普遍。因此，在司法实践中，一旦发现被申请人有转让财产意欲逃债的迹象，人民法院会针对个案的具体情况，同时采取查封档案和扣押机动车的财产保全措施。此外，人民法院要求机动车登记部门查封相应的档案手续是有期限的。期限届满，如果案件尚未审结，申请人必须提出书面请求，人民法院则要求相应部门继续查封。

⑧申请人申请诉讼财产保全，人民法院均会要求其提供相应的财产（一般为银行存款或实物）担保。在采取诉讼保全措施的同时要查封、扣押、冻结担保的财产和被申请保全的财产。

（二）诉前财产保全

1. 实体条件

利害关系人与他人之间存在争议的法律关系所涉及的财产处于情况紧急的状态下，不立即采取财产保全措施将有可能使利害关系人的合法权益遭受不可弥补的现实危险。

人民法院

协助执行通知书（稿）

（　　）　　执字　　号

：

书

装　已发生法律效力。因

依照《中华人民共和国民事诉讼法》第　　　　　　条

订　的规定，请协助执行以下事项：

附：

线　经办人：　　　　　　　年　　月　　日

一式三联。此联和回执附卷，中联交协助执行单位。

图 2－21　协助执行通知书 1（用于房产、机动车等实物查封之用）

人民法院

协助执行通知书

（　　）　　执字　　号

执字第

：

书

已发生法律效力。因

依照《中华人民共和国民事诉讼法》第　　　　　　条

的规定，请协助执行以下事项：

附：

号

年　　月　　日

图 2－22　协助执行通知书 2（用于房产、机动车等实物查封之用）

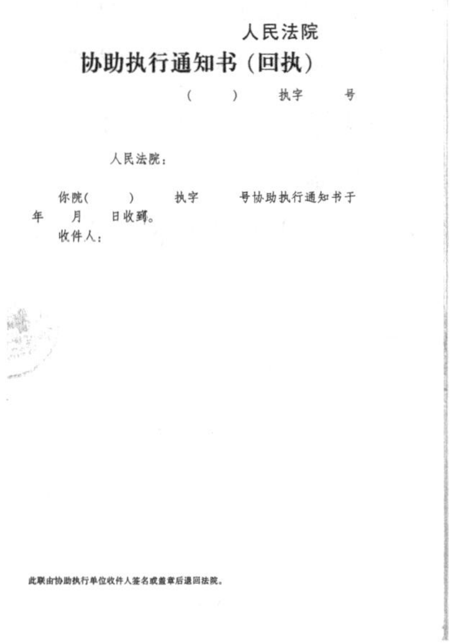

人民法院
协助执行通知书（回执）
（ ） 执字 号

人民法院：

你院（ ） 执字 号协助执行通知书于
年 月 日收到。
收件人：

此联由协助执行单位收件人签名或盖章后退回法院。

图2－23 协助执行通知书3（用于房产、机动车等实物查封之用）

2. 程序操作

（1）必须由利害关系人向财产所在地的人民法院提出申请，并提供担保。

（2）申请人在人民法院采取保全措施后30日内不依法提起诉讼或者申请仲裁的，人民法院应当解除保全。

（3）其他基本同诉讼财产保全。

法院对诉讼财产保全申请的执行、办理部门和单位、诉讼保全的对象和期限同上。

（三）诉前行为保全

1. 实体条件

知识产权权利人或者利害关系人有证据证明他人正在实施或者即将实施侵犯知识产权的行为，如不及时制止将会使其合法权益受到难以弥补的损害的，可以在起诉前向人民法院申请采取责令停止有关行为的措施。

2. 程序操作

（1）申请人提出申请时，应当提供担保，不提供担保的，驳回申请。

（2）人民法院应当自接受申请之时起 48 小时内作出裁定；有特殊情况需要延长的，可以延长 48 小时。裁定责令停止有关行为的，应当立即执行。当事人对裁定不服的，可以申请复议一次；复议期间不停止裁定的执行。

（3）申请人自人民法院采取责令停止有关行为的措施之日起 15 日内不起诉的，人民法院应当解除该措施。

下面将财产保全的有关文书样式列举如下，供学生参考。

1. 财产保全申请书

财产保全申请书

申请人：×××（申请人为公民的，应写明姓名、性别、年龄、民族、职业或者工作单位和职务，住址；申请人为单位的，应写明单位名称，法定代表人或负责人姓名和职务）

被申请人：×××（被申请人为公民的，应写明姓名、性别、年龄、民族、职业或者工作单位和职务，住址；被申请人为单位的，应写明单位名称，法定代表人或负责人姓名和职务）

请求事项：申请对被申请人的下列财产进行保全：

……（写明财产的位置、数量、金额等情况，申请财产品措施）

事实和理由：申请人和被申请人因……纠纷，已向你院提起诉讼（或即将提起诉讼）……（写明保全的原因）。

本申请人提供如下担保：

1. ……

2. ……

特此申请。

此致

××××人民法院

申请人：（签字或盖章）

年　　月　　日

2. 民事裁定书1（诉前财产保全用）

××××人民法院

民事裁定书

（××××）×民初字第××号

申请人……（写明姓名或名称等基本情况）

被申请人……（写明姓名或名称等基本情况）

申请人×××因……（写明申请诉前财产保全的原因），于××××年××月××日向本院提出申请，要求对被申请人……（写明申请采取财产保全措施的具体内容）。申请人已向本院提供……（写明担保的财产、数量或金额等）担保。

经审查，本院认为，……（写明采取财产保全的理由）。依照……（写明裁定所依据的法律条款项）的规定，裁定如下：

……（写明对被申请人的财产采取查封、扣押、冻结或者法律规定的其他保全措施的内容。）

申请人应当在裁定书送达之日起十五日内向本院起诉，逾期不起诉的，本院将解除财产保全。

本裁定书送达后立即执行。

如不服本裁定，可以向本院申请复议一次，复议期间不停止裁定的执行。

审判员×××

×年×月×日

（院印）

本件与原本核对无异

书记员×××

3. 民事裁定书2（诉讼财产保全用）

××××人民法院

民事裁定书

（××××）×民初字第××号

原告……（写明姓名或名称等基本情况）

被告……（写明姓名或名称等基本情况）

（当事人及其他诉讼参加人的列项和基本情况的写法，与一审民事判决书样式相同）。

本院在审理……（写明当事人的姓名或名称和案由）一案中，×告×××于××××年××月××日向本院提出财产保全的申请，要求……（概括写明申请人的具体请求内容），并已提供担保（未提供担保的不写此句）。（法院依职权采取财产保全的，把"×告×××……"一段删去，改为写明需要采取财产保全的事实根据。）

本院认为，×告×××的申请符合法律规定，[法院依职取采取的，改为"本院为了……（写明需要财产保全的理由）"]。依照……（写明裁定所依据的法律条款项）的规定，裁定如下：

……（写明财产保全的具体内容）。

本裁定书送达后立即执行。如不服本裁定，可以向本院申请复议一次。复议期间不停止裁定的执行。

审判长×××

审判员×××

审判员×××

×年×月×日

（院印）

本件与原本核对无异

书记员×××

4. 民事裁定书3（解除财产保全用）

××××人民法院

民事裁定书

（××××）×民初字第××号

原告（或申请人）……（写明姓名或名称等基本情况）

被告（或被申请人）……（写明姓名或名称等基本情况）

本院于××××年××月××日作出的（××××）×民×字第××号财产保全的裁定，现因……（写明解除财产保全的理由）。依照……（写明裁定所依据的法律条款项）的规定，裁定如下：

解除对×××的……（写明财产的名称、数量或数额等）的查封（或扣押、冻结等）。

审判长×××

审判员×××

审判员×××

×年×月×日

（院印）

本件与原本核对无异

书记员×××

五、实训过程

（一）案例1

1. 通过投影仪，教师与学生共同回顾案例1的基本案情。

2. 通过小组讨论，A公司提出的诉前财产保全是否符合法律规定的条件和程序，B公司反诉要求A公司赔偿因诉前财产保全造成的损失是否成立，并由学生代表发言予以确认。

3. 以上述讨论为中心，准备有关的诉前保全申请书、民事裁定书、起诉书、反诉状。

4. 通过小组演练，由不同学生扮演不同角色，模拟完成上述纠纷中的诉前保全工作。

（二）案例2

1. 通过投影仪，教师与学生共同回顾案例2基本案情。

2. 通过小组讨论，判断上述纠纷中申请人提出财产保全是否符合法律条件；梳理仲裁解决纠纷过程中提请财产保全所需要履行的程序，并由学生代表发言予以确认。

3. 以上述讨论为中心，独立制作财产保全申请书和相关民事裁定书。

4. 通过小组演练，由不同学生扮演不同角色，模拟完成上述纠纷中的财产保全工作。

六、实训点评

（一）角色自我点评（略）

（二）旁听学生点评（略）

（三）指导教师点评

1. 基础训练点评要点

（1）公司分立后责任如何承担？公司分立的程序是怎样的？

（2）公司分立是否符合诉前财产保全的条件？本案中，A公司提出的诉前财产保全申请是否符合法律规定的条件，请说明理由。

（3）诉前财产保全的范围是怎样的？如果超出范围，会有怎样的后果？

（4）乙县人民法院采取诉前财产保全措施后，A公司应该怎么办？否则，会出现怎样的后果？

（5）A公司提起诉讼后，B公司提出的反诉请求，是否构成反诉？请说明理由。

（6）面对A公司的诉前财产保全申请，乙县法院应该怎么办？

（7）面对A公司的起诉行为，乙县法院应该怎么办？

（8）面对B公司的反诉行为，法院应该怎么办？

2. 案例2点评要点

（1）选择仲裁机构解决合同纠纷时，财产保全措施应当如何定性，怎样进行？（从实体条件和程序操作两个方面考虑）本案中，申请人申请财产保全措施是否符合法律规定的条件？申请人应当怎么办？仲裁机构应当怎么办？人民法院应当怎么办？

（2）本案中存在几种合同关系？前一合同关系中，被申请人因违约行为，对申请人负责赔偿损失的范围是什么？后一合同关系中，合同对方要求申请人赔偿损失，申请人应该如何处理？

（3）如果申请人与被申请人之间没有达成仲裁条款或协议，应当通过何种途径解决纠纷？申请人与合同对方应当通过何种途径解决纠纷？妥善解决两个纠纷的最佳方法是什么？

七、实训文书

下面以“原告于××与被告沈阳××机械有限公司、沈阳市××钢管有限公司、关××、许××民间借贷合同纠纷案”中有关诉讼财产保全的文书为范例，供学生参考。

1. 诉讼财产保全申请书

诉讼财产保全申请书

申请人于××，男，××××年××月××日出生，汉族，住沈阳市××区××街××号××室。身份证号码210×××××××××××××××。

被申请人沈阳××机械有限公司，住所地为沈阳市××区××街××号。

法定代表人关××，系该公司经理。

被申请人沈阳市××钢管有限公司，住所地为沈阳市××区××街××号。

法定代表人许××，系该公司经理。

被申请人关××，男，××××年××月××日出生，汉族，住沈阳市××区××镇××村××组××号。身份证号码210×××××××××××××××。

被申请人许××，男，××××年××月××日出生，汉族，住沈阳市××区××街××号××栋××室。身份证号码210×××××××××××××××。

申请事项

立即冻结上列被申请人银行存款人民币2100000元或查封、扣押被申请人相应数额的其他财产。

事实与理由

贵院对申请人与上列被申请人之间民间借贷合同纠纷案已经立案受理。为了防止上列被申请人在诉讼期间转移财产，根据《中华人民共和国民事诉讼法》第一百零三条等相关规定，特申请贵院对上列被申请人采取冻结其银行存款人民币2100000元或查封、扣押相应数额的其他财产的保全措施，同时申请人已提供相当数额的财产作为担保。

此致

沈阳市××区人民法院

申请人：（签名）

年 月 日

2. 民事裁定书（诉讼财产保全案件用）

××市××区人民法院

民事裁定书

［××××］××民三初字第××号

原告于××，男，××××年××月××日出生，汉族，住沈阳市××区××街××号××室。身份证号码210×××××××××××××××。

被告沈阳××机械有限公司，住所地为沈阳市××区××街××号。

法定代表人关××，系该公司经理。

被告沈阳市××钢管有限公司，住所地为沈阳市××区××街××号。

法定代表人许××，系该公司经理。

被告关××，男，××××年××月××日出生，汉族，住沈阳市××区××镇××村××组××号。身份证号码210×××××××××××××××。

被告许××，男，××××年××月××日出生，汉族，住沈阳市××区××街××号××栋××室。身份证号码210×××××××××××××××。

原告于××诉被告沈阳××机械有限公司、沈阳市××钢管有限公司、关××、许××借款合同纠纷一案，本院受理后，原告于××于××××年××月××日向本院提出财产保全申请，要求冻结沈阳××机械有限公司、沈阳市××钢管有限公司、关××、许××名下的银行账户存款2100000元或其他相应价值财产，并已提供担保。

本院认为，原告于××的申请符合法律规定，依照《中华人民共和国民事诉讼法》第一百零三条、一百零五条之规定，裁定如下：

一、冻结被告沈阳××机械有限公司、沈阳市××钢管有限公司、关××、许××名下的银行账户存款2100000元或其他相应价值财产；

二、查封担保人于××所有的位于沈阳市××区××街×号×门，建筑面积××平方米，卷号××××的房屋产籍档案，查封期间不得买卖、转让；

三、查封担保人林××所有的位于沈阳市××区××街××号××室，建筑面积××平方米，新档案号为××××的房屋产籍档案，查封期间不得买卖、转让。

本裁定立即执行。

如不服本裁定，可在裁定书送达之日起十日内，向本院申请复议一次，复议期间不停止本裁定的执行。

代理审判员　×××

××××年××月××日

本件与原本核对无异　　（院印）

书记员　×××

八、实训法律法规

1.《中华人民共和国民事诉讼法》第103—108条。

2.《最高人民法院关于适用〈中华人民共和国民事诉讼法〉的解释》第152—168条、第485条。

实训二：当事人的审核与变更

一、实训目标

了解当事人、共同诉讼人、诉讼第三人的概念与司法适用条件；明确当事人、共同诉讼人、诉讼第三人的诉讼权利与义务以及诉讼权利义务的承担；掌握当事人、必要共同诉讼人、第三人参加诉讼的途径和方法。具体包括以下三项实训内容：

1. 确定不同的诉讼主体是否符合当事人的条件，成为正当当事人；

2. 分析不同身份当事人的诉讼请求性质、诉讼利益及其合法性、合理性，同时适时适度行使法官释明权；

3. 撰写变更或追加当事人、变更或增加诉讼请求、提起反诉的法律文书。

二、实训素材

案例1

2017年9月22日，成某因要陪护住院的父亲，在临行前将自己所有的天虹 90B 型摩托车交给崔某保管。第二天，崔某和女友在使用该车时发现后胎没气，就送至雷某的修理摊前要求补后胎。崔某在停车时关掉了电门，但没有拔车钥匙，之后他与女友到附近闲逛了几分钟回到修理摊前时，雷某告知二人车胎没有漏气，二人又离开、闲逛，等待雷某将车胎装好。当雷某将车胎装好后，一个穿红色上衣的青年人拿着气筒上前给车胎打气，雷某即询问其身份，回答说是崔某的朋友，是崔某让来推车的，修理费过一会儿由崔某来付。之后，该青年将车推走。崔某和女友回来后发现车已被红衣青年骗走，遂打“110”报警，但未能追回车子。9 月 24 日，崔某和雷某就此事达成了赔偿协议，约定由雷某于 9 月 29 日前将 6000 元赔偿费交给崔某。因雷某没有按照协议履行义务，崔某遂诉至法院，要求雷某赔偿同型号摩托车一辆或折价赔偿损失。

问题：

1. 崔某以何身份向雷某提起诉讼？法律依据是什么？

2. 成某作为摩托人的所有人，如何依法维护自己的权利？

3. 崔某与雷某诉前达成的赔偿协议，效力如何？

案例 2

中国银行甘肃分行与甘肃新科工贸有限责任公司（以下简称新科公司）签订一份借款合同，兰州岷山制药厂（以下简称制药厂）为新科公司提供了保证。2016 年 2 月，因新科公司到期未能偿还借款，中国银行甘肃分行即从保证人制药厂账户中划走借款本息共计 33 万余元。2016 年 4 月 15 日，制药厂与新科公司就该笔扣款达成借款合同和还款计划。新科公司履行了部分还款义务，仍欠制药厂 27 万余元。2018 年 3 月 10 日，制药厂向兰州市中级人民法院提起诉讼，要求新科公司偿还借款，并赔偿经济损失。兰州市中级人民法院于 2018 年 4 月 7 日立案受理了本案，新科公司作为被告参加了诉讼，其公章也在使用。一审开庭前，新科公司应诉，举证其于 2018 年 6 月 8 日收到吊销营业执照的处罚决定书，并表示其不申请复议。之后，制药厂请求追加新科公司的股东为被告，请求法院对新科公司组织清算。2018 年 6 月 29 日，兰州市中级人民法院以新科公司被吊销营业执照、本案无明确被告为由，裁定驳回制药厂的起诉。制药厂不服，上诉至甘肃省高级人民法院。

问题：

1. 如果你是制药厂的律师，应如何确定被告？请说明依据。

2. 兰州市中级人民法院的裁判是否正确？请说明依据。

3. 在现行的法律及司法解释框架下，你作为制药厂的律师，可以拟定几种诉讼策略维护当事人的合法权益？哪一个更好？请说明理由。

案例 3

王某与铜梁区某建材厂于 2020 年 6 月 1 日签订承包经营合同，双方约定：（1）王某承包铜梁区某建材厂 2 年。（2）承包经营期间某建材厂发生的债权债务由王某承担。此外，承包经营开始前某建材厂拖欠的电费及罚款由王某向电力公司缴纳，该笔款项从王某支付的承包金中扣除。

王某在承包经营期间共欠电力公司电费 25000 元。2023 年 1 月 29 日，王某与铜梁区某建材厂另外达成协议：王某承包经营铜梁区某建材厂应履行的义务已按合同规定分批全部兑现。并且在支付以前所欠电费时，王某超缴 20000 元。同时王某在经营中增加机器设备和大修厂房，垫支 4700 元（视为超交），合计超交 24700 元，因铜梁区某建材厂现已倒闭，且无财产清偿债务，由某建材厂业主颜某付给王某。具体付款办法：王某在生产过程中所欠电费 25000 元，由颜某给付电力公司。从 2023 年起，王某不再对承包经营期间拖欠的电费承担任何责任。但是，该笔电费经电力公司多次催收未果。重庆某电力公司向铜梁区人民法院起诉，请求铜梁区某建材厂、王某支付所欠电费及因此产生的滞纳金。

问题：

1. 如果你是重庆电力公司的律师，应如何为确定被告设计诉讼方案？

2. 如果你是王某的律师，应如何为其答辩？

3. 如果你是建材厂的律师，应如何答辩？

4. 如果你是法官，应如何确定本案的被告？请说明理由。

三、实训准备

1. 分小组、分角色：教师按照学生人数的多少，将学生分成若干小组，并确定每名学生扮演的诉讼角色。

2. 基础准备：阅读《民事诉讼法》教材中有关当事人、诉讼参加人及其诉讼权利义务的理论知识，熟练掌握《民事诉讼法》《最高人民法院关于适用〈中华人民共和国民事诉讼法〉的解释》《最高人民法院关于民事诉讼证据的若干规定》等诉讼类规范性文件，同时尽最大可能熟悉各种民事实体法中有关民事主体确定及其责任承担的相关内容。

3. 针对性的文献检索：实训前将实训素材的基本案情资料传发给学生，要求根据具体的实训素材，尽量发现与实训素材有关的程序法方面和实体法方面的法律依据，确定不同身份人的民事诉讼主体资格及其权利义务，明确上述主体参加诉讼的相关途径和方法。

4. 书面报告：梳理案件的基本事实和需要适用的法律法规，以上内容需以书面形式提交报告。同时，根据扮演角色的不同，准备相应的法律文书或者书面材料。

四、实训要点

选择当事人，是诉讼的第一项工作，毕竟一场战役开始之前总要选择对手。一般来说，这项工作在民事立案过程中就应该完成。但是，如果遇到法律关系复杂、当事人人数和类型较多的情形，无论是人民法院还是任何一方当事人，均有可能在民事案件受理后至开庭审理前，面临进一步选择、审核、确定当事人的问题。在民事诉讼中，合理地选择、确定当事人，有时甚至成为诉讼能否成功并最终实现诉讼利益的关键因素。

（一）原告和被告

1. 诉讼实务对原、被告的要求

原告和被告是一对非常基础的概念，根据当事人的概念，原告在诉状中记载的原告和被告就是案件的原被告。在许多西方国家，法院只会根据原告起诉状所记载的原、被告进行审理，而不会理会原、被告是否具有一定的资格。然而，基于司法资源有限的原因，我国法院对原、被告资格的要求是十分严格的，从学理上讲，我国法院要求原、被告必须是正当的当事人，也被

称为适格当事人。

在法院，具体审查原、被告是否适格的部门有两个，一个是立案庭，另一个是审判庭。立案庭如果在审查立案时发现原、被告不适格，会不予受理案件，第一章民事立案中已述；立案庭受理案件后，审判庭在具体审理过程中如果发现原、被告不适格，会裁定驳回起诉。故此，法院对原、被告适格的问题把关是比较严格的，有两重关口。那么，什么样的原、被告是适格的呢？对此，我国法院的审查标准是：原、被告双方必须是争议实体法律关系的主体。

我们举一个案例来说明一下：A 的女儿 B 在 C 学校上小学，A 认为女孩子能认字就行，于是在 B 四年级后就不让其上学，C 学校以侵害公民受教育权为由起诉 A。在这个案件中，原告就不适格，因为本案的争议实体法律关系是公民的受教育权纠纷，在这个实体法律关系中，双方主体应当是 A 和 B，故此，原告只能是 B，而不能是 C。这个案件在立案庭审查时，多数是被不予受理的。

如果遇到较为复杂的案件，为了让立案庭的法官能够接受自己的观点，有一个小技巧是必须说明的，即在撰写起诉状的时候，最好加上一项案由，表明争议的实体法律关系，让立案法官一目了然，明确案件的原、被告就是争议实体法律关系的主体，这样一来，立案就比较方便了。

举个例子：A 公司的债务人是 B，A 将债权转让给 C，C 再将债权转让给 D，D 又将债权转让给 E，后来 A 自行向法院起诉 B，得到了法院的胜诉判决，导致所转让的债权成为一个存在权利瑕疵的债权。此时，最终的受让人 E 要通过诉讼保护利益，他有两个选择，一个是基于合同关系起诉前手 D，另一个是基于侵权关系起诉侵权人 A，无论作出什么样的选择，都应当在起诉书中明确写明案由，并且在事实与理由部分详细陈述实体法律关系的内容，使得原、被告与争议实体法律关系之间丝丝入扣，这样做，无论是立案还是审理都会使原告处于有利地位。如果原告没有这样做的话，被告则可以抓住实体法律关系混乱来做文章，主张被告不适格，使自己脱身。

2. 面对众多被告，应当选择哪一个

有时，可供选择的当事人会很多，我们应当选择哪一个呢？下面笔者介绍两个基本原则：

（1）只要有可能，能够选择的全部都列为被告。

在我国的诉讼实务中，被告越多，就意味着对原告的保障越多。理由有两个：其一，如果法院最终能够判令全部被告承担连带责任，那么，就意味着可供执行的财产增多；其二，即使法院最终只认定其中一个被告承担责任，驳回原告对其他被告的起诉，对原告来讲也不会有任何损失，反而避免了原告重新起诉而带来的损失。在一些案件中，选择不同的法律关系就会选择不同的被告，在这种情况下，能否将不同法律关系的被告一并作为被告呢？答案是可以的。毕竟诉讼实务不同于考试中的案例分析题。

我们举一个例子：在上文所讲的债权侵害纠纷中，我们说如果原告选择侵权之诉应当以 A 作为被告，如果原告选择合同之诉则应当选择 D 为被告。能不能将 A、D 均作为被告呢？如果这是一道司法考试的案例分析题是肯定不可以的，但是，在诉讼实务中，笔者建议将 A、D 作为共同被告。因为，查明事实、分清是非是我国法院处理纠纷的根本指导思想，只要原告的合法权益受到损害，就应当有人承担责任。在案件的审理过程中，法院有时不会太过机械地区分实体法律关系与当事人之间的关系。将一切有关的主体列为被告，等于将判断的责任交给了法院，可以变相减少原告自身的风险。如果幸运的话，法院会让所有有责任的主体一并承担连带责任，这样原告的执行客体就会增加。如果法院认定只有一方承担责任，也只会驳回原告对其他被告的起诉，对于原告来讲没有太多损失。

同时，在某些情况下，如果我们不将所有的主体列为被告，会给原告造成不可避免的损失。

举一个例子：A 的孩子在 B 校读书，缴纳学费的形式是以自己的名义在 C 银行存入 100 万元，以存款的利息作为学费，C 银行书面承诺，本金只有在 A、B 共同签字的情况下方可支取，每月利息划入 B 账户。后来，B 因经营不善中断教学，A 打算通过起诉的方式取回本金。此时，A 往往会将 B 作为被告，要求与 B 解除合同，判令 B 返还本金而忽略 C 银行，因为大多数人都会认为银行是没有错的，并且认为，只要法院作出判决，银行就会让 A 提取本金。恰恰相反，A 的胜诉是没有任何问题的。但是，法院的判决书只是让 B 向 A 返还本金，由于没有将银行作为被告，银行将不会成为判决的当事人。当 A 持判决书向银行要钱的时候，银行完全可以拒绝付款。因为银行既没有得到 B 的授权，也没有得到法院的判决。此时，A 只能通过申请执行的方式来实现权利，需要耗费漫长的时间。

（2）在某些情况下，如果不宜将所有相关主体列为被告，就选择具有执行能力的主体作为被告。相信，这个原则是很好理解的。

（二）共同当事人

普通共同诉讼的问题，在上面关于当事人选择的问题上已经有所涉及，这里就不再展开了。在必要共同诉讼中，由于诉讼标的具有同一性，法院只能合并审理和合一判决，当事人只能一同起诉或应诉，否则当事人将不适格。因此，在起诉或应诉时，如果有部分当事人没有参加诉讼，就需要追加当事人。

1. 在必要共同诉讼的情况下漏列诉讼主体的后果

必要共同诉讼，实际上就是必须将所有诉讼主体合并审理的诉讼。在这里，我国的诉讼法和实体法就发生了一个分歧。以连带责任为例，A、B 拳打脚踢伤害了 C，根据民法的理论，A、B 的行为构成共同侵权，应当对 C 承担连带赔偿责任。在民法中，连带责任的意思是债权人对债务人的请求权具有可选择性，C 既可以向 A 单独主张债权，也可以向 B 单独主张债权，还可以向 A、B 一并主张债权。根据这个原理，有人认为，这个选择权在民事诉讼中将表现为被告的选择权，原告可以分别单独起诉 A、B，也可以一并起诉 A、B。事实上，这个观点是错误的，在诉讼实务中，只要构成必要共同诉讼，法院就必须合并审理所有当事人，在法院作出被告承担连带责任的判决后，在执行阶段，原告可以选择被执行的对象。换言之，连带责任当中的选择权并不体现在被告的选择上，而是体现在执行对象的选择上。

那么，如果漏列了当事人会有什么结果呢？漏列当事人往往是原告造成的，基于种种原因，原告会有意或无意地漏列一些主体，而法官由于不了解情况，往往难以发现。这样一来，案件就留下了隐患。因为，漏列必要共同诉讼的主体在我国民事诉讼中被视为程序违法，而且是严重的程序违法，在二审中会导致案件发回重审，即使判决生效也会予以再审。可以说，漏列必要共同诉讼当事人的判决是一个不稳定的判决。这也从另一个角度论证了上文所讲的应当将一切有牵连的当事人作为被告的观点。

2. 注意一些特殊情况下的共同被告的确定

在诉讼实务中，一些特殊情况下的被告确定是由最高人民法院的司法解释所规定的，这些案件是现有国情下常见的，也会成为法院关注的重点，我们必须予以高度重视：

（1）挂靠问题。个体工商户、个人合伙或者私营企业挂靠集体企业并以集体企业的名义从事生产经营活动的，在诉讼中，该个体工商户个人合伙或者私营企业与其挂靠的集体企业为共同诉讼人。注意举证问题。

（2）登记者与实际经营者问题。登记的个体工商户业主和实际经营者不一致的，以业主和实际经营者为共同诉讼人。注意举证问题。

（3）个人合伙问题。个人合伙的全体合伙人在诉讼中为共同诉讼人。

（4）企业法人分立问题。企业法人分立的，因分立前的民事活动发生的纠纷，以分立后的企业为共同诉讼人。

（5）借用问题。借用业务介绍信、合同专用章、盖章的空白合同书或者银行账户的，出借单位和借用人为共同诉讼人。注意举证问题（鉴定）。

（6）担保问题。因保证合同纠纷提起的诉讼，债权人向保证人和被保证人一起主张权利的，应当将保证人和被保证人列入共同被告；债权人仅起诉保证人的，除保证合同明确约定保证人承担一般保证责任的以外应当通知被保证人作为共同被告参加诉讼；债权人仅起诉被保证人的可只列被保证人为被告。

（7）继承问题。在继承遗产诉讼中，部分继承人起诉的，应当通知其他继承人作为共同原告参加诉讼；被通知的继承人不愿参加诉讼又未明确放弃实体权利的，仍应把其列为共同原告。

（8）代理问题。代理人和被代理人承担连带责任的，为共同诉讼人。

（9）共有财产问题。共有财产权受到他人侵害，部分共有人起诉的，其他共有人应当列为共同诉讼人。

（三）正确理解诉讼第三人

1. 有独立请求权第三人

有独立请求权第三人参加之诉中的地位就是原告，是诉讼当事人。在诉讼中，有独立请求权第三人既对抗本诉的原告，又对抗本诉的被告。有独立请求权的第三人参加诉讼，应符合以下条件：

（1）对本诉中的原告和被告争议的诉讼标的，主张独立的请求权。这种独立请求权的实体权利依据一般是物上请求权，即物权请求权，通常表现为第三人对他人之间争执的标的物主张所有权。

（2）原则上第三人参加的诉讼正在第一审程序进行中。

（3）以起诉的方式参加，要求有独立请求权的第三人符合《民事诉讼法》关于起诉的条件，也应当预交案件受理费。

2. 无独立请求权第三人

所谓无独立请求权第三人，是指因为与正在进行的诉讼的审判结果有法律上的利害关系，而本身对此诉讼标的又不能提出独立的请求权参加到诉讼中的第三人。要正确理解这种第三人，关键是要正确理解什么叫与正在进行的诉讼的判决有法律上的利害关系。

在我国，尽管学术界一直强调诉讼法与实体法的分野，但是，在司法实践中的主流观点仍然是程序法依附于实体法。一个民事诉讼，实际上就是一个实体法律关系的争议，法院对诉讼的判决，实际上就是法院对争议实体法律关系的判断。如果第三人与正在进行中的诉讼的一方当事人之间存在一定的法律关系，而后面的法律关系的产生、变更与消灭是以法院对前面法律关系的判断为前提的，这样的第三人就是典型的无独立请求权的第三人。这种第三人为了在后面的法律关系中避免承受不利的前提法律关系，故此要参加到前面案件的审理当中。

下面，我们举个例子来说明：A 水产公司与专业户 B 签订了长期的鳄鱼供货合同，在当地，B 是唯一的鳄鱼养殖户，市场需求较大。B 为养殖鳄鱼承包了经济合作社 C 的池塘。C 于某天通知 B 终止承包合同，准备将池塘收回。于是 B 起诉 C，请求法院判令继续履行合同。

在这个案件中，B、C之间的诉讼是池塘承包合同纠纷，而A、B之间又存在鳄鱼供货合同，同时，后面的合同关系的存在是以前面的承包关系的存在为前提的，如果法院判决维持承包关系，则后面的买卖关系将正常保持，反之，则会引起买卖关系的解除与一系列的违约责任。故此，法院的判决成为后面买卖关系产生、变更、消灭的前提。A为了维护自身的合法权益，完全可以以无独立请求权第三人的身份主张参加诉讼，在诉讼中给养殖户支持，从而维护自身的合法权益。对此，A不会有任何损失。相反，如果A不参加诉讼，一旦B败诉，则A只能按照承包合同解除的前提处理违约责任的问题。同时，在我国，法官裁判案件总会考虑利益平衡的问题。如果法官在看到解除承包合同会引发的连锁反应，法官将会倾向于维持合同的稳定性。所以，在这个案件中，无论从哪个角度看，A都应当参加诉讼。

总之，无独立请求权第三人的例子有很多，它的形态也是不拘一格的，我们只要把握它的精髓，就能够正确适用无独立请求权第三人的法律规定。

根据最高人民法院的相关司法解释，以下情形应作为第三人参加诉讼：

（1）用人单位聘用尚未解除劳动合同的劳动者，原用人单位与劳动者发生的劳动争议，可以列新的用人单位为第三人；

（2）原用人单位以新的用人单位侵权为由向人民法院起诉的，可以列劳动者为第三人；

（3）债权人以次债务人为被告向人民法院提起代位权诉讼，未将债务人列为第三人的，人民法院可以追加债务人为第三人；

（4）债权人依照合同法有关撤销权的规定提起撤销权诉讼时只以债务人为被告，未将受益人或者受让人列为第三人的，人民法院可以追加该受益人或者受让人为第三人；

（5）债权人转让合同权利后，债务人与受让人之间履行合同发生纠纷诉至人民法院，债务人对受让人的权利提出抗辩的，可以将债权人列为第三人；

（6）经债权人同意，债务人转移合同义务后，受让人与债权人之间因履行合同发生纠纷诉至人民法院，受让人就债务人对债权人的权利提出抗辩的，可以将债务人列为第三人；

（7）合同当事人一方经对方同意将其在合同中的权利、义务一并转让给受让人，对方与受让人因履行合同发生纠纷诉至人民法院，对方就合同权利、义务提出抗辩的，可以将出让方列为第三人。

另外，根据最高人民法院的相关司法解释，下列情形，不得作为无独立请求权第三人参加诉讼：

（1）与原、被告双方争议的诉讼标的无直接牵连和不负有返还或者赔偿等义务的人。

（2）与原告或者被告约定仲裁或有约定管辖的案外人，或者专属管辖的一方当事人。

（3）产品质量纠纷案件中，原、被告之间法律关系以外的下列人员：①证据证明其已经提供了合同约定或者符合法律规定的产品的人；②案件中的当事人未在规定的质量异议期内向其提出异议的人；③案件中的收货方已经认可其提供产品质量的人。

（4）已经履行了义务，或者依法取得了一方当事人的财产，并支付了相应对价的原、被告之间法律关系以外的人。

（5）在工商行政管理部门进行鉴证、商检局对商品质量进行检验的合同中，如果当事人以合同纠纷提起诉讼，并以工商行政管理部门、商检局有过错，应承担民事责任为由，要求将其列为第三人的，法院不宜将工商行政管理部门、商检局列为第三人。

（四）诉讼主体变更和追加的问题

在审判实践中，我们经常会遇到当事人主体不适格问题，那么，在诉讼中人民法院如何将不适格的当事人更换成适格的当事人，在什么情况下不存在变更诉讼主体问题，在部分适格当事人的情况下又怎样追加当事人呢？笔者根据法律规定和多年来的审判实践，现分述如下：

1. 诉讼主体可以变更的情形

所谓诉讼主体的变更，是指人民法院在诉讼过程中可以更换不适格的当事人为适格的当事人。当事人或者人民法院在何种情况下可以变更诉讼主体？笔者认为，作为诉讼当事人的企业或者其他组织，发生名称等事项登记变更的情况下，才可以由当事人申请变更诉讼主体或者由人民法院直接变更诉讼主体。从法律依据来看，民事诉讼法解释第六十三条规定，企业法人合并的，因合并前的民事活动发生的纠纷，以合并后的企业为当事人；企业法人分立的，因分立前的民事活动发生的纠纷，以分立后的企业为共同诉讼人。根据上述法律规定，对存在以下情况的诉讼主体，可以进行变更：

（1）原告或者被告在起诉前已经发生名称的变更或者发生分立或者合并的，人民法院在起诉阶段发现的，应当向原告释明要求其主动变更。

（2）在案件审理过程中，原告主体情况发生变更的，人民法院可以直接变更：如果原告仅仅是名称变更的，通知原告以变更后的名称作为其称谓；如果是原告发生合并或者分立的，通知合并或者分立后的企业法人或者其他组织作为原告参加诉讼，合并或者分立后的组织不愿参加诉讼的，按原告自动撤回起诉处理；如果是因原告主体资格终止的，由权利义务的继承人作为原告一方当事人参加诉讼，其权利义务继承人不愿作为原告参加诉讼的，则应视为其自动撤诉。

（3）在原告起诉后，被告主体发生变更的，如果原告未提出变更被告请求的，人民法院亦应当向其释明变更被告一方当事人；对被告主体资格终止的，原告可以申请变更其权利义务继承人作为被告。

（4）在一审裁判结束后，二审裁判终结前，当事人的主体情况发生变更的，二审法院可以直接将变更后的主体作为诉讼当事人，不应将案件发回重审。

2. 不存在变更诉讼主体的情形

（1）在审理阶段，发现原告与本案不存在法律上的利害关系，应作出裁定，驳回原告的起诉，而不应通知真正的权利人作为原告参加诉讼。

（2）作为原告一方的主体在起诉前已经不存在的，应驳回行为人以原企业法人名义提起的起诉。

（3）对于被告如是与原告无法律上的利害关系人，则其作为被告是不适格的，此时不能要求原告更换适格的被告，应裁定驳回原告的起诉；如果认为被告虽然与原告有利害关系，但无须向原告承担实体责任，也不能追加其他人作为责任主体，而应判决驳回原告的诉讼请求。

（4）对于原告起诉的被告一方当事人在起诉前已经注销登记的，被告主体实际上不存在了，故应裁定驳回原告起诉。

3. 诉讼主体的追加

所谓民事诉讼主体的追加，是指在原有的诉讼主体本身是适格当事人或者部分适格当事人的情况下，通知其他必须参加诉讼的当事人参加诉讼的一种制度。

民事诉讼主体的追加适用的前提必须是原有的诉讼当事人并非不适格的当事人，在原有的诉讼当事人属于不适格当事人的情况下，应当裁定驳回原告的起诉，而不宜采取追加当事人的做法。根据法律规定，追加诉讼主体的方式，具有以下两种途径：

（1）当事人申请追加。当事人提出申请后，由人民法院进行审查，申请符合规定要求的，由人民法院通知其参加诉讼；对不符合法律规定的，应当驳回其申请。

（2）对法官行使释明权后，如果当事人不愿提出申请追加，人民法院可以依职权直接追加，通知其参加诉讼；如果被追加的主体不愿参加诉讼，亦不影响案件的审理程序的进行。

五、实训过程

（一）案例1的实训

1. 通过投影仪，教师与学生共同回顾案例1基本案情。

2. 通过小组讨论，了解赔偿法律关系中可以主张权利的主体包括哪些，再结合案例素材，明确不同主体的法律地位、权利义务以及责任问题，最终确定其参与诉讼的途径和方法，等等。上述问题由学生代表发言予以确认。

3. 以上述讨论确认的事实问题和法律问题为中心，考虑在案件已经受理的情形下，不同当事人（崔某、成某）应当如何进行诉讼（或者参与诉讼），并准备有关的诉讼材料。

4. 面对崔某、成某各自的诉讼行为及其诉讼材料，扮演审判庭法官的学生作出相应的决定。

5. 通过小组演练，由不同学生扮演不同角色，模拟完成案件受理后如何进一步确定当事人的过程。

（二）案例2的实训

1. 通过投影仪，教师与学生共同回顾案例2基本案情。

2. 通过小组讨论，分析上述借款合同纠纷中涉及的全部法律关系。然后，根据案例素材，明确吊销法人营业执照对该公司诉讼主体地位的影响，以及在该情形下公司与股东之间的关系、公司与股东各自的权利、义务，确定各方当事人的法律地位和诉讼地位。上述问题由学生代表发言予以确认。

3. 以上述讨论确认的事实问题和法律问题为中心，由扮演原告的学生完善相应的法律文书，并提交相应的证据材料；由扮演被告的学生完善答辩状，并提交相应的证据材料。

4. 面对原、被告的起诉材料和答辩材料，扮演审判庭法官的学生作出如何确定当事人的决定。

5. 通过小组演练，由学生扮演不同的诉讼角色，模拟完成诉讼主体的确定过程。

（三）案例3的实训

1. 通过投影仪，教师与学生共同回顾案例3的基本案情。

2. 通过小组讨论，明确承包合同关系中，承包期间双方签订的合同对内对外效力如何；对内对外如何承担法律责任；一旦发生诉讼，诉讼地位如何。然后，根据案例素材，由各方分别拟定有利于己方的诉讼方案。上述问题由学生在实训过程中发言予以确认。

3. 以上述讨论确认的事实问题和法律问题为中心，由扮演原告的学生完善相应的法律文书，并提交相应的证据材料；由扮演被告的学生完善答辩状，并提交相应的证据材料。

4. 面对原、被告的起诉材料和答辩材料，扮演审判庭法官的学生作出如何确定当事人的决定。

5. 通过小组演练，由学生扮演不同的诉讼角色，模拟完成案件受理后有关当事人参与诉讼的途径以及可能出现的法律场景。

六、实训点评

（一）角色自我点评（略）

（二）旁听学生点评（略）

（三）指导教师点评

1. 案例1点评要点

首先，对当事人的实训点评可以从以下方面来掌握：（1）崔某能否作为适格原告提起诉讼？如崔某是适格原告，请求权基础是什么？（2）成某是摩托车所有人，可否提起诉讼保护其合法权益？如可以，成某的诉讼地位是什么？享有哪些诉讼权利义务？（3）崔某与雷某之间的诉讼经法院受理后，成某应采取何种途径保护合法权益？

其次，对人民法院的审判庭法官的实训点评主要是看：该案经法院受理后，法官在庭前准备阶段应如何进一步审查确定当事人？

最后，对赔偿协议的实训点评可以从以下方面来掌握：（1）针对本案来讲，当事人诉前达成的赔偿协议的效力怎样？（2）如果你是当事人的律师，如何通过法律途径固化诉前赔偿协议的效力？

2. 案例2点评要点

首先，对当事人的实训点评可以从以下方面来掌握：（1）该案中涉及的全部法律关系是什么？各当事人之间的权利、义务、责任怎样？（2）注销与吊销有什么区别？对当事人的实体权利义务、诉讼权利义务有怎样的影响？（3）在公司被吊销的情形下，公司与股东之间的权利义务关系怎样？（4）在该案中，不同当事人在诉讼主体确定问题上，应该采取怎样的策略来维护各自的权益？

其次，对人民法院的审判庭法官的实训点评可以从以下方面来掌握：（1）在该案中，法院的法官面对不同当事人的请求，应如何依法处理？（2）在依法处理的基础上，是否有进行能动性司法的可能性和必要性？

3. 案例3点评要点

首先，对当事人的实训点评可以从以下方面来掌握：（1）承包经营中，发包人与承包人之间的内部约定效力如何？对第三人的效力如何？（2）铜梁区某建材厂的企业性质是什么？在诉讼中，应如何列诉讼主体？（3）上述纠纷经法院受理后，庭前准备阶段各方当事人在诉讼主体确定问题上如何应对？

其次，对人民法院的审判庭法官的实训点评可以从以下方面来掌握：（1）面对当事人在诉讼主体问题上的不同策略，法官作出处理决定的法律依据是否正确？（2）承包经营纠纷中，确定当事人的不同方法是什么？有何法律依据？

七、实训文书

1. 追加被告申请书

追加被告申请书

申请人：陈某，男，汉族，生于1978年5月4日，个体工商户，住××市××区仲宫镇高尔乡，身份证号码：370112191019××××××。

被申请人：王某，男，汉族，生于1980年10月9日，住××市××区港沟镇卫生院宿舍1002号，身份证号码：370111101009××××××。

被申请人：王某某，男，汉族，生于1983年2月5日，住××市××区港沟镇桃科2152号，身份证号码：370102190205××××××。

申请事项

追加被申请人王某、王某某为本案的被告参加诉讼。

事实与理由

申请人与陈某因提供劳务者受害责任纠纷一案，贵院业已（××××）××民初字第××××号案件受理，被申请人王某、王某某与本案正在进行的诉讼，具有法律上直接的利害关系。

×年×月×日被申请人王某驾驶王某某所有的车牌号为鲁AE××65的大货车到申请人处修车。修车过程中王某倒车过猛致使车板掉落，掉落的车板将本案原告砸伤。两被申请人是本案的实际侵权责任人，与本案有法律上的利害关系，二者参加诉讼，有利于法庭查明事情真相，明确法律责任。现根据《中华人民共和国民事诉讼法》和《最高人民法院关于适用

〈中华人民共和国民事诉讼法〉若干问题的意见》的规定，特申请追加被申请人王某、王某某为本案被告参加诉讼。

此致

××市××区人民法院

申请人：

年　　月　　日

2. 答辩状（不宜列为当事人用）

民事答辩状

答辩人姜××，女，1972年6月25日出生，汉族，住沈阳市××区××街××巷××号××室，身份证号码210103××××××××××××。

被答辩人沈阳××电缆有限责任公司，住所地××市××区××街××号，组织机构代码×××××××。

法定代表人王××，系该公司董事长。

答辩人因与被答辩人借款合同纠纷一案，提出如下答辩意见：答辩人不同意原告对被告姜××的诉讼请求，请求贵院依法予以驳回。理由是：本案是被答辩人沈阳××电缆有限责任公司与沈阳××商贸中心的纠纷，答辩人姜××是个人独资企业沈阳××商贸中心的投资人，债权人无权要求其以个人名义承担企业债务。

答辩人：（签名）

年　　月　　日

八、实训法律法规

1. 《中华人民共和国民事诉讼法》第51—59条。

2. 《最高人民法院关于适用〈中华人民共和国民事诉讼法〉的解释》第50—82条。

附：实训拓展

一、思考题

2022 年 10 月 27 日晚 10 时左右，四川希旅公司驾驶员胡某驾驶本单位小货车，从成都返回眉山，行至新津县邓双乡境内时，因超速行驶、违反规定绕行，将正在该处横穿公路的叶某撞伤，后叶某经医治无效死亡。经新津县交警队认定，车方希旅公司应负主要事故责任，死者叶某负次要责任。车主方先支付丧葬费 800 元和住院费 320 元。叶之妻黄甲从小患小儿麻痹症、痴呆症等残疾，长期丧失劳动能力，且在叶某死亡时，黄甲已怀孕 8 个月，并于当年 12 月产下一女婴，取名黄乙。在新津县交警队主持的调解中，车主方同意支付死者抢救期间医疗费、误工费、护理费、交通费、丧葬费、死亡补偿金以及黄甲的生活用品费，但对黄乙却以其是死者死亡后出生，不是叶某的生前抚养人为由，拒绝支付黄乙生活费。双方发生争议，调解未果。黄甲、黄乙于 2023 年 3 月 17 日向四川省新津县人民法院提起诉讼，要求被告希旅公司赔偿损失共计 294430 元（其中包括黄乙 16 年的生活费）中 95% 的份额。

问题：

1. 黄乙的请求是否正当合法?

2. 如正当合法，应如何行使和实现? 请准备相应的法律文书和诉讼文件。

二、知识拓展

庭前准备和集中庭审并重是当今世界各国民事诉讼的突出特点，庭前会议属于庭前准备的一个环节，该制度于 2015 年 2 月 4 日正式在民事诉讼中引入。为了更好地解读司法解释中有关庭前会议规定的宗旨和目的，力求在司法实践中实现该制度应有的与庭前准备相适应的功能，下面笔者简要介绍该制度的由来和发展。

(一) 庭前会议制度的由来

庭前会议是指在民事诉讼中，法官可以根据程序裁量权，在开庭审理前适当的时候把双方当事人召集起来，就案件的争执点或双方准备在法庭上提出的证据或争辩的问题进行协商，或促进当事人和解所举行的会议，法官可以以庭前令或裁定的方式把协商确定的结果固定下来。此命令或裁定对双方当事人具有约束力。庭前会议制度最初是由美国的民事诉讼规则所创设，是美国 1938 年《联邦民事诉讼规则》把庭前会议和发现程序同时引入开庭前的准备程序的。美国在 1938 年《联邦民事诉讼规则》中设置庭前会议有其历史背景：一是在设置发现程序的情况下，当事人对理解和应用发现程序规则时常产生争议，需要法官介入解决。二是当事人及其诉讼代理人应用诉讼技巧或发现程序故意拖延诉讼，既影响民事诉讼效率，也影响民事诉讼的公正。三是经过一段时间的司法实践和理论上的争论，法官在观念上基本接受了介入审前程序，在该程序中充当管理型法官、案件的调停人或计划者等做法和理念。

(二) 世界主要国家在庭前会议方面的做法

美国的庭前会议制度大致经历了两个阶段的发展：第一阶段是 1938—1983 年。这在这一阶段，依据 1938 年《联邦民事诉讼规则》第 16 条规定，法官一般只是在发现程序结束后的几周内召集一次庭前会议，被称作“eve - of - trial - conference”，主要是为了组织证据、证人和其他文件，使得正式开庭尽可能地有效率。第二阶段是 1983 年以后。1938 年联邦民事诉讼规则下的庭前会议制度在经过一段时间的实施后，人们发现该制度主要是为开庭服务的做法，并未抓住美国实际庭前程序中的核心问题，因而显得效果并不好。美国 90% 以上的案件并未真正进入开庭审理。因此，该规则中的庭前会议实际上只适用于极少数案件。经 1983 年修改后的庭前会议制度贯穿于庭前准备程序的始终，法官可以自由裁量，以命令当事人或其诉讼代理人出席一次或多次庭前会议。修改后的规则第 16 条明确规定了庭前会议的目的：(1) 加速处理案件；(2) 及早建立连续控制诉讼的管理体制，以免因缺乏管理而拖延诉讼；(3) 减少不必要的审理前活动；(4) 通过更全面的准备提高开庭审理质量；(5) 促进案件和解。美国最后一次庭前会议的主要工作有：(1) 确定诉讼文书明确包括的，但并不会真正引起争执的问题；（2）确定哪些问题需要审理解决；（3）限定证人人数和证据材料数量；（4）为法院和律师提供审判的规划；等等。经过改革以后的美国庭前会议制度更符合美国民事诉讼实践的需要。进入20世纪90年代以后，美国对其民事诉讼庭前会议制度的改革仍在继续。庭前会议制度的引进，是对美国过分强调对抗，法官消极、被动地断案才能体现公正等诉讼价值理念的一次重大修正。

美国庭前会议制度的创设及相应的诉讼理念的转变对英国等英美法系国家产生了深远影响。英国在修订其《民事诉讼规则》时，一个重要的改革措施就是强化法官的职权法院对案件的管理。例如，英国新颁布的《民事诉讼规则》第3章专门规定了法院对案件的管理权。德国、日本当今的民事诉讼制度庭前准备程序中，虽然没有庭前会议这样的提法，但有类似于美国庭前会议的做法。1924年，德国修订其民事诉讼制度时，在准备程序中规定，对所有案件，审判长如果认为有必要，可以从合议庭中指定一名法官帮助当事人整理争点，并在审查一定的证据后作出调解或缺席判决等措施以早期终结案件。在德国1977年开始实施的《有关简化审判程序及加快审理进程的法律》中，规定了两种准备程序，即“早期第一次口头辩论程序”和“书面准备程序”。在前一种准备程序的情况下，当事人先进行必要的书面准备，法官确定第一次口头辩论的时间，通知当事人到庭。第一次口头辩论主要是整理争点和证据，法官也可以根据情况进行调解或简易判决。在一次或数次的口头辩论之后，法官在双方当事人协议的基础上，对集中开庭审理的时间、审理的争议点、庭审要质证的证据等事项作出决定，该决定具有法律效力。决定中没有涉及的争点和证据，法官将不再审理。1996年，日本通过的新民事诉讼法在第二章口头辩论及准备程序中专门规定了争点和证据整理程序。该章规定当事人应在进行必要的准备，收集了必要证据的基础上，进行争点的确定和证据的整理。在争点和证据的整理程序中规定了3种方式，即准备性口头辩论、辩论准备程序、书面准备程序，这些方式由法官裁量使用。准备性口头辩论是指以开庭辩论的方法确定争点，以便在正式开庭时集中审理争点。辩论准备程序实际上是引进了美国庭前会议制度的基础上，结合日本司法实践中创造的辩论兼和解经验的一种准备方法，即在不开庭的情况下，法官和当事人围着椭圆形的桌子交换意见、确定争点并整理证据。而书面的准备程序是针对当事人离法院较远或出庭困难等情况，以书面形式确定争点和整理证据。因此，虽然这几种形式未提庭前会议这样的字眼，但其功能与美国民事诉讼的最后一次庭前会议有相似之处，即在当事人对案件进行了一定诉答准备后，在法官的主持下，由当事人确定争点和固定证据，以便庭审时集中审理。

（三）启示

从上述国家的实践，我们可以得出以下带有诉讼规律性质的初步结论，对重构我国的民事诉讼庭前准备程序有一定的借鉴意义：一是尽管由于历史原因，英美国家与德国、日本等大陆法系国家有不同的诉讼制度和理念，但现代民事诉讼制度改革使得这些差异日益缩小。在加强庭前准备工作，朝着“充分庭前准备，相对集中审理”这一民事诉讼模式发展是一致的。而庭前会议是管理案件、服务庭审的一种有效手段，是符合上述模式的一种制度。虽然庭前会议这一制度源于美国，在大陆法的一些国家中没有庭前会议这样的称法，但在庭前准备程序中，法官进行必要的介入，对案件进行必要的管理，促使一部分案件在开庭审理前解决；对于必须进入开庭审理的案件，通过庭前程序整理争点和证据，以便进行集中审理这一做法上是相近的。二是庭前会议作为庭前准备程序的一部分，并不是孤立的，而是与相应的制度配套实施的。例如，美国的诉答程序中，要求被告必须答辩，并规定有独特的发现程序，要求并保障当事人尽可能地收集证据。日本新《民事诉讼规则》也引进了美国的做法，在争点和证据的整理程序前，规定了起诉和准备书状等程序，要求当事人利用法律手段收集证据，以书状的形式对攻击和防御做好充分准备等。

第三节　民事案件开庭审理法律实务实训

庭审是民事诉讼中的一项重要的诉讼活动，也是诉讼中最重要的环节。庭审最主要的意义在于可以通过各方当事人和其他诉讼参与人的共同参与，全面调查案件事实、确认法律关系、明确适用的法律，为争议的公正处理奠定良好的基础。因此，任何人都不会也不能忽视庭审。法官作为民事诉讼的主导者，是庭审的驾驭者和最高指挥者，当事人及其律师作为诉讼各方的代表，是庭审的参与者和利益承担者，上述主体只有充分挖掘、发挥法律智谋，才能更好地实现民事诉讼庭审目标。而且，庭审也是考查法官的驾驭和控制能力、律师的抗辩和应变能力的最佳舞台。因此，这一节笔者将围绕庭审中最重要的两个阶段——法庭调查和法庭辩论——的实训内容与读者进行交流。

实训一：法庭调查

一、实训目标

了解民事诉讼庭审中法庭调查的宗旨和目标，掌握法庭调查的流程和操作技巧，学会制作相应的法律文件，并能够模拟完成法庭调查。具体包括以下四项实训内容：

1. 律师制作证据目录，并设计庭审举证的方案；
2. 针对当事人提交的证据目录，制作相应的质证提纲；
3. 律师拟定庭审发问提纲，法官拟定庭审询问提纲；
4. 当事人与法院法官共同模拟完成庭审的法庭调查，查清案件事实。

二、实训素材

（一）当事人基本情况

原告齐某，女，39 岁，身份证号码：371325197402××××××，山东省临沂市人，汉族，高中文化，户籍所在地：山东省济南市××××××。

被告张某，男，30 岁，身份证号码：370102198309××××××，山东省济南市人，汉族，高中文化，户籍所在地：山东省济南市××××××。

（二）基本案情

原告齐某起诉称：2010—2011 年间，夏天、王美君（两人系夫妻关系）

由于资金周转问题，向原告陆续借款900000元。债权到期后夏天、王美君均无力偿还借款。2011年经双方友好协商，按照《中华人民共和国合同法》第一百条“约定抵销”原则，夏天、王美君将位于济南市高新区国际会展中心聚鑫旺园小区7号三单元1002号的房屋租赁给原告30年，以折抵被告欠款900000元。

2011年1月31日，原告齐某与夏天、王美君按照自愿、公平原则签订了房屋租赁合同，合同约定：租金为每月2500元，房屋租赁期限自2011年2月1日至2041年1月31日止，共计30年，房屋租金总额为900000元。2011年1月31日，夏天、王美君给原告出具一张一次性交付租金900000元的收条。2011年2月，原告朋友开始居住此租赁房屋。

2010年12月，夏天、王美君在原告不知情的情况下，将上述租赁房屋卖给被告人张某。2011年6月15日，张某与居住房屋的原告朋友就腾退租赁房屋发生争执，还报了警。当天原告联系夏天、王美君，他们说房子是因为他们欠张某的钱，作价2400000元卖给张某了，也没有实际给钱。但是之后原告再给夏天、王美君打电话显示已停机，原告已联系不到二人。现夏天、王美君二人下落不明。

（三）证据清单

序号	名称	件数	页数	备注
1	借条	1	1	
2	房屋租赁合同	1	5	
3	公证书一	1	1	
4	收条	1	1	
5	张某的房屋产权证明	1	3	
6	夏天、王美君的原房屋产权证明	1	3	
7	房屋买卖协议	1	3	
8	公证书二	1	1	
9	出警调解笔录	1	2	

说明：(1) 仅限于给定证据，即“证据固定原则”，不得使用自行调取

的证据，也不得申请法院调取证据；（2）在质证时，不能对证据的真实性提出异议，但可以对证据的证明力和关联性提出自己的看法。

（四）问题

1. 如果你是原告的律师，如何设计诉讼方案助其胜诉？同时向主审法官提交所有法律文书以及其他诉讼材料（从立案起到法庭审理止）。

2. 如果你是被告的律师，如何设计应诉方案助其胜诉？同时向主审法官提交所有法律文书以及其他诉讼材料（从立案起到法庭审理止）。

3. 如果你是法院法官，请做好立案阶段、庭前准备阶段、法庭调查阶段的准备工作以及法律文书。

三、实训准备

1. 分小组和角色：教师按照学生人数的多少，将学生分成若干小组，并确定每名学生扮演的诉讼角色。

2. 基础准备：阅读《民事诉讼法》教材中有关民事第一审程序开庭审理的理论知识，掌握《民事诉讼法》、《最高人民法院关于适用〈中华人民共和国民事诉讼法〉的解释》中有关开庭审理的规定、《最高人民法院关于民事诉讼证据的若干规定》及与配套相关的司法文件、批复，尤其要熟练运用《最高人民法院关于人民法院合议庭工作的若干规定》。

3. 针对性的文献检索：根据具体的实训素材，尽量发现与实训素材相关的法律、行政法规以及有关司法解释、批复等，注意要从原告、被告、法院法官三个不同角度设计法庭调查阶段的预案，为正确认定案件事实做好针对性准备。

4. 书面报告：认真研读所有的证据材料，分析每一份证据材料与己方待证事实之间的关系，尽可能多地设计当事人在举证、质证、律师发问、法官询问中的预案和策略。以上内容需以书面形式提交报告。同时，根据扮演角色的不同，准备相应的法律文书或者书面材料，包括举证方的证据目录、质证方的质证提纲、律师的发问提纲、法官的询问提纲等。

四、实训要点

法庭调查阶段是由当事人陈述与答辩，举证、质证与认证，律师发问，法官询问等部分构成。下面笔者就这几方面的问题进行逐一介绍。

（一）陈述与答辩的技巧

1. 原告及其律师的陈述

许多原告及其律师认为起诉状已经先期提交给法庭了，故并不重视在法庭上进行的首次陈述，认为只要按照起诉状的内容在法庭上宣读即可。其实，忽视了这个阶段，往往可能错过第一次给法官留下深刻印象的机会，错过了法庭“首秀”，可能就失去了一次表述己方观点的机会。殊不知，这样的机会在法庭审理阶段是非常重要的。

原告及其律师在首次陈述中是否能够完整地将起诉状的内容全部进行宣读，实践中往往取决于裁判法官的态度。对于这一环节，会因法官的风格不同而有所区别。较为常见的做法是法官并不做特别的要求，只是凭原告自行陈述。如果遇到法官喜欢简明扼要的风格，就会让原告仅就提交的起诉书进行补充，如法官通常会说：“原告，你有无补充的诉讼请求？请说明一下起诉的事实和理由。”这种情况下，就需要原告及其律师就起诉状所载的内容进行归纳提炼后，进行简要陈述。如果承办的法官因为案件数量很多，庭审前只是粗略看过起诉书，需要详细了解案情的，就会要求原告及其律师对起诉状进行全文宣读，以使自己有个熟悉了解案情的过程。

当然，无论采取哪一种方式进行陈述，原告及其律师都不要有走过场的想法，都要珍惜自己第一次亮相的机会。原告及其律师在庭前要尽量熟悉起诉状所载的事实和理由，陈述时不要“读”，而要“讲”，也就是使用生动、自然、口语化的方式，注重与法官的眼神交流，确保法官对己方陈述的观点有充分的理解。

2. 被告及其律师的答辩

既然称之为“答辩”，其核心要素一定是“针对性”。对于原告提出的诉讼请求要表明己方的观点是同意，还是不同意，同时还要针对原告提出的事实和理由，明确提出有异议的部分。双方对于案件事实和法律适用的不同意见，即为案件争议焦点的基础。

（1）答辩要有针对性。被告及其律师答辩的目的在于向法官亮明己方的基本观点，帮助法官迅速了解案件的争议焦点，因此，答辩一定要有针对性和条理性。有的被告及其律师在答辩时唯恐遗漏己方的观点，一味沉浸在自己的逻辑世界里，不分重点主次将与案件有关的全部事实进行罗列，但是这样做的结果往往适得其反，会被法官制止，而且还会给法官留下代理人缺乏专业水准的印象。

正确的答辩应当是在庭前针对原告的诉讼请求分析其请求权的基础何在，然后结合己方对案件事实的观点，批驳对方观点，建立己方的抗辩立论。同时，在庭审时还要注意原告及其律师的当庭陈述，及时作出应变。总之，被告及其律师要在庭前形成一个较为成熟的答辩策略及一份观点明晰的答辩意见，这样就会使法官在审理过程中会顺着被告的思路进行提问和总结争议焦点，为最后的胜诉打下良好的基础。

（2）重点说明有争议的事实和理由。答辩除了要具有针对性外，还需要重点突出，条理清晰。被告及其律师在答辩时无须对原告提出的所有观点均表示否认，因为原告提出诉请时不会不具备基本的证据。比如，原告陈述自己与被告存在借贷关系，被告表示否认，但原告随即出示了一份由被告出具的欠条，被告对此又提不出有利的答辩意见，这就会使法官对被告在诉讼中的诚信产生极大疑问。因此，被告对无异议的事实进行明确认可，可以减轻双方的举证义务，同样也能减轻法庭的事实审查负担。在诉讼中，只有聚焦矛盾，才能厘清事实，和解纠纷。又如，在上例中，被告可以针对原告返还借款的主张提出欠款的事实虽然存在，但原告已经向被告返还了部分借款金额，所以其行使的是法定抵销权，这样就形成了有效的抗辩。

（二）举证的技巧

1. 举证的一般方法

民事案件的举证是指案件当事人在民事诉讼中为说服法庭而出示证据的诉讼活动。所谓举证，就是出示证据，是举证方为了证明己方的主张成立，提出证据来证明与主张相关的事实或情况存在。在双方当事人陈述结束后，就必须将案件的有关证据在法庭上出示，并由当事人进行质证。未经质证的证据不能作为认定案件事实的依据。除非当事人在证据交换阶段认定并记录在案的证据，经审判人员在庭审中说明后，可以作为认定案件事实的依据。不必在法庭上质证。举证的过程在庭审中一般都是由律师进行的，律师在举证时应当注意以下问题：（1）完整陈述证据名称和来源。例如，律师在举证时可以这样表述："原告出示的第一份证据为一份《商铺租赁合同》，该合同由原、被告双方于2022年6月1日共同签署。第二份证据为原被告双方同日签订的《商铺管理合同》一份。"（2）说明证据的内容及证明事项。证据的证明事项是从其内容中反映出来的，举证人应先指出证据中与案件待证事实有关的内容，然后就该内容反映出来的证明事项向法庭予以说明。例如，"上述提交的《商铺管理合同》第5页第10条载明，被告收取原告商铺综合管理费，并负责商务运营、广告宣传等工作"。（3）有时，单独一份证据难以独立证明对案件具有价值的事实，需要通过一系列证据来共同作出有关联性的证明，那么律师在举证时就要将这一组证据共同举证，避免因为将一组证据分开举证，从而不能达到较好的证明效果。比如，在方才所举的租赁合同纠纷中，被告有多项违约事实，原告在举证时，就应当以租赁合同所约定的被告的义务，逐一证明双方所达成的相关约定，并结合反映被告行为的证据，来证明违约事实的存在。（4）如果同一份证据可以证实多个事项，可以在法庭上多次出示。（5）就对方当事人出示的证据有不同的证明对象，应当另行作为证据向法庭举证，不能因为对方当事人提交了此份证据而不另行举证。

2. 各类证据的举证技巧

（1）当事人陈述的举证方法：①当事人陈述的形式包括：起诉状、答辩状、举证意见、质证意见、代理意见、对当庭提问或对方当事人提问的回答等；②陈述时应当充满自信；③应当明确己方在法庭的目标，陈述应当能够促成诉讼目标的实现；④陈述应当围绕核心证据进行，以提高陈述内容可信度；⑤陈述内容应当具有逻辑性和系统性，不得自相矛盾；⑥陈述时应当预测对方当事人或法庭对陈述内容的进一步反应，以及如何进行下一步陈述；

⑦陈述内容能够转换成书面形式的，应当先转换成书面形式并事前提交给法庭。

（2）书证的举证方法：①除非法庭另有要求外，提交法庭的书证应当为原件。②提交法庭的书证复印件应当内容清晰，容易辨识。如果复印件内容无法达到能够辨识程度的，应当配置一份文档，保证法庭能够看清该书证的内容。③如果书证为财务数据等，无法或不便于向法庭出示的。如果对方当事人要求出示原件，应当向法庭进行说明，并建议对方当事人到举证方现场查看，以确认证据的真实性。④证据原件原则放置在法庭或对方当事人看不到的地方。如果对方当事人不要求出示原件，不主动或提示出示原件。⑤如果法庭或对方当事人要求出示原件的，应当提交书记员，由书记员转交给法庭。如没有法庭指示，不能将证据原件直接递交对方当事人质证。如果法庭要求直接将证据原件递交对方当事人质证的，应当采用旁站方式，以保证证据原件的安全。质证完毕，应当将原件及时取回。⑥如果对方要求出示原件，但无法出示的，应当向法庭说明理由。如果需要法庭向有关部门核对原件的，应当提出申请。⑦如果存在无法提供原件的证据，可以要求客户出庭，通过向法庭充分说明以让法庭了解没有提供和持有原件的合理原因。⑧将证据提交法庭前，应当将证据中不必要标识去除（尤其是在案件研究时的标注）。⑨应当在书证中需要重点提示法庭的内容，使用色彩明显的笔标识。⑩书证内容复杂的，应当制作图表，让法庭能够迅速了解相关内容。

（3）物证的举证方法：①应当出示原物及相应的说明书、发票等；②如果需要拆解原物或展示原物的使用功能的，应当事前向法庭申请技术人员或相关人员出庭，以保证原物出示的效果；③原物不方便当庭出示的，应当进行公证，并在得到法庭许可的情况下方可不当庭出示；④原物经过公证，应当将公证书与原物一并向法庭出示，以证明该物证与本案的关联性；⑤原物不方便当庭出示，又没有公证的，如果对方当事人提出出示原物的，可以向法庭申请组织现场查看。

（4）视听资料的举证方法：①复制后以照片、光盘的形式提交法庭，并进行必要的书面说明。②如果属于录音资料的，应当整理成文字稿，文字稿应当完整不得删减。文字稿应当进行必要的说明，使法庭能够明白录音资料的形成背景，各自陈述者的身份等。文字稿中应当标明与本案有关的重要内容，以便引起法庭注意。③应提示法庭准备或自备播放设备，以便于视听资料当庭出示和对方当事人质证。④如果对方当事人对视听资料提出异议，可以向法庭申请进行真实性的鉴定。⑤如果视听资料为照片，对方对照片内容提出异议，现场仍然存在的，可以向法庭申请现场核实。

（5）电子数据的举证方法：①应当将电子数据的载体原物提交法庭，并将相关内容整理成文字稿（参照视听资料的举证方法）；②应当向法庭说明电子数据的形成过程，以使法庭了解该电子数据的客观性；③应当对电子数据进行说明，以使法庭了解其证明对象；④如果电子数据进行了公证，应当与电子数据的载体一并向法庭出示。

（6）证人证言的举证方法：①事前应当为拟出庭人员制作一份谈话笔录或调查笔录，并提交法庭；②应当组织证人出庭，并告知证人携带身份证件；③事前应当告知证人在法庭的注意事项，需要证明目的及内容，法庭可能提问的问题；④应当将证人出庭的情况提前告知法庭；⑤证人在做证前，不得允许证人旁听庭审；⑥证人持有证据的，可以出庭时携带并向法庭出示；⑦证人不愿意或不方便出庭作证的，可以由两名团队成员为其制作笔录，并向法庭提交，同时要求法庭核实；⑧对于侦查机关制作的与案件相关笔录（应当加盖办案机关的印章以证明其真实性），应当向法庭出示，同时向法庭申请向相关证人核实。

（7）鉴定意见的举证方法：①如果申请了鉴定，在庭前应当向法庭获得书面鉴定意见；②应当向法庭说明鉴定结论及得到该结论的核心依据，并向法庭说明该鉴定结论的证明对象；③如果是对方当事人申请的鉴定，且鉴定结果对我方有利，应当向法庭进行说明；④如果鉴定结论中有选择性事项的，就选择性事项，应当提交证据。

（8）勘验笔录的举证方法：①应当在庭前获得勘验笔录，并进行分析和归纳；②应当向法庭明确该勘验笔录的证明对象。

（三）质证的技巧

1. 质证的一般方法

质证，就是审查证据的证明能力，也就是围绕举证方所举证据的真实性、合法性、关联性，并针对证据证明力有无以及证明力大小进行质疑及批驳。

（1）关于证据的真实性。证据的真实性即证据的客观性，可以从以下方面入手判断：第一，证据的形成时间。如果证据形成在纠纷发生后，就会给人留下，为了“证明”纠纷的印象，其真实性就会受到质疑。第二，证据的形成方式。如视听资料是否经过剪辑？如果非原始状态的视听资料，其真实性就会被质疑。第三，证据的来源，如果提供证据的人和本案或当事人之间有利害关系，那真实性也会受到质疑。例如，一起欠款纠纷，作为原告的借款人无法提供欠条及其他佐证欠款的证据，而是提供了其堂兄的证言来证明其与被告之间存在借款关系，那么这样的证据的真实性也会受到质疑。第四，原物、原件的证据真实性较强。

（2）关于证据的合法性。这要从证据是否符合法定的形式要求和证据的取得是否符合法律规定两方面进行考量。比如，在一起劳动争议案件中，作为原告的劳动者主张被告用人单位支付加班费，其提供的证据为单位的考勤簿。该考勤簿由单位考勤负责人手工填写并保存，本应属于单位的管理资料，但原告为了诉讼，从单位窃取了该证据，由于取得方式的不合法，这样的证据将很难得到认定。其实，原告本可以通过正常的司法手段获取这样的证据，如申请法官进行调取，这样就不会因为证据不具备合法性被排除。

（3）关于证据的关联性。证据的关联性，就是指证据与案件事实之间所必须存在的客观内在联系。一些“情绪证据”“品格证据”往往会被认为不具备关联性。比如，原告举证被告经常性地使用欺诈方式与他人缔约，从而希望证明被告与自己进行的这次交易也使用了欺诈手段，就会被认为证据与待证事实之间不具备关联性。

（4）关于证据的证明力。上面所说的证据的真实性、合法性及关联性都是围绕证据的证明能力展开的，如果想要证据被法官采信作为定案的根据，还需要考察证据的证明力，这就需要律师在举证和质证时予以重视。比如，对于举证方因客观原因未能当庭提供的证据原件，质证方可能就证据的真实性提出质疑，但如果因此就不对该证据进行进一步质证的话，则会丧失表达观点的机会。

质证方从对证据的真实性、合法性、关联性、证明力等方面展开的质证程序应当达到如下效果：

（1）通过直接否定对方证据，使对方请求赖以存在的事实丧失证据支持，从而不被法庭采信；

（2）有效否定对方证据或降低对方证据的证明力，以影响对方当事人在法庭中的诚信状况，从而增加对方当事人的举证成本和诉讼风险；

（3）通过否定或利用对方证据，进一步强化己方主张事实的客观性，以增强己方在法庭中的诚信度，降低我方的举证成本和诉讼风险；

（4）通过质证减小法庭在对己方有利事实认定上的自由裁量权。

2. 各类证据的质证技巧

民事诉讼的证据种类各异，针对不同种类的证据，质证时需要把握的重点和方向亦会有所不同。

（1）对“当事人陈述”质证时应当注意：①就对方当事人在法庭中的陈述明确发表认可还是否认的意见。②如果不认可对方当事人的陈述，应当向法庭提出充分理由。③在对当事人陈述进行质证的过程中，应当认真听取法庭提出的问题，并迅速分析法庭提出此问题的目的，然后及时、慎重地回答法庭的提问。如果遇到一时无法回答的问题，应当直接向法庭说明，并向法庭申请庭后核实，切忌毫无目的回答法庭提问。

（2）对“书证”质证时应当注意：①必须要求对方提交书证原件，然后才能对该证据的真实性发表意见，对不能提供原件的书证原则上拒绝质证；如果对方不能提供原件，法庭要求附条件发表质证意见的，在核对笔录时必须确认是否在笔录中明确了所发表质证意见的前提。②核实并确认证明对象是否与所质证据一一对应，同时应当认真阅读书证的全部内容，在充分理解该证据的前提下发表质证意见。

（3）对“物证”质证时应当注意：①应当查看物证的实物，否则不对物证的真实性发表意见；②查看物证的外在表征及所附的标牌、说明书等文件中记载的内容，逐项核实其是否与证明对象一一对应。

（4）对“视听资料”质证时应当注意：①应当确认该视听资料是在交易进程中形成，还是在争议发生后形成；②确认视听资料是否完整，是否存在剪辑；③如果该视听资料是真实的，应当明确予以确认。对视听资料进行鉴定应当慎重，以避免不利的鉴定结论，使法庭丧失对己方的信任。

（5）对“电子数据”质证时应当注意：①确认电子数据是否源自一个中立的第三方，以及是否容易被一方当事人修改；②确认电子数据与本案当事人的关联性，如电子邮箱、手机号码的所有者是否与本案当事人有关；③如果电子数据是真实的，且容易被法庭核实，应当予以确认。然后将质证重点放在证明对象及关联性方面。

（6）对“证人证言”质证时应当注意：①要求证人出庭作证；②确认是否有利害关系；③确认证人是否为知情人；④没有把握不轻易向证人发问；⑤对于单位向法庭出具的证明材料，应当核实该单位的主体资格是否合法存续，且证明材料中是否有该单位负责人或经办人的签章。

（7）对“鉴定意见”质证时应当注意：①应当重点分析鉴定结论中声明的适用条件和保留意见；②复核鉴定结论的事实依据和法律依据，并复核其逻辑结构；③如果请求鉴定人员出庭，原则上应当委托相关专业人员出庭参与质证。

（8）对“勘验笔录”质证时应当注意：①应当复核勘验笔录形成的参与人员及形成时间，判断是否存在逻辑漏洞；②应当用本案的其他证据或认定的无争议事实，复核勘验笔录中记录的内容，以核实其客观性。

（四）律师发问的技巧

1. 如何进行发问

法庭调查阶段的律师发问环节，一般会安排在举证与质证之后、法庭辩论开始之前。发问环节包括对各方当事人的发问、对证人的发问、对鉴定人的发问等，发问是需要提前准备的，甚至要经过设计。其目的是让对方无论作出怎样的回答，都要对发问方有利，从而增强法官对己方所主张事实的确信。

在法庭调查中向对方当事人发问的方法有很多，也就是要根据不同的需要对不同人的发问要采用不同的提问策略。有时可单刀直入，有时可迂回曲折，有时可步步紧逼，有时可声东击西，但无论采取何种途径进行发问，目的之一是将法官在庭审中未发现的重要事实进行补充，目的之二是对己方待证事实的间接证据予以补强，目的之三是挑战对方的证据漏洞。

下面举一例加以说明：在一起表见代表引起的纠纷中，被告让第三人招揽客户购买自己开发的房屋。第三人对外称自己是被告单位的销售经理，并联系了原告购买房屋。原告在被告的经营场所交纳了购房款，当时第三人与被告的法定代表人均在场，第三人拿出了盖有被告公章的合同让原告在其上签字，后又由被告单位的出纳为原告出具了收款凭证，但其后原告按照合同约定找到被告交房时，遭到拒绝，原告遂将被告诉至法院。在法庭陈述中被告却称当天并未收到原告的购房款，购房款被第三人拿走，第三人属于诈骗行为，其与原告之间的合同不具备效力。据此，原告律师涉及了如下发问：第一，原告律师问被告与第三人是什么关系？对方说是朋友，原告方随即出具了第三人给其的名片上面标明第三人系被告单位销售经理，第三人当庭已经表示认可，但被告依然否认。第二，原告律师问被告当天原告交房款时其法定代表人是否在场？对方依然否认，但第三人证实被告法定代表人在场。第三，原告律师问被告为何要提供合同与原告在其公司签字？被告就此不再作出任何回答，据此，法院认定被告对于其与原告之间的交易并不知情的陈述是虚假的，进而认定被告与第三人构成表见代表，其负有向原告交付房屋的责任。

2. 如何回答法官的提问

想要回答好法官在庭上的提问，律师要在全面掌握案件情况的前提下事先对法官可能的提问进行预设就成为重点。因为法官的提问往往都是围绕双方的争议焦点展开的。法官要通过庭审查清案件所认定的法律关系和法律责任的全部要件，以及组成这些要件的基本事实，那么律师对发问的预设就要围绕这些问题展开。

在法庭上面对法官的发问，如果是针对一方当事人主张的事实，法官要另一方明确回答，往往就想要通过双方陈述的合理性来形成内心确信。这时被询问的一方要作出明确的回答，如果对方陈述的事实本身有证据证明更要予以认可，形成自认，否则，法官也会根据《民事诉讼证据规定》的相关规定在该方拒绝明确表态时，视为其已对对方陈述的事实表示承认。此外，律师对于法官的提问一定要对只有证据证明及当事人告知过的事实问题作出回答，绝不应对事实仅凭主观臆测作出回答，否则将会导致职业风险。对于不清楚的问题，律师应当明确告诉法庭，就该问题需要庭后与当事人核实后再作出回答，这样的请求在一般情况下都会得到法院的准许。

（五）法官法庭询问的技巧

法官法庭询问是民事审判中审查、认定证据和事实的重要方法和步骤。法官要将法庭询问作为一项基本功来训练、提高，不仅要掌握娴熟的技巧，还要把握必要的“度”，即界限。

1. 法官法庭询问的一般性前提

在庭审中，法官的询问意义重大，往往关系审判程序的正确运用，证据、事实的认定，关系审判效率和效果。在民事案件庭审中，法官的主要职责是引导双方当事人攻防，并为其提供规则保障，法官自己应当少言慎语。但在下列情况下，法官的询问，尤其是围绕审查、认定证据的询问必不可少。

（1）当事人的诉讼能力低下。我国未实行律师强制代理制度，《民事诉讼法》2012 年修订时还正式将几乎没有入门的基层法律工作者纳入诉讼代理人范畴，加剧了法律服务市场乱象。诉讼代理缺失以及代理人素质良莠不齐，使得错列诉讼主体、诉讼请求不当、举证不完整、表述不准确等问题在多数案件中均不同程度地存在。法官对一些程序性问题，尤其对事关案件证据和事实认定的问题进行询问，必不可少。

（2）当事人的诉讼能力差异明显。一方当事人熟悉法律，懂诉讼技巧，另一方则对法律术语、法庭规则茫然无知，有理讲不出，有证不会举。法官不能容忍庭审仅仅成为诉讼技巧的竞技场，对于诉讼能力较弱的当事人以及没有委托律师代理诉讼的当事人，法官应当在庭审过程中适当提示当事人正确行使诉讼权利，履行诉讼义务，指导当事人进行正常的诉讼活动。

（3）案件缺乏直接证据。缺乏直接证据的原因有年代久远、当事人证据意识差、未保管证据等，而根据在案的间接证据，法官对本案的事实形成了倾向性意见，但尚未形成内心确信，法官需要就证据和事实进行询问，以进一步揭示真相，为裁判打下坚实的基础。

（4）当事人故意提供假证伪证，或隐瞒证据。由于对提供伪证者缺乏强有力的制裁，民事审判极易成为说谎者的天堂。当证据存疑时，法官应当主动询问，以分清是非，查明真相。对于当事人、证人、案外人有串通作伪证嫌疑的，法官应组织隔离询问。

（5）当事人无理缠讼，不做到铁证如山难以案结事了。个别当事人明知自己无理，偏要胡搅蛮缠，企图利用诉讼达到非法目的。法官对此可组织对该当事人及其证人的询问，以其自身的陈述揭穿其谎言，使其息诉罢访。

2. 法官法庭询问的技巧

询问，是指“征求意见，打听”。法官法庭询问没有法律障碍，关键要如何问才能查明真相，问出水平，又符合法官的身份。下面试举一例予以说明。

举例：原告胡某（女）、郭某（男）夫妇2012年来院诉称，其于2003年11月从被告任某（女）、庞某（男）夫妻手中购得镇上一套住房，原告郭某当即向被告庞某交清房款8000元，庞某当场向郭某交付了登记房主为被告的房屋产权证书，原告随后接手房屋予以装修并入住。由于被告不协助，导致房屋至今未办理转移登记，故来院诉请判决房屋归原告所有。原告自述双方当时未签买卖合同，原告交款后被告未出具收据，交款、交房产证时无第三人在场。被告庭审时辩称，双方根本无房屋买卖合同关系，被告当初只是将房屋租给原告，原告装修费用折抵十年租金，这是双方事先讲好的。关于原告持有房产证，系原告2009年时借口天然气改造需要房东手续拿走的，被告后来忘了收回来。被告并质问“本案一无买卖合同，二无房款收据，三无目击证人，原告凭什么说买了我们的房子？”法庭辩论结束后，笔者宣布休庭三十分钟后恢复法庭调查。继续开庭后，笔者专门对被告庞某进行了询问。以下为问答内容：

审：被告庞某，你是做什么工作的？

被：没工作，自己干。

审：你与任某什么时候离的婚？

被：2004年6月。

审：你们离婚后，分别住在哪里？

被：我们还住在一起，还是住在×镇×路×小区×栋×单元×号房。（笔者注：与原告住同楼同单元）

审：是一直住这里吗？

被：一直。

审：原告装修前或装修过程中，你们与原告商量过房子如何装修没？

被：没有。全是他们自己在弄，我们不管。

审：房子装修时你们去看过没？

被：看过。

审：以当时的情况，你看原告装修大概要花多少钱？

被：顶多六七千元。

审：这个房子2003年底能卖啥价？

被：大概一平方米二百多元，也就能卖一万元多一点。

审：当时能租啥价？

被：年租金四五百元。

基于上述，笔者认定被告的辩解、陈述存在重大矛盾：首先，审核、计算原告提供的部分装修材料票据，结合被告庞某对装修费用“顶多六七千元”的估计，认定原告一次性投入较高，此举与租房系以分期支付较小对价获取房屋使用权的目的不符。其次，被告庞某自述房屋年租金四五百元、计算十年即四五千元，原告以超过该数额的一次性装修投入折抵，不合常理。再次，被告自述双方事先约定装修费折抵十年租金，被告庞某又说双方未协商过装修方案。既然无装修方案，双方如何商定折抵事宜？最后，住房是居民重要的财产，产权证书必为业主妥善保管。原告与被告住同楼同单元，联络便利，如系租赁关系，被告无理由将产权证书交原告并任其长期持有。本案判决双方买卖关系成立，判令被告协助办理过户登记。被告不服，提起上诉，二审维持了原判。

结合上例，笔者将法庭询问的技巧说明如下：

（1）提前熟悉案情，了解询问对象。询问前详细阅卷，吃透案情，明确哪些问题有疑点，同时要分析被询问人的性格特点等，拟定询问策略，最好列出详细的询问提纲。“庭审提纲不是提示法官到什么阶段问什么话，更重要的是把所有影响‘水落石出’和‘是非分明’的因素都预先想到。”如果一次询问不到位，必要时可组织再次询问。

（2）郑重告知规则，讲清规矩。询问前告知有关规则，重点释明被询问人拒绝回答的不利后果，促使当事人积极如实陈述。

（3）设问紧扣主题。设问应紧扣主题，简明，易懂，不纠缠细枝末节。“许多案件的胜诉仅仅是因为律师具有很高的盘问技巧，一个好的盘问者的提问总是简洁而直击要害。”简洁和紧扣主题的提问要求对法官同样适用。如上例，笔者紧扣被告的住处、被告是否事先得知装修方案、装修价值、房屋当时价值四个主题询问被告，用被告自己的陈述戳穿了被告的谎言。当然，设问精当往往需要法官具有丰富的生活经验、宽广的知识面、敏锐的思维。

（4）提问循序渐进。设问应与案件主要事实有一定的距离，安排问题要由远及近，有序推进，切忌直奔主题。“为了提出一个重要问题，你应该提出十个不重要的问题，而将那一个重要问题掺杂其间。”当然，法官提问的数量要适当，一般先问一两个无关主旨的问题，再转入正题。如上例，笔者先问了被告的职业、婚姻状况等无关话题，以消除被告的顾虑和戒备，为深入询问做铺垫。

（5）注意观察。询问时不仅要听清被询问人说什么，而且要观察其表情、肢体活动等。“笨拙的证人在作伪证时常以不同的方式露出马脚：怪异的腔调，茫然躲闪的眼神，在证人席上紧张扭动的身躯，尽可能复述事先编造的故事的精确措辞的明显努力，尤其是与其身份不符的语言的使用。”重大疑难案件询问时应安排同步录音录像。

（6）抓住时机询问。询问要抓住时机，善于应变。

举例：一起提供劳务者受害责任纠纷案件，原告杨某主张其虽是农村户口，但常年在镇上打工，应按城镇人口标准计算其各项损失。杨某提供了证人裴某等，以证实其受伤经过。证人裴某到庭时，法官询问其自然情况，敏感地注意到裴某与原告户籍同村同组。待裴某作证完毕，笔者对其进行了询问，内容如下：

审：证人裴某，你与原告住在同村同组？

证：对头。

审：你家和原告杨某家隔多远？

证：近得很，隔两道田坎。

审：杨某家种庄稼没？

证：种了四五个人的庄稼。

审：杨某下地种庄稼吗？

证：他要种地，他是主要劳动力。

审：他什么时候到镇上干活？

证：农闲的时候我们一起去。

基于原告提供的证人裴某的陈述，法庭否定了原告关于按城镇人口计算损失的主张。原告对判决无异议。

（7）排除人为干扰。首先排除代理人的干扰，代理人不是案情的亲历者并可能干扰当事人的如实陈述，询问前应要求代理人到旁听席就座并不得发言，询问结束时应请该代理人发表意见，也应请对方当事人发表意见。

（8）选准询问对象。当一案中有多个对象可供询问时，法官应选择最有可能讲实话的对象进行询问。如前述所有权确认纠纷案，笔者选定被告庞某（男）而非任某（女）接受询问，主要考虑庞某社会经历简单，容易说实话。

3. 隔离询问的技巧

隔离询问是法庭询问的一种特殊形式，是指当事人、证人或案外人有串通作伪证嫌疑时，法院对涉及的当事人、证人或案外人集中采取临时性隔离措施，并分别进行询问，以查证事实。下面试举一例笔者审理的案件予以说明。

举例：原告王某 2021 年 7 月购买一辆 35 吨装粉煤灰运输车，为饶某、宋某等客户送货。宋某欠远方运输公司材料款，远方公司伺机讨债，见王某的运输车常为宋某拉货，误认为该车属宋某所有。2021 年 1 月，远方公司邀人将运输车拦下，并控制在某停车场。半个月后，宋某将欠款还给远方公司，但王某一直不找远方公司要车。2021 年 3 月底，王某来院起诉，请求判令远方公司赔偿其停运损失等计 206 万元。开庭前，笔者善意提醒原告，该车价值才 45 万元，被扣了 3 个月就要求获赔 206 万元，不切合实际，但原告执意不听。第一次庭审时，原告出示了大量证据，一时难辨真伪。庭后笔者仔细审核了原告的证据，决定从原告主张 10 万元保证金损失入手组织隔离询问。关于该 10 万元，原告王某是这样陈述的：我和饶某是长期合作关系，双方签订了合同，我给他交了 10 万元保证金。我必须持续给他拉货，如果中断超过 3 天，按合同要没收保证金。现由于被告非法扣车，我无法履约，10 万元保证金已被没收。原告提交了其与案外人饶某签订的合同、缴纳保证金的收条、饶某没收保证金的通知，表面上看证据链完整。笔者通知饶某、王某同日到场，在宣布隔离询问规则后，首先对案外人饶某进行了询问。以下为问答内容：

审：你是干什么职业的？

饶：倒卖粉煤灰。

审：你运粉煤灰的车从哪里来的？

饶：我自己有两辆，另外长期合作的有三辆。

审：你看一下这个合同（递给原告出示的合同），是你签的吗？

饶：是我和王老板签的。

审：你们签这种合同，供车方都要交保证金吗？

饶：都有保证金，这是行业惯例。

审：你们在哪里签的合同？

饶：在德阳市×路×茶馆。

审：当时是几点钟？

饶：大概吃过中午饭。

审：当时哪些人在场？

饶：就我和老王，做生意要避人。

审：这个合同是事先拟好的，还是现场拟的？

<u>饶：事先拟好的</u>。（笔者注：有下划线的内容请与下述对王某的询问内容对比阅读，下同）

审：谁拟的？

<u>饶：他说的好像找一个姓顾的律师给拟的</u>。

审：他给你交10万元保证金是什么时候？

饶：也是吃过中午饭。

审：什么地点？

饶：还是那个茶馆。

审：哪些人在场？

饶：就我和他。

审：他一次性付的10万元？

饶：一次性。

审：他这10万元，是整捆的，是1万元一沓的，还是其他样子的？

饶：是银行取出来那种整捆的，解开了1万元一沓。

审：你是怎样数钱的，比如借用茶馆的点钞机，还是手点？

饶：手点的。

审：你是一张一张数过的吗？

饶：大家都是朋友，我数了两三沓，没有错，后面就没再数了。

审：你没收他的保证金，他有没有提出异议？

饶：现在是法治社会，大家按规矩办事，提啥子异议嘛。

接着笔者就同样的问题询问了原告王某，以下为与询问饶某明显矛盾的内容：

审：这个合同是事先拟好的，还是现场拟的？

原：就我们两个现场拟好的，没人帮忙。

审：你这10万元，是整捆的，是1万元一沓的，还是其他样子的？

原：不是整捆的，就是1万元一沓，一共10沓。

审：他是怎样数钱的，比如借用茶馆的点钞机，还是手点？

原：你问这个做啥？

审：你无权拒绝法庭的询问，必须如实回答。如有意见，请在庭后提出。

原：好的，手点的。

审：他是一张一张数过的吗？

原：10万不是个小数字，当然他是一张一张数过的。

基于上述，法院否定了原告的保证金损失主张，并结合其他证据进而否定了其绝大部分主张，判决被告赔偿原告4.3万余元，仅及原告诉请金额的2.1%。原告表示服判，没有上诉。

由于隔离询问是法庭询问的一种特殊形式，隔离询问除了遵循前述法庭询问的技巧外，还要注意以下问题：

（1）对被询问人隔离要有效。对正在被询问人、待受询问人要分室隔离，要求他们在全部询问结束前一直关闭手机，并不得随意走动，防止串通。

在受询问人过多、无足够的房间供隔离使用、询问时间过长难以有效隔离等时，也可以安排受询问人在一个房间里分开就座，由他们各自同时以书面形式回答法官的提问。

（2）精心准备询问提纲。串通作伪证者一般都要事先设想编造故事的细节，以应对法庭的询问。但是，最高明的说谎者不可能设计故事的所有情节，法官要找到受询问人容易忽略的细节，并作为重点问题提出。如上例，饶某和王某事先串通设计了若干故事情节，但笔者问到了其事先难以设计的细节，如合同的草拟人、钱的包裹方式、如何数钱等，被告不得不露出马脚。

（3）及时化解被询问人的抵触情绪。隔离询问时，被询问人被视为有串通作伪证嫌疑的人，并被短暂限制一定的人身自由，多少会感到不快，有的被询问人面对事先未设计的问题甚至恼羞成怒。这时法官要不惧邪，向被询问人宣布法庭纪律，要求其正面如实回答，并告知其如拒绝回答，将依法追究妨害证明责任。为确保安全，隔离询问时应安排法警站庭、协助。

4. 法官法庭询问的界限

法官法庭询问属于庭审活动，应遵守依法、公正、公开等庭审原则，并应注意以下界限：

（1）保持司法中立。中立是司法的基调，法官切不可片面强调能动司法，与一方当事人站在一起，帮助其寻找证据，这样做虽然实现了个案实质正义，但伤害了司法制度。同时，法官过多关注诉讼能力弱势一方，给予其过多“司法补贴”，将使该当事人产生诉讼攻防上的惰性，并最终将败诉的原因归咎于法官。“在经济学上，补贴的最大弊端在于损害竞争的前提，并使一切竞争失去动力。与此相同，诉讼上的补贴同样会损害诉讼当事人之间竞争，从而不能通过当事人的竞争最大限度地揭示案件事实，而是转向积极寻求法院及法官为其提供补贴，并因此成为双重意义上的小人。”

（2）提问点到为止。切不可像律师盘问那样穷追猛打，直到对方理屈词穷。律师的工作是为了维护其当事人的利益，盘问是为了击败对方，其在法庭上的活动带有表演性。而法官在主持公道，询问的目的是揭示真相。二者不可混淆。

（3）耐心倾听。除回答内容明显重复、明显不合事实外，不要随意打断。除当事人回答明显冗长、含混不清外，不总结当事人的发言。

（4）态度平和。询问要使用平和鼓励的语气，询问过程中不作结论，不对当事人的回答当庭作出否定性评价或挖苦、讥讽，不与当事人争辩。

（5）不做诱导性询问。所谓诱导性询问，是指提问中已经包含答案的提问方式，比如，问："你根本没见过张三借钱，对吗?"法官诱导性询问将影响当事人对法官的信任，而当事人对法官的信任是司法公信力的基础。

（6）勇于纠错。法官在询问前，往往存在倾向性认识，即认为一方当事人更有道理，只是未形成内心确信，法官的询问就是为倾向性判断寻找更多的证据支持。但法官在询问过程中，可能会认识到原有的预判失误，这时应当及时调整询问思路或中止询问。

5. 法官法庭询问的语言

在整个庭审过程中，法官应保持中立，语言使用不偏不倚。但由于我国当事人个体之间的法律知识和素养存在差别，因此，法官不能超然中立，必须灵活运用语言，对庭审的进程进行有效的掌控和适度的释法，这在群体性诉讼和矛盾激化案件中尤其必要。

（1）言辞规范、准确、简洁。法官在庭审中的言语应当做到沉稳有序、言而有据、思维清晰、表述准确、逻辑严密。特别应注意：庭审中要尽量使用法言法语，不要使用方言、俚语、修辞及过于烦琐、含混不清的语句，力求一语中的，切中要害。对于文化程度相对较低的当事人，应适当将法律语言简单化、通俗化，因人施语，以求有利于当事人理解并遵守法庭秩序。

（2）语速平稳、语调适中、声音洪亮、吐字清晰。这样可以体现法官沉稳从容之度，从而使当事人对法官产生信任感，服从法官对庭审进程的指挥。

（3）善于控制情绪。法官在庭审中的言词应当做到不露声色，言谈中不轻易表露自己的情绪变化，即使遇到突发情况，也要尽量控制情绪，避免惊慌失措，同时积极思考应对之策，用平缓的语气处理问题，保证庭审的顺利进行。

（4）善听慎言。庭审中，法官的职责是组织好庭审，让当事人充分阐述各自的观点，因此，法官的言语不宜过多，而要认真倾听当事人陈述，鼓励双方当事人相互发问，并从中仔细探明事情真相。在当事人、证人、鉴定人陈述不清时，可适当发问，但要注意切勿对一方当事人集中进行过多发问，而使该方当事人产生不公正的感觉。另外，在主动发问时避免使用带有倾向性或结论性的语言。例如，在王某诉张某人身损害赔偿案中，王某称被张某殴打致伤，张某否认曾殴打王某，法官问现场有无证人时，应该表述为："王某，你称张某打你，当时有无其他人在场看见?"而不能表述为："王某，张某打你时是否没有人在场看见?"后种表述存在两处不当：一是言语中已确认了张某打王某的事实，二是提示了现场没有人。

（5）及时掌控庭审氛围。法官要通过自己中立的言辞，平等对待各方当事人的话语权，制造公平、公开的庭审氛围，让各方当事人平等地发言、提问，如非必要，不要打断当事人及代理人的陈述，但要注意及时制止他们与案情无关的煽情发言，以避免其他当事人或旁听人员因受鼓动而情绪失控，导致庭审无法正常进行。

（6）适当通过发问缓和当事人情绪。在某些矛盾激化或群体性案件中，当事人或利益相关旁听者的情绪往往会非常激动，在开庭前就主观认为法院会出于种种原因不支持他们的请求，因此，在庭审中与法庭态度极端对立，甚至吵闹、鼓噪，严重妨碍庭审秩序。此时，法官除事发时及时制止外，还可随机应变，先行通过自己的言语来平息当事人对立的情绪，以保证庭审的顺利进行。例如，某物业公司因戴某拒付物业管理费而诉诸法院，原审法院判决予以支持。戴某不服提起上诉，称物业公司是房地产商未征得业主同意擅自聘请的，物业管理服务不佳，且物业公司开始进行物业管理时的几个月并未取得营业执照和物业管理资质证书。该案虽是个案，但由于该小区数百业主均以此为由拒付物业管理费，故判决的结果涉及该小区数百业主的切身利益，为数众多的业主要求旁听，且情绪激动。为此，笔者在庭审中主动问物业公司在未取得营业执照和资质证书的情况下，如何进行物业管理?该问题表面上意义不大，因为物业公司当时已组织人员进行了物业管理，且戴某也认可。但戴某和旁听的其他业主听到这一发问后都频频点头，认为法官问到了点子上，原来的抵触情绪立刻有所缓和，从而使庭审得以顺利进行。

（六）法官的认证

民事诉讼中，认证是举证和质证的必然延续，是法官对案件进行法律构建从而公正审判案件必不可少的步骤。总体来看，认证包含三个方面的问题：一是法官应当庭认证还是庭后认证，二是法官应该运用何种认证方法对证据材料进行认定，三是法官应该遵循何种标准进行认证。目前，我国立法中对认证制度规定不明确，司法实践中法官对认证的自由裁量权比较大。

1. 认证的方式

一般来说，认证可以分两步来进行：第一步由合议庭或者独任审判员来当庭对证据材料的形式要件（证据材料的可采用性）进行认定。第二步由合议庭或者独任审判员在庭后进行思辨，并结合审判委员会的意见对证据材料的证明力大小进行认定，然后在判决书中认真写明认定的理由。当然，在第一步的当庭认定中，也并非说仅仅作出对形式要件的认定，对于那些案情简单、证据材料的可采性和证明力大小比较明显，且容易认定的可以当庭就其形式要件和实质要件进行认证。例如，证明力很明确的证据、当事人双方都明确表示认可的证据、当事人承认对己方不利的事实的证据，等等。对于一些比较复杂，法官当庭难以作出对实质要件认证的证据材料应当容许法官在庭后作出进一步思辨，甚至由审判委员会审议后给出认证意见，再进行实质性方面的认证。

2. 认证的方法

在法律实务中，无论是当庭认证还是庭后认证，具体的操作方法有以下三种。

（1）一证一认。一证一认，即某个证据在法庭出示后，经过双方当事人的质证，便由法官当即对证据作出认证，并作出认证说明的一种方式。这种方式大多出现在案情简单，法律关系明确，单个证据独立性较强的案情中，也是最常用的一种认证方式。但该方法使证据之间的联系性变得很松散，所以难以总揽全局。

（2）一组一认。一组一认，即某几个证据材料相联系，证明案件中的某一个事实，可以将其分类归为一组，每一组证据质证完毕，法官对各组中的各个证据进行认证并作出说明。

（3）综合认定。综合认定，即通过对证据与证据之间，证据与案件事实之间的矛盾进行分析，找出出现矛盾的原因，从而正确解决这些矛盾的一种认证方法。该方法的优点有全面客观，认定准确，可信性较强。但是对法官的业务素质和综合判断能力要求较高，而且程序比较复杂。

在我国民事诉讼法庭审判中，对于法官如何进行认证没有统一的规定。所以，在不同地区的法庭上，认证的方法不统一，或者在同一法庭上，法官对不同案件的认证方法也不同。笔者倾向于一对一认定和综合认定的双认证方法，即双方当事人对所举证据材料进行质证完毕后，首先由法官按照双方当事人对于某一个事实所列举的一对证据进行可采性方面的初步认定并说明认定理由。在庭审结束前，再由法官作一次综合认定，审查每对证据认定是否存在矛盾。

3. 认证的标准

“高度盖然性占优势”证明标准的首次确立是在2002年4月1日实施的《最高人民法院关于民事诉讼证据的若干规定》中。但是，“高度盖然性占优势”虽是可以为法官提供一个衡量证明结果的尺度，但它不具有人们所希望的精确性，不同法官对该证明标准有不同理解，再加上法官自身的水平差异，造成法官在运用此标准时可能出现宽严不同的尺度。为了防止法官在认定证据材料证据力大小方面有过大的自由裁量权，笔者认为可以从以下几个方面对其加以约束：

（1）提高法官的准入制度，缩小不同法官之间的水平差异。当前，我国经济发展迅速，国家的教育机制也不断加以完善，公民的学历水平有很大提高。由于法官这个职业是一个专业性比较强的职业，所以我国在选任法官时，应当提高法官的准入门槛，选入在法律方面有深层造诣的人来担任该职位。

（2）健全公正公开制度。法官对证据材料的认定是法官内心的活动，难以实现公开。所以，为了最大限度地公开化，应该提高法官的素质水平，使其不受外界的影响，保持一个公正的心理状态。并且在认定证据时，法官应充分说明认定的理由，实行自由旁听制度，把法官认定的活动置于人民的监督之下。

（3）加大合议认定。对于重大、疑难的证明材料，法官不应急于作出认定，而应本着司法公正的态度，接纳不同的意见，达到集思广益的效果。防止法官个人自由裁量权的扩大化。

4. 审判实践中常见案件的证据认定

（1）离婚案件中《婚姻保险协议》的认定

在司法实践中，我们遇到很多离婚案件中签订《婚姻保险协议》或者类似的文件。下面试举例说明对该类证据的认定。

王某诉彭某离婚案。双方均系再婚，当初为了保障婚姻关系长久而防止一方任意提出离婚，便事先来个君子约定："如哪个先提出离婚，则净身出户。"笔者认为这种约定是无效的，因为它违背了《中华人民共和国婚姻法》（以下简称《婚姻法》）的"离婚自由"原则。反过来，如约定"如一方有违背夫妻感情的过错，则净身出户。"这种约定则是有效的，也符合《婚姻法》的"惩罚有过错责任方，并予以赔偿"原则。

私企老板与职员离婚案。私营企业老板高某向本公司一个年轻漂亮的职员林某求婚，该职员由于受过感情的创伤，对男人十分反感，高某利用各种手段终于与其结婚，但在结婚时双方签订了一份《婚姻保险协议》。约定：任何一方不得提出离婚，如一方有违背夫妻感情的过错，则净身出户。尽管男方对女方百依百顺，女方就是不想生孩子，一直服避孕药，还佯装有病。有一次，高某无意中发现妻子在服避孕药，气得火冒三丈，与妻子争吵一阵后便独自到酒吧喝闷酒，在喝酒时恰遇有生意往来的业务员许某，此人比林某更加年轻漂亮，且更有心计。许某乘人之危，顺势而上，把高某灌得烂醉如泥，扶着高某到宾馆开房。高某一觉醒来，见一旁睡着一丝不挂的许某，一下慌了神。许某抱住高某不放，山盟海誓要嫁给他，为他生个大胖小子。经林某亲友劝说，后来林某怀孕了，高某还是与之和好如初。但许某死缠不放，经常约高某出去，并谎称自己也怀孕了。久而久之，被林某察觉，并跟踪丈夫，发现二人成双成对，林某气得发疯，丈夫慌忙追赶，见丈夫来追，跑得更快，不慎跌倒，造成胎儿流产。林某凭着《婚姻保险协议》，向法院起诉离婚，并要求拥有高某全部财产。高某将净身出户之事告诉许某，许某出主意说，让与林某玩得好的李某嫁祸林某。高某找李某说："你家急需钱用，只要办好一件事，我给你50万元，并提拔你当我公司副总。"二人密谋将迷药放到林某的食品中，将林某迷倒，制造林某与李某同床而睡的假象，被高某拍照，作证据使用。好在李某出于良心发现，使本案真相大白，李某在高某得意忘形请他喝酒并兑现诺言之际，用手机偷录了高某的谈话，并将录音复制成证据，愿当庭作证，还将高某送给他的存有50万元的银行卡一并交给法院。就这个案例的证据，如李某不出来揭穿高某的阴谋，高某的证据明显比林某充足，林某会输得很惨。从这个案例可以看出：法官办案只凭证据认定案件事实，这种事实叫作法律事实，而法律事实并不等于客观事实，客观事实要上升为法律事实必须通过证据表现出来。为什么有些案子一时找不到证据而变成冤案，冤就冤在“证据”二字上，法律规定“谁主张，谁举证”。举不出证，就要承担败诉的后果。

（2）人身损害赔偿案件证据的认定

①对证人证言的认定

第一，审查判断证人证言的内容。主要审查证人证言所表达的内容与案件事实有无关联性，以及证人证言与其他证据之间有无矛盾之处。证人证言与被确认的案件事实之间是否相互吻合，有无矛盾之处。需要注意的是，当证人证言与其他证据出现矛盾，或者与已发生的案件事实相抵触时，应结合其他证据相互印证，必要时还可以依法补充收集证据。

第二，关于证人证言与其他证据相抵触时的证据力问题，我国现行的《民事诉讼法》并未予以规定，在已被废止的《最高人民法院关于民事经济审判方式改革问题的若干规定》中曾明确指出，物证、历史档案、鉴定结论、勘验笔录或者经过公证、登记的书证，其证明力一般高于其他书证、视听资料和证人证言。目前，相关证据的具体证明力仍需审判人员遵从法律规定，结合生活常识经验对具体问题进行具体分析。

第三，审查认定证人证言的形成过程，以判断证据力的大小与强弱。主要是分析证人证言形成的主、客观因素，是否影响其提供证言的客观性。主观方面一般审查证人的感受能力、记忆能力、表达能力以及有关精神状态、心理因素等是否对证言的客观真实性有影响；客观因素一般审查证人感受事物时的客观环境是否对证言的客观真实性有影响。

第四，审查认定证人与案件当事人或案件本身是否具有利害关系，证人提供的对与其有亲属关系或者其他密切关系的一方当事人有利的证言，其证明力低于其他证人证言。

第五，审查认定证人的品格、操行对其证言是否产生影响，即判断数个证据的效力时，应当注意对证人的智力状况、品德、知识、经验、法律意识和专业技能等进行综合分析。

②对医疗费用的认定

医疗费是人身损害赔偿案件中占数额比重较大的组成部分。近年来，由于市场经济对人们思想观念的冲击，医疗费用的支出迅速增长，其中存在的不合理因素及其虚假成分明显增多。主观方面是某些受伤者（主要是故意伤害案件中的受害方）存在报复心理，有意增加致害方的赔偿数额，要求医院多用药，用好药，不需治疗的也治疗，不该检查的也检查，小伤大治，病伤同治；有的托熟人拉关系，伪造变造单据、病历；有的无原则地大量购买药品，转手倒卖，从中牟利。在客观方面，某些医疗单位或医务人员，为完成经济指标，增加经济效益，故意开大方、开贵方，扩大治疗范围和检查项目，以增加其经济收入。这些现象的存在和蔓延，对社会造成了不可低估的危害。

笔者建议：一是请法医作出审核鉴定。由法医和有临床医疗经验的技术人员对当事人的医疗费用进行全面审查，针对伤情实际，对治疗的费用、时间、用药等情况作出合理认定。二是承办法官认真审核。审查受害方提交的医疗费单据是否正规，姓名、日期、单据号码、收款印章、金额大小、药品种类、收费项目等是否有内在联系和可疑之处。有重点、有目的地进一步展开审查，并调阅病历资料，然后到各中西药房查阅用药处方，将用药处方复印或抄录。审查用药处方时要对处方上的日期、姓名、住址、药品名称、数量、划价金额、医生签字等认真抄录，认真同收费单据和病历中的医嘱单相对照。对疑点较大的发票还要到财务科室查找发票的原始存根，将发现的问题一一列出。三是对照法医鉴定进行审查。看用药是治伤还是治病，医生是否对症下药。特别对门诊发票和零售药发票更应认真审查。

举例说明：有个轻伤案件，花医疗费 1.2 万元，对方有异议。经查病历，伤者患有胃病等多种疾病，经法医审核，用于治病的费用达 5900 余元，应从中减除。另有一个轻伤案件，患者鼻梁骨被打断，在医院住院治疗 3 个多月，花医疗费 2 万余元，这是谁也没有想到的，我们到医院去查，确实如此，发现伤者在治疗 1 个月后，竟然出现鼻粘连，是医院过错造成的，这种超额损失谁来承担？

③赔偿案件中城镇户口与农村户口的认定

第一，在同一起交通事故中，受到伤害的农民和城镇居民的赔偿标准可以统一按照城镇居民标准计算有关赔偿项目。

第二，对于虽然是农业户口，但在城镇、工作、学习、生活、经商、居住一年以上的受害人，如果其经常居住地或者主要收入来源地为城市，有关损害赔偿费用可以按照城镇居民的标准计算。

第三，有下列情形之一，经常居住地或者主要收入来源地为城市的受害人，可以按照城镇居民的标准赔偿有关费用：国营农场的居民；在城镇从事工作一年以上的农村居民；居住在城镇，到农村承包企业的人员；担任城镇企业经理、董事或者管理人员一年以上的农村居民，不论该企业的所在地在农村或者城镇；或者居住在农村，在企业有固定工作一年以上的人员；农村土地被征用，依靠政府补助和务工收入生活的人员或者农村居民的土地被依法收回，依靠补偿收入以及打工生活的人员；在城镇从事工、商业活动一年以上的人员；虽然到城镇从事工商业活动时间不满一年，但其提供的劳动合同或者根据生活经验可以判断受害人在城镇工作不会低于一年的人员；其他难以认定为农村居民的人员。

很多当事人由于无钱请律师，有些符合上述条件而享受城镇居民标准的却不知道怎么举证，而有些不符合上述条件的人，却通过代理人伪造证据享受了城镇居民标准的待遇，法官应指导符合上述条件的当事人怎么举证，以便公正处理此类案件。

五、实训过程

（一）准备阶段

1. 通过具有保密措施的方式，分别与原告小组和被告小组进一步梳理给定案例的基本事实，完善各自的诉讼方案。

2. 通过具有保密措施的方式，分别与原告小组和被告小组进一步研读证据，完善证据目录和质证提纲。

3. 通过具有保密措施的方式，与合议庭成员归纳争议焦点和完善法庭询问的提纲。

（二）第一轮实训

合议庭小组、原告小组、被告小组共同模拟完成从开庭开始至法庭调查结束的全过程。

（三）休庭备训

合议庭小组、原告小组、被告小组分别针对第一轮实训中各方的优点、缺点，完善各自的诉讼方案及诉讼材料。

（四）第二轮实训

合议庭小组、原告小组、被告小组再次模拟完成从开庭开始至法庭调查结束的全过程。（如果学生人数较多，可以更换另外的原告小组、被告小组、合议庭小组完成第二轮实训）

六、实训点评

（一）角色自我点评（略）

（二）旁听学生点评（略）

（三）指导教师点评

1. 对原告小组的实训点评

（1）事实梳理和认定：①本案存在几个法律关系，性质如何；②哪些法律关系有利于原告，哪些法律关系不利于原告，如何扬长避短；③起诉状是否表明观点，现场陈述是否简单明了，是否保留足够的回旋空间。

（2）证据的利用：①每一份证据与本案的关联性如何；②己方提供的证据是否有被对方利用的可能性，是否做好预案；③法律依据是否充分、确凿；④证据目录和质证提纲的制作是否规范、是否有针对性。

（3）律师发言和发问：①发言和发问的法言法语是否规范、准确；②发言和发问的时机是否恰到好处；③发言和发问的内容是否有针对性；④发言和发问的设计是否巧妙。

（4）诉讼方案的设计：①是否有胜诉的关键点；②是否有相应的法律依据；③不存在相应的法律依据，如何应对。

2. 对被告小组的实训点评（基本同上）

3. 对法官小组的实训点评

（1）法律关系认定：①争议焦点的归纳是否完整、准确；②是否给予原告、被告充分的发挥空间。

（2）对举证、质证、认证把握：①对当事人的举证、质证是否进行必要的释明；②认证的方法是否恰当；③认证结论是否正确，有无法律依据。

（3）庭审驾驭技巧：①庭审流程是否完整、节奏是否流畅；②合议庭成员的法言法语是否规范、准确；③面临突发情况，是否有预案，发挥如何。

七、实训文书

1. 证据目录

证据目录

提交人：被告

日期：×年×月×日

序号	证据名称	证明问题	页数	原件或复印件
1组	×年×月×日“协议书”	1. 证明了协议书与借条的关联性，即原、被告之间不是单纯的借款合同关系，而是委托合同关系。 2. 委托合同关系的履行方式为：原告先向被告支付200万元，如成功入网中标，此款作为信息劳务费归被告所有，“借条”失效。	1页	复印件（原一审过程中，已向法庭提交原件，承办法官收取后未予返还）
2组	法定代表人资格证明书； 法定代表人授权委托书	原告委托被告××商贸中心投资人姜××代理原告参与营口港务集团有限公司的“营口鲅鱼圈港区64#、65#号泊位后方堆场及5#堆场变电所高低压电缆采购”项目。	2页	复印件（从原一审卷宗中复印，原件存于营口港务集团有限公司）

续表

序号	证据名称	证明问题	页数	原件或复印件
3 组	×年×月×日“投标函”；×年×月×日“中标（成交）通知书”	被告××商贸中心负责人姜××代理原告进行了上述项目的入网和投标事宜，并成功中标 1000 万元以上，说明被告履行了委托合同约定的义务，有权获得 200 万元信息劳务费。	2 页	复印件（从原一审卷宗中复印，原件存于营口港务集团有限公司）
4 组	×年×月×日、×年×月×日、×年×月×日“中标通知书”	通过被告沈阳××商贸中心、姜××的协商和努力，帮助原告成功入网后，在上述项目中获得了巨大利益。也进一步证明，被告已帮助原告达成了约定的商业目的，履行了委托合同约定的义务。	3 页	复印件（从原一审卷宗中复印，原件存于营口港务集团有限公司）
5 组	被告法定代表人之父出具的书面材料一份	1. 协议书形成的条件、背景； 2. 协议书约定的原、被告之间委托代理事宜是客观真实的。	1 页	原件

2. 质证提纲

质证提纲

一、就原告提供的王××差旅费报销凭证证明明细

被告对原告提供的这份证据真实性不予认可。这份证据是原告自制的，并无被告的签字或盖章予以确认。这份证据与本案也没有关联性，原告提供这份证据是为了证明其工资组成，而原告的工资组成中并不包括差旅费。

二、就原告提供的尚未支付提成的货物销售明细表

被告对原告提供的这份证据的证明力不予认可。这份证据是原告自制的，并无被告的签字或盖章予以确认。

三、就原告提供的意创公司销售提成标准

被告对原告提供的这份证据的关联性不予认可。被告公司就提成现在并没有书面的标准。被告公司提成的原则是业务员自己开拓的新客户才可以提成，如果是去维系公司开拓好的老客户没有提成。原告王××在公司期间并没有开拓任何新客户，都是受公司指派去维系一些老客户，所以没有业务提成费。

四、就原告提供的三份借支单和一份支款凭证

原告提供这四份证据是想证明被告有支付原告提成费的事实。被告认为这四份证据不能达到原告的证明目的。三份借支单只能证明原告向被告借过款，借支单的借款事由上并没有表明是被告向原告支付的提成费。一份支款凭证也不能证明被告向原告支付过提成费。

五、就原告提供的三份出差日志

原告提供这三份出差日志想证明原告加班的事实。被告认为这份证据并不能达到原告的证明目的。

1. 被告适用的是每天工作七小时，每周工作四十小时的工作制。所以每个星期六工作五小时是正常工作时间，不能算成加班时间。

2. 原告王××是业务员，依据法律的规定，其工作长期处于等待状态且等待期间有休息场所可以休息、完全认定为工作时间明显不合理的，在认定时，对工作时间进行合理的折算。

3. 根据《劳动合同手册》第二条第七款的规定，被告公司员工加班有严格的审批制度，员工加班必须经过批准。原告从没履行过相关的加班审批手续。即使有加班的事实，也属于擅自加班，根据规定被告无须支付加班费。综上，被告无须支付原告加班工资。

代理人：××律师事务所

律师×××

××××年××月××日

八、实训法律法规

1. 《中华人民共和国民事诉讼法》第137—159条。

2. 《最高人民法院关于适用〈中华人民共和国民事诉讼法〉的解释》第226—314条。

3. 《最高人民法院关于民事诉讼证据的若干规定》。

4. 《民事案件普通庭审程序操作规程》。

5. 《最高人民法院关于人民法院合议庭工作的若干规定》。

实训二：法庭辩论

一、实训目标

了解民事诉讼庭审中法庭辩论的宗旨和目标，掌握法庭辩论的流程和操作技巧，学会制作相应的法律文件，并能够模拟完成法庭调查。具体包括以下五项实训内容：

1. 律师撰写第一轮辩论的代理词；
2. 律师拟定第二轮辩论的代理方案和主要观点；
3. 法院法官具备驾驭法庭辩论阶段的能力；
4. 当事人与法院法官共同模拟完成庭审的法庭辩论；
5. 法院法官制作一审民事裁判文书。

二、实训素材

（一）当事人基本情况

原告：刘玉，女，蒙古族，1973年6月6日出生，住上海市虹口区奎照路×××。

被告：王清，女，1981年4月17日出生，汉族，住辽宁省康平县小城子镇×××。

第三人：宋励，男，1971年10月24日出生，汉族，住上海市虹口区奎照路×××。

案由：确认合同无效、返还原物纠纷。

（二）案情简介

原告与第三人系夫妻关系，二人无关于夫妻财产各自所有的约定，也无关于处分共有财产的特别约定。2007—2013年，第三人在未经原告同意的情况下，将夫妻共同财产31.8万元通过银行汇款和转账的方式赠与被告，被告以生活费为由取得该赠与。原告2013年得知该赠与行为，遂诉至法院请求确认该赠与行为无效并请求返还被告所获的赠与31.8万元。

原告诉称：原告与第三人系夫妻关系，二被告系朋友关系。第三人在2007—2013年间，先后赠与被告人民币31.8万元，用于被告在沈阳购房及其他费用，但第三人的该赠与行为并未取得原告同意，因此原告诉讼至法院。（1）确认第三人的赠与行为无效；（2）判令被告返还赠与的购房款及其他费用合计31.8万元。

被告答辩称：第三人和被告系恋爱关系，第三人赠与被告的款项是生活费用，第一次赠与始于2007年，在该赠与行为发生期间，原告作为家庭财产的管理人，应当于2008年就应该知道该赠与行为，因此现在原告的诉讼请求已经过诉讼时效；另外，第三人对其夫妻共同财产享有平等的处分权，因此，第三人的赠与行为应当有效。

第三人述称，对原告的诉请没有异议，因为该赠与行为确实发生在其和原告婚姻关系存续期间，且赠与没有取得原告同意。

（三）证据清单

序号	名称	件数	页数	备注
1	中国工商银行个人业务凭证	6	1	
2	中国银行储蓄账户金融类交易明细	3	3	
3	证明	1	1	
4	结婚登记申请书	1	1	
5	审查处理结果	1	1	
6	王大伟证人证言	1	1	

（四）证据材料

1. 中国工商银行个人业务凭证

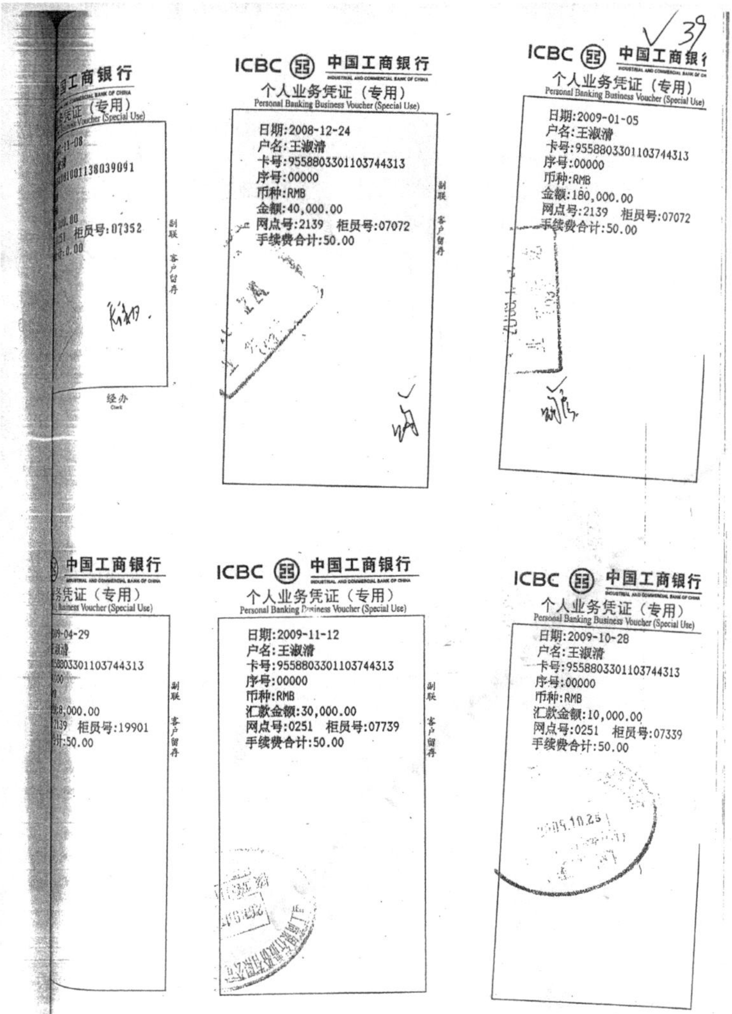

ICBC 中国工商银行
个人业务凭证（专用）
Personal Banking Business Voucher (Special Use)
日期:2008-12-24
户名:王淑清
卡号:9558803301103744313
序号:00000
币种:RMB
金额:40,000.00
网点号:2139　柜员号:07072
手续费合计:50.00
副联　客户留存

ICBC 中国工商银行
个人业务凭证（专用）
Personal Banking Business Voucher (Special Use)
日期:2009-01-05
户名:王淑清
卡号:9558803301103744313
序号:00000
币种:RMB
金额:180,000.00
网点号:2139　柜员号:07072
手续费合计:50.00

中国工商银行
务凭证（专用）
Business Voucher (Special Use)
09-04-29
58803301103744313
8,000.00
2139　柜员号:19901
计:50.00
副联　客户留存

ICBC 中国工商银行
个人业务凭证（专用）
Personal Banking Business Voucher (Special Use)
日期:2009-11-12
户名:王淑清
卡号:9558803301103744313
序号:00000
币种:RMB
汇款金额:30,000.00
网点号:0251　柜员号:07739
手续费合计:50.00
副联　客户留存

ICBC 中国工商银行
个人业务凭证（专用）
Personal Banking Business Voucher (Special Use)
日期:2009-10-28
户名:王淑清
卡号:9558803301103744313
序号:00000
币种:RMB
汇款金额:10,000.00
网点号:0251　柜员号:07339
手续费合计:50.00

2. 中国银行储蓄账户金融类交易明细

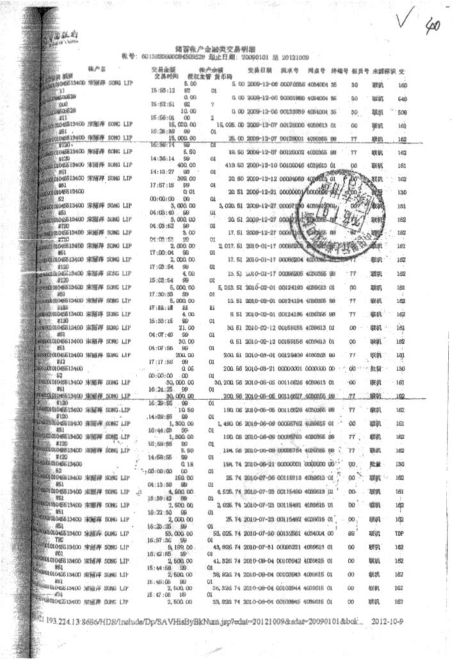

储蓄账户金融类交易明细

账号：6013820000084509528 起止日期：20090101 至 20121009

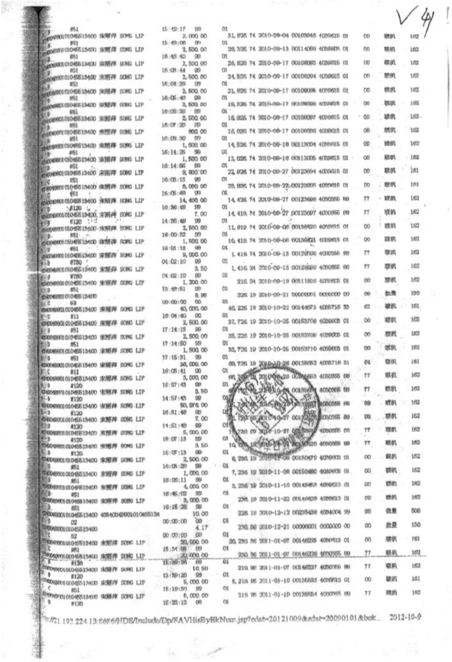

√ 42

[illegible]01045513400	宋丽萍	SONG LIP	#120	13:22:12	5.50	99	01	214.56	2011-01-19	00136035	4080355	88	77	联机	162
[illegible]01045513400	宋丽萍	SONG LIP	#51	15:14:14	43.00	99	01	171.56	2011-01-23	00097255	4089613	01	00	联机	162
[illegible]01045513400	宋丽萍	SONG LIP	#51	16:26:26	55,900.00	99	01	56,071.56	2011-02-10	00156861	4089613	01	00	联机	161
[illegible]01045513400	宋丽萍	SONG LIP	#120	16:34:05	55,900.00	99	01	171.56	2011-02-10	00155652	4080355	88	88	联机	162
[illegible]01045513400	宋丽萍	SONG LIP	#120	14:34:05	10.50	99	01	160.86	2011-02-10	00155853	4080355	88	88	联机	162
[illegible]01045513400	宋丽萍	SONG LIP	#51	16:40:08	80.10	99	01	80.76	2011-02-12	00119646	4089613	01	00	联机	162
[illegible]01045513400	宋丽萍	SONG LIP	#51	16:50:42	8,200.00	99	01	8,280.76	2011-02-13	00103652	4089613	01	00	联机	161
[illegible]01045513400	宋丽萍	SONG LIP	#120	16:54:16	8,200.00	99	01	80.76	2011-02-13	00103653	4080355	88	77	联机	162
[illegible]01045513400	宋丽萍	SONG LIP	#120	14:54:16	5.50	99	01	75.26	2011-02-13	00103654	4080355	88	77	联机	162
[illegible]01045513400	宋丽萍	SONG LIP	#51	15:16:09	10,000.00	99	01	10,075.26	2011-02-25	00149713	4089615	01	00	联机	161
[illegible]01045513400	宋丽萍	SONG LIP	#51	15:18:02	10,000.00	99	01	20,075.26	2011-02-25	00149714	4089615	01	00	联机	161
[illegible]01045513400	宋丽萍	SONG LIP	#120	15:49:46	20,000.00	99	01	75.26	2011-02-25	00149715	4080355	88	77	联机	162
[illegible]01045513400	宋丽萍	SONG LIP	#120	13:49:45	10.50	99	01	64.76	2011-02-25	00149716	4080355	88	77	联机	162
[illegible]01045513400	宋丽萍	SONG LIP	#51	15:54:46	8,000.00	99	01	8,064.76	2011-03-03	00129635	4089615	01	00	联机	161
[illegible]01045513400	宋丽萍	SONG LIP	#51	16:08:21	2,000.00	99	01	6,064.76	2011-03-03	00129636	4089613	01	00	联机	162
[illegible]01045513400	宋丽萍	SONG LIP	#120	16:14:30	6,000.00	99	01	64.76	2011-03-03	00129637	4080355	88	77	联机	162
[illegible]01045513400	宋丽萍	SONG LIP	#120	14:14:30	5.50	99	01	59.26	2011-03-03	00129638	4080355	88	77	联机	162
[illegible]01045513400			52	00:00:00	0.15	00	01	59.41	2011-03-21	00000001	0000000	00	00	批量	130
[illegible]01045513400	宋丽萍	SONG LIP	#51	16:11:50	4,200.00	99	01	4,259.41	2011-03-28	00160160	4089615	01	00	联机	161
[illegible]01045513400	宋丽萍	SONG LIP	#120	16:15:47	4,200.00	99	01	59.41	2011-03-28	00160161	4080355	88	77	联机	162
[illegible]01045513400	宋丽萍	SONG LIP	#120	14:15:47	5.50	99	01	53.91	2011-03-28	00160162	4080355	88	77	联机	162
[illegible]01045513400	宋丽萍	SONG LIP	#51	13:55:43	5,000.00	99	01	5,053.91	2011-04-17	00107360	4089613	01	00	联机	161
[illegible]01045513400	宋丽萍	SONG LIP	#120	13:59:50	5,000.00	99	01	53.91	2011-04-17	[illegible]	4080355	88	77	联机	162
[illegible]01045513400	宋丽萍	SONG LIP	#120	11:59:50	5.50	99	01	[illegible]	2011-04-17	[illegible]	4080355	88	77	联机	162
[illegible]01045513400	宋丽萍	SONG LIP	#51	17:07:32	4,200.00	99	01	[illegible]	2011-04-18	[illegible]	4089613	01	00	联机	161
[illegible]01045513400	宋丽萍	SONG LIP	#120	17:11:55	4,200.00	99	01	[illegible]	[illegible]	[illegible]	[illegible]	88	77	联机	162
[illegible]01045513400	宋丽萍	SONG LIP	#120	15:11:55	5.50	99	01	[illegible]	[illegible]	[illegible]	4080355	88	77	联机	162
[illegible]01045513400	宋丽萍	SONG LIP	#51	10:28:21	8,000.00	99	01	8,042.[illegible]	2011-04-26	[illegible]	4089615	01	00	联机	161
[illegible]01045513400	宋丽萍	SONG LIP	#51	16:04:52	8,000.00	99	01	42.91	[illegible]	00141753	4089613	01	00	联机	162
[illegible]01045513400	宋丽萍	SONG LIP	#51	04:01:37	10,000.00	99	01	10,042.91	2011-05-05	00136014	4089613	01	00	联机	161
[illegible]01045513400	宋丽萍	SONG LIP	#120	04:01:51	10,000.00	99	01	42.91	2011-05-05	00136015	4080355	88	77	联机	162
[illegible]01045513400	宋丽萍	SONG LIP	#120	04:01:51	5.50	99	01	37.41	2011-05-05	00136016	4080355	88	77	联机	162
[illegible]01045513400	宋丽萍	SONG LIP	#51	17:03:28	7,400.00	99	01	7,437.41	2011-05-24	00130993	4089613	01	00	联机	161
[illegible]01045513400	宋丽萍	SONG LIP	#120	17:07:31	7,378.90	99	01	58.51	2011-05-24	00130994	4080355	88	77	联机	162
[illegible]01045513400	宋丽萍	SONG LIP	#120	15:07:31	5.50	99	01	53.01	2011-05-24	00130995	4080355	88	77	联机	162

21.193.224.13:8686/HDS/Include/Dp/SAVHisByBkNum.jsp?edat=20121009&sdat=20090101&bok... 2012-10-9

3. 证明

√ 43

证　　明

经查宋丽萍（男）刘玉茨（女）于 1998 年 2 月 13 日在闸北区民政局登记结婚，编号为 98 闸结字第 431 号。

闸北区婚姻登记处

201[illegible]年 5 月 9 日

4. 结婚登记申请书

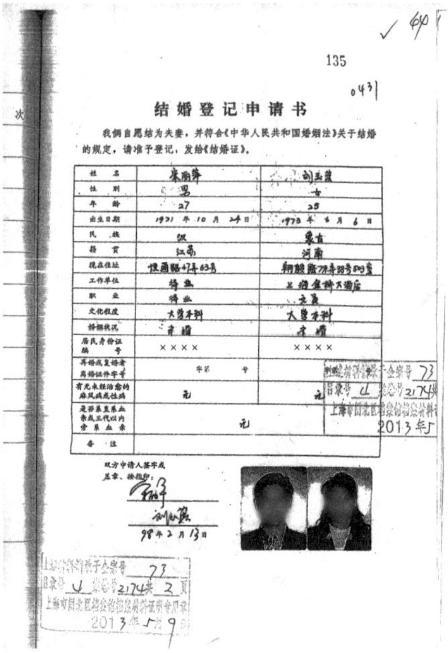

135

0431

结婚登记申请书

我俩自愿结为夫妻，并符合《中华人民共和国婚姻法》关于结婚的规定，请准予登记，发给《结婚证》。

姓名	朱丽莽	刘玉霞
性别	男	女
年龄	27	25
出生日期	1971年10月24日	1973年6月6日
民族	汉	蒙古
籍贯	江苏	河南
现在住址	恒丽路47弄63号	朝阳路778弄38号503室
工作单位	待业	兰州金都大酒店
职业	待业	文员
文化程度	大学本科	大学本科
婚姻状况	未婚	未婚
居民身份证编号	××××	××××
再婚或复婚者离婚证件字号	字第　号	
有无未经治愈的麻风病或性病	无	无
是否系直系血亲或三代以内旁系血亲	无	
备注		

双方申请人签字或盖章、按指印：

98年2月13日

5. 审查处理结果

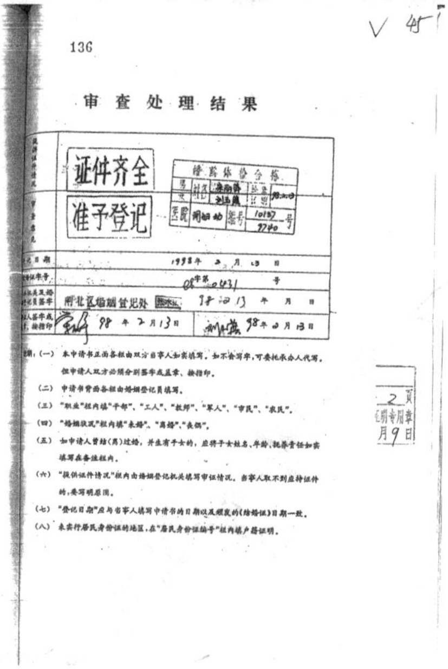

136

审查处理结果

提供证件情况	证件齐全
审查意见	准予登记
登记日期	1998年2月13日
结婚证字号	字第0431号
登记机关及婚姻登记员签字	闸北区婚姻登记处　98年2月13日
双方申请人签字或盖章、按指印	98年2月13日　98年2月13日

说明：（一）本申请书正面各栏由双方当事人如实填写。如不会写字，可委托承办人代写。但申请人双方必须分别签字或盖章、按指印。

（二）申请书背面各栏由婚姻登记员填写。

（三）"职业"栏内填"干部"、"工人"、"教师"、"军人"、"市民"、"农民"。

（四）"婚姻状况"栏内填"未婚"、"离婚"、"丧偶"。

（五）如申请人曾结（离）过婚，并生有子女的，应将子女姓名、年龄、抚养责任如实填写在备注栏内。

（六）"提供证件情况"栏内由婚姻登记机关填写审证情况。当事人取不到应持证件的，要写明原因。

（七）"登记日期"应与当事人填写申请书的日期以及颁发的《结婚证》日期一致。

（八）未实行居民身份证的地区，在"居民身份证编号"栏内填户籍证明。

6. 证人证言

证人证言

证人自然情况：王大伟，男，汉族，1984年10月10日出生，住址辽宁省康平县经济技术开发区孟家窝堡村1组234号，身份证号：×××××××××××。

证人自述：我是被告王清的侄子，她是我姑姑。我想证明被告王清和第三人宋励是恋爱关系。我曾经和宋励还有我姑姑一起在沈阳吃过饭喝过酒，时间大概是在2011年和2012年，具体日子记不住了，听宋励亲口说他们两个是恋爱关系，宋励经常给我姑姑生活费。我知道当时我姑姑没有工作，宋励说每月能给我姑姑万把千块钱生活费吧。其他的我就不知道了，以上说的都属实，如果做伪证，我愿意承担法律责任。

王大伟（签字）

2013年5月17日

说明：（1）仅限于给定证据，即“证据固定原则”，不得使用自行调取的证据，也不得申请法院调取证据；（2）在质证时，不能对证据的真实性提出异议，但可以对证据的证明力和关联性提出自己的看法；（3）对于原告诉求的第三人已经给付被告31.8万元，该标的金额和给付完毕的事实，规定被告自认。

问题：

1. 如果你是原告的律师，如何助其胜诉？同时准备诉讼所需要的全部文件、证据以及其他有关材料（除提交法院的法律文件外，还要撰写案情分析报告、诉讼策略方案、举证质证预案、第二轮辩论预案与观点）。

2. 如果你是被告的律师，如何助其胜诉？同时准备诉讼所需要的全部文件、证据以及其他有关材料（除提交法院的法律文件外，还要撰写案情分析报告、诉讼策略方案、举证质证预案、第二轮辩论预案与观点）。

3. 如果你是第三人的律师，确定怎样的诉讼立场，拟定怎样的诉讼方案，以此为基础准备所有的诉讼文件和证据材料。（除提交法院的法律文件外，还要撰写案情分析报告、诉讼策略方案、举证质证预案、第二轮辩论预案与观点）

4. 如果你是法院法官，请做好立案阶段、庭前准备阶段、法庭调查阶段、法庭辩论阶段的准备工作以及相应材料。

三、实训准备

1. 分小组和角色：教师按照学生人数的多少，将学生分成若干小组，并确定每名学生扮演的诉讼角色。

2. 基础准备：阅读《民事诉讼法》教材中有关民事第一审程序开庭审理的理论知识，掌握《民事诉讼法》《最高人民法院关于适用〈中华人民共和国民事诉讼法〉的解释》中有关开庭审理的规定，《最高人民法院关于民事诉讼证据的若干规定》及与配套相关的司法文件、批复，尤其要熟练运用《最高人民法院关于人民法院合议庭工作的若干规定》。

3. 针对性的文献检索：根据具体的实训素材，尽量发现与实训素材相关的法律、行政法规以及有关司法解释、批复等，注意要从原告、被告、法院法官三个不同角度为法庭辩论阶段做好案头工作，为正确适用法律做好针对性准备。

4. 书面报告：在认真研读证据材料之后做好如下工作：一是分析每一份证据材料与待证事实之间的关系。二是设计举证、质证、律师发问、法官询问的预案，推定出可能认定的法律事实。三是梳理己方在法律适用上的基本观点，以及对方可能提出的反驳观点。以上内容需以书面形式提交报告。同时，根据扮演角色的不同，准备相应的法律文书或者书面材料，包括举证方的证据目录、质证方的质证提纲、律师的发问提纲、法官的询问提纲、第一轮辩论代理词、第二轮辩论的预案等。

四、实训要点

（一）法庭辩论的基本程序

法庭调查的重点在于查清事实，核实证据，而法庭辩论虽然兼有法庭调查的功能，但其侧重点在于对案件的法律适用问题进行梳理。法庭辩论是双方观点交锋最生动和最集中的部分。当事人及其诉讼代理人针对法庭调查阶段审核的事实和证据，围绕案件争议焦点，互相进行口头辩论，争取合议庭作出有利于自己的裁判。

法庭辩论按照下列顺序进行：（1）原告及其诉讼代理人发言；（2）被告及其诉讼代理人答辩；（3）第三人及其诉讼代理人发言或答辩。在实践中，法官一般将法庭辩论设置为两轮，第一轮辩论是由当事人各方对法庭调查期间的举证和事实证明情况发表总结性意见，并详细阐述己方所认为应当适用的法律；第二轮一般由各方针对前一轮的辩论意见进行针对性的辩驳发言。

1. 第一轮辩论

律师在法庭进行的第一轮辩论的内容往往可以在庭前预先准备。也就是说，律师要对可能需要阐述的问题进行梳理，拟定发言提纲，应当说在第一轮辩论中如果想要中规中矩并不困难，关键是如何能够成功发表第一轮的辩论意见，这就需要注意以下要点：

（1）案件事实的总结要清晰简略。律师在法庭辩论阶段的发言主要应阐明自己对于法律适用问题的意见，一般不要重复自己在法庭调查阶段对事实问题的陈述。但有时由于法庭调查阶段通过举证、质证对于案件事实的证明不够完整、连贯，律师也可以为了展示案件全貌对案件进行简要阐述，但切勿在法庭辩论中对案件事实进行过多陈述，使得辩论拖沓冗长。

（2）法律适用的阐述要深入具体。律师在法庭辩论中的主要任务是要阐明案件的法律适用问题。对于法律适用的辩论，不是简单地说明案件应适用哪部法律的哪条哪款，而是对法律适用的分析必须以案件的事实为依据，且对适用该法律的原因进行深入具体分析，以便具有说服力。

例如，原、被告系姐妹。2016 年 4 月，姐姐委托妹妹购买位于山东省某市的一处房屋及车库，由于姐姐身在国外，为办理手续方便，姐妹二人约定房屋暂时以妹妹名义购买，房产证下来后再过户给姐姐。后姐姐共向妹妹支付房款、车库款及装修费 150 万元。房产证下来后，姐姐要求妹妹将房屋变更登记至自己名下，妹妹拒绝。姐姐诉至法院，要求确认上述房屋及车库属于其所有。在法庭辩论过程中，姐姐的代理律师结合案件的事实指出本案不能完全按照不动产的登记制度来处理，其实质的法律关系是借名购房，并从双方合意的过程及原告的出资等情况进行了分析。

2. 第二轮辩论

第二轮辩论是在第一轮辩论的基础上进行补充。律师的第一轮辩论内容往往可以通过预判而做提前准备，但第二轮辩论的内容都是律师针对第一轮辩论进行临场发挥的，是以针对性的辩论为主。因此，应当指出对方所提观点中不符合事实和法律的观点。第二轮辩论的关键就是要认真倾听对方在第一轮辩论中的发言，敏锐地捕捉对方发言中的破绽，并予以必要的辩驳。在实践中，有的律师不注意倾听对方的意见，殊不知，在他们的漫不经心中，对方在庭审中露出的破绽被忽略了，对方的观点已被法官们默默采纳了。因此，律师在整个庭审过程中，都应当全神贯注，在认真倾听和观察中敏锐地捕捉对方发言中的破绽，有针对性地找准自己的进攻方向。切勿忽视对方的发言，更不能轻易地放弃反驳。

当然，如果在第一轮辩论结束后，一方认为对方确实没有提出具有挑战性的辩论意见，也可以放弃第二轮辩论的发言机会。

（二）法庭辩论的技巧

法庭辩论技巧是指各方当事人及其代理人在庭审诉讼活动中，为保护己方的合法权益，达到预期目的或效果，在依据事实和法律的基础上，就自己的诉讼主张所作出的全盘计划和实施的方式、方法及谋略。对律师业来讲，亦称“庭辩艺术”。

对律师来说，法庭辩论的范围非常广泛，既有证据效力上的分歧，亦有法律适用上的争议；既有实体法上的分歧，也有程序上的争议……常言道：“事实胜于雄辩”，但事实得益于雄辩。在司法实践中，即便有了事实和法律，也并非都能使律师辩论获得成功，这就要求律师充分施展自己的辩才和谋略。在法庭进入辩论阶段，各方之间或针锋相对，或避实就虚，或出其不意，或攻其不备，或迂回包抄，以退为进。此时，一方律师如不讲究“战术”，不懂得辩论技巧，就难以沉着地依据事实和法律发表辩论意见，更无法巧妙地应付辩论中出现的新情况，以实现运筹方略的要求。事实上，虽有好的辩论方案，但临庭辩论时因不能把握时机，不善于采取相应的对策，使本已掌握的“铁证如山”的事实因没能发挥作用而导致辩论失利的现象屡见不鲜。由此可见，论辩艺术在律师业务活动中占有的地位是十分重要的，它既是律师业务才能和智慧的集中体现，又是品评律师办案质量及其称职与否的标准尺度。因此，本书有必要对律师在庭审辩论中的有关技巧问题加以研究和探讨，以适应庭审方式改革的需要，充分发挥律师在庭审辩论中的重要作用。

1. 基本功与操作技巧

人的思维只有通过表达，才能发挥影响他人的作用。表达的好坏取决于表达的内容，但表达技巧也是表达成功与否的关键所在。一位称职的律师，不仅要有出色的文字组织能力，还应具有准确、简洁、清楚、生动的语言表达能力。

（1）文字表达技巧。综合案情，理顺辩论思路，写好代理词，是每一位律师在庭前必做的基础工作。材料的组织必须做到：字斟句酌，用词准确；语句流畅，合理布局；篇章衔接，环环相扣；结构严谨，条理清楚；重点突出，详略恰当。

（2）语言表达技巧。纵观每位成功的律师，在出庭代理时，都具有驾驭、支配辩论形式的能力。庭审制度改革为每位律师在这方面能力的发挥提供了广阔的空间。在庭审辩论中，律师应当做到：①脱稿，并善于把前言说好。在设计这方面的语气和选择言词时必须达到的效果是：立即抓住整个法庭的注意力；传达案件的严重性或表现出对本案的真诚；表明对本案的信心。②控制语速、吐字清晰。有了好的辩论内容，还需有好的表达方式。律师在庭审辩论时，应做到口齿清楚，发音准确，音调和谐，快慢适度。力争达到声调上的抑扬顿挫，以提高论辩感染效果。③善于入情入理。语言可以伤人，也可以感人。用辩论语言伤人，对于律师职责来说则是不道德的。但律师的辩论语言以情感人，则是可取的。律师使用这一语言情感时，必须注意以下几个问题：具体案件的辩论语言和感情色彩，要有与案情相适应的基调，绝不能带有当事人的感情色彩。律师操作的情感就是经过理智语言处理过的辩论情感、法律语言情感。情感措辞应是发而不露、放而不纵、委婉、曲折、含蓄的中性语言。

（3）形象技巧。除了文字表达、语言表达技巧外，律师还应具有良好的体态语言表达技巧。有声与无声、语言与体态的融合统一，才能体现律师精湛的表达能力。①柔中有刚，举止大方。律师在庭审辩论中要有风度，有气魄，不卑不亢，不趾高气扬，在辩论得势时，不忘乎所以，轻视对方；在辩论失利时，不惊慌失措，手忙脚乱。发言必须权衡，切不可轻率发表无准备、无水平的言辞。在任何情形下，律师都应举止大方，沉稳有序，言而有据。律师应具有刚柔并济、以静制动、以稳求成的形象。②善于控制情绪。古语说："兵无常势，水无常形。"法庭辩论情况也常常如此。律师在庭审中可能遇到事先没有预料到或已预料到的非正常阻碍、干扰、发难等情况，这就要求律师控制自己的情绪，怒而不暴跳如雷，惊却能不露声色，即刻采取有效措施，平息、安定、排除意外，做到应变自如，稳中求胜。

2. 谋略及具体运用

（1）先声夺势法。此法系法庭辩论一方对另一方可能提出的问题避而不谈，而对己方极有利的问题，先在论辩发言中全面论证，以达到先入为主，争取主动的庭辩战术。在实践中，律师应用此法在庭审前应做好充分准备，且在庭审调查阶段对己方不利的事实、证据逐一认定。然后根据事实和证据，针对对方不正确的观点主动反驳，以期掌握辩论主动权，夺取制高点，使对方陷入被动。

（2）避实就虚法。在庭审辩论中，对方的弱点往往是对方力求回避的地方，甚至对方会采用偷换论题、偷换概念、答非所问的方式，企图达到转移己方视线，扰乱视听的目的。因此，律师运用此法首先善于抓住对方之"虚"，选择其薄弱环节连连进攻，一攻到底，直到把问题辩论清楚为止。

（3）设问否定法，又称舌战偷渡法。律师使用该法在设问时要根据辩论的目的深藏不露，绝不能让对方察觉设问的真正意图。尤其是第一问，一定要让对方在尚未了解发问意图的情况下予以回答，只要回答了第一个问题，下个问题就由不得他不回答了。等到对方自觉难以自圆其说时，后悔也来不及了。这种使对方处处被动、自打嘴巴的战术，不失为一种极有效的辩论手段。其结果只能是让对方在不自觉中接受律师（或设问方）的观点，出其不意而辩胜。

（4）间接否定法。间接否定法是指在辩论中不直接把矛头指向对方，而是若无其事地将辩论对手的错误观点搁在一旁，郑重地从正面提出自己的独特见解，并充分论证。运用此法应注意两点：一是己方所持观点应与对方所持观点势不两立。二是己方观点应有理有据，绝不能牵强附会，哗众取宠。

（5）示假隐真法。示假隐真法是指先举与本案无关的事实证据，运用掩盖真相或本意的语言技巧，使对方产生错觉，然后出其不意，突然出击，拿出己方真实有利的证据或观点，致对方于被动、措手不及的庭审辩术。现今“当庭举证，当庭质证”的庭审方式，无疑为这一辩术提供了广阔的空间。

（6）以退为进法。它是形式逻辑的归谬法在法庭辩论中的使用。己方先将对方提出的论题（或观点）假设为真，然后从这个假设为真的命题推导出一个或一系列荒谬的结论，从而得出原论题为假的辩论方法。此法是一种辩论性、反驳性很强的法庭辩论方法，因而推导得出的必然性结论，容易被接受，从而获得较好的辩论效果。

（7）后发制人法。兵战和舌战之间有许多共同规律。兵战中的战略战术，也可以用作辩论的对策。先发制人可以产生优势；后发制人则可以变被动为主动。由于后发，己方可以知道对方的基本观点，发现矛盾和弱点，然后以自己掌握的材料有针对性地集中反驳，有时可以导致对方措手不及。运用时应掌握：一是暂避锐气，不仓促应战。二是精听细解，等待时机。三是抓住破绽，全力反攻。

3. 最大限度地利用终局辩论

庭审辩论时间是十分宝贵的。当相互辩论接近尾声时，律师作为辩论一方必须具有控制收场的能力。通常做法是：（1）提出要求。当对方在整个辩论中已受到辩论的影响，此时提出合理的要求，对方容易接受，也易为法庭认可，以促成双方和解结案。（2）提出问题。以提出问题为结尾，进一步深化自己的辩论主题，让审判人员去甄别和思考。（3）概括主题。用简洁明了的语气将自己辩论的全部内容概括成几句话，易加深审判人员对己方辩论观点的印象。

当然，在法庭辩论最后阶段，如发现对方纠缠不休、死不认账等情况，律师作为一方辩者还应掌握善于拒绝无味辩论的技巧。所谓拒绝无味的辩论，一是不重复说，二是当对方对一些无碍案件处理的枝节问题揪住不放时，则应采取“对这个问题不予辩论”或“发言到此结束”的办法。这种近乎沉默不辩的方式，不仅在一定时机和法庭上有巨大的震慑力，而且在辩论技巧上戛然而止，干脆有力，听上去似乎退了一步，实质上却是进了两步。

最后陈述是法庭审理中的最后一个阶段，代理律师这“最后”几句话往往成为打动法官的关键。最后陈述最好表达可以引起法官情感共鸣，希望对案件公正、及时处理等内容，但一般均无固定模式，只是切忌再像发表辩论意见一样对于案件事实及适用法律等进行重复性的表达，力求以最精简的语言将表达的意思传递出来。

五、实训过程

（一）准备阶段

1. 通过具有保密措施的方式，分别与原告小组、被告小组、第三人小组进一步梳理给定案例的基本事实，完善各自的诉讼方案。

2. 通过具有保密措施的方式，分别与原告小组、被告小组、第三人小组进一步研读证据，完善民事起诉状、民事答辩状、证据目录和质证提纲、代理词，并做好第二轮辩论的预案、梳理主要观点。

3. 通过具有保密措施的方式，与合议庭成员归纳争议焦点和完善法庭询问的提纲，梳理开庭审理的全部流程，做好临场应变的预案。

（二）第一轮实训

合议庭小组、原告小组、被告小组、第三人小组共同模拟完成开庭审理的全过程，即在审判长主持和合议庭指挥下，由原告方、被告方、第三人方分别完成下列内容：

1. 原告陈述、被告答辩、第三人陈述；
2. 原告、被告、第三人分别举证、质证；
3. 法庭询问；
4. 法庭归纳争议焦点；
5. 第一轮辩论；
6. 第二轮辩论；

7. 法庭调解；

8. 最后陈述。

（三）休庭备训

合议庭小组、原告小组、被告小组、第三人分别针对第一轮实训中各方的优点、缺点，调整、修改各自的诉讼方案及诉讼材料。

（四）第二轮实训

合议庭小组、原告小组、被告小组再次模拟完成开庭审理的全过程。（如果学生人数较多，可以更换另外的原告小组、被告小组、合议庭小组完成第二轮实训）

六、实训点评

（一）角色自我点评（略）

（二）旁听学生点评（略）

（三）指导教师点评

1. 对原告小组的实训点评

（1）事实梳理和认定：①本案存在几个法律关系，如何定性；②从原告角度来看，哪个法律关系不利于原告，哪个法律关系不利于被告，以此为基点划定己方战场，扬长避短；③起诉状是否表明观点，现场陈述是否简单明了，是否保留足够的回旋空间。

（2）证据的利用：①每一份证据与本案的关联性如何，证明力是否充分；②己方提供的证据是否有被对方利用的可能性，是否做好预案；③法律依据是否充分、确凿；④证据目录和质证提纲的制作是否规范，证明对象的表述是否准确、充分、有针对性。

（3）律师发言和发问：①发言和发问的法言法语是否规范、准确；②发言和发问的时机是否恰到好处；③发言和发问的内容是否有针对性；④发言和发问的设计是否巧妙。

（4）诉讼方案的设计：①是否有胜诉的关键点；②是否有相应的法律依

据；③若不存在相应的法律依据，如何应对。

（5）第一轮辩论（包括代理词的撰写）：①事实梳理是否全面、准确、有效，为后续的辩论观点奠定基础；②法律依据是否确凿、充分，为法官采纳己方观点提供支持；③逻辑思维是否清晰，语言表达是否流畅，法律论证是否严密；④法律职业人的风度、举止是否得体，法律职业素养是否深厚。

（6）第二轮辩论：①是否针对对方的第一轮辩论观点，提出反驳意见；②提出的反驳意见，是否有充分的事实依据和有效的法律根据；③临场应变是否沉着、机敏，团队协作、配合是否默契、融合度如何。

2. 对被告小组的实训点评（基本同上）

3. 对第三人小组的实训点评

（1）第三人的诉讼地位是否正确。

（2）其他同对原告小组、被告小组的实训点评。

4. 对法官小组的实训点评

（1）法律关系认定：①争议焦点的归纳是否完整、准确；②是否给予原告、被告充分的发挥空间。

（2）对举证、质证、认证的把握：①对当事人的举证、质证是否进行必要的释明；②认证方法是否恰当；③认证结论是否正确，有无法律依据。

（3）庭审驾驭技巧：①庭审流程是否完整、节奏是否流畅；②合议庭成员的法言法语是否规范、准确；③面对突发情况，是否有预案，发挥如何。

七、实训文书

1. 代理词

代理词

尊敬的审判长、审判员：

作为被告姜××的委托代理人，本人参加了原告上海××电缆（集团）有限公司与被告姜××买卖合同纠纷一案的庭审，对案件事实有了进一步的了解，特发表如下代理意见：

一、关于原、被告履约中采用的送货、签收、结算方式的问题

原、被告对于××年6月20日签订的合作经销合同第五条、第六条以及两份分支合同第五条中关于送货、付款方式的规定，均无异议。合同签订后，原被告也是依照上述约定履行了各自的义务：首先，原告按照被告的指示，将货物送至指定地点由施工方收货人签收发货单。其次，原告回传发货单据以此同被告结算货款。最后，被告再凭原告交回的发货单同开发商结算货款。不难发现，原、被告的结算与被告与开发商的结算之间存在利润差，对此原、被告之间是有共识的，并通过约定特殊的送货、签收和结算方式得以实现。为此，原告为了向被告表明双方的实际交易金额以及计算返点款之用，又特意制作一份与发货单的货物名称、规格相同的送货单交与被告，结算时发货单和送货单合并使用计算出应收账款。因此，仅有送货单既不是事实上的收货证明，也不是结算凭证，不能单独作为应收账款的证据。原告只有同时提供发货单和送货单并合并使用，才具有证明应收账款的效力，才能据以结算货款，在被告结清货款后原告须交回回传的发货单。可见，原、被告之间这种特殊的送货、签收、结算方式是依照双方合同的约定并在实际履行中切实使用的习惯做法，符合《最高人民法院关于适用〈中华人民共和国民法典〉合同编通则若干问题的解释》第二条关于"交易习惯"的法律规定，应当予以确认。

二、关于××年6月20日之前的货款

原告提供了39张送货单，但并未提供发货单，扣除1张被告无签字、3张无原件之后，计为35张。而被告恰好提供了35张发货单。本应由原告持有的发货单已交回被告，这说明被告已经据实付清货款。

原告提供的送货单中有3张共计1万余元没有姜××的签字，但是其与被告结算时提供了发货单，于是被告在原告提供的送货单上标明了"欠未付　江南"的字样。这可以说明两个问题：一是送货单不是收货凭证和结算凭证；二是原被告对6月20日之前货款进行过结算，结算的数额恰好与原告承认的欠款金额相符。

三、关于两份分支合同的货款

原告提供了2张送货单，但并未提供发货单。而被告恰好提供了2份共7张发货清单。本应由原告持有的发货单已交回被告，这说明被告已经据实付清分支合同的货款。

四、关于6月20日之后的货款

原告提供了46张送货单，但并未提供发货单。而被告提供了42张发货单。本应由原告持有的发货单已交回被告，这说明被告已经对其中42笔据实付清货款，只有4笔共计10余万元未付。

五、关于补充协议和房产证的辅助证明效力

原告已经按补充协议的约定给付被告返点款67 000元，这与原告起诉请求的总交易额650万余元基本吻合，可辅助证明被告已结清货款。此外，曾用于货款抵押的房产证，本应由原告持有，现已返还我方，亦可辅助证明被告已结清货款。

委托代理人：辽宁××律师事务所

律师：李××

××××年12月17日

2. 民事调解书

沈阳市××区人民法院

民事调解书

［××］沈××民三初字××号

原告于××，男，××××年××月××日出生，汉族，住沈阳市××区××街××号××室。身份证号码210××××××××××××××××。

被告沈阳××机械有限公司，住所地为沈阳市××区××街××号。

法定代表人关××，系该公司经理。

被告沈阳市××钢管有限公司，住所地为沈阳市××区××街××号。

法定代表人许××，系该公司经理。

被告关××，男，××年××月××日出生，汉族，住沈阳市××区××镇××村××组××号。身份证号码210×××××××××××××××。

被告许××，男，××××年××月××日出生，汉族，住沈阳市××区××街××号××栋××室。身份证号码210×××××××××××××××。

原告于××诉被告沈阳××机械有限公司、沈阳市××钢管有限公司、关××、许××借款合同纠纷一案，本院受理后，依法由代理审判员×××独任审判，公开开庭进行了审理。

本院在审理过程中，经本院主持调解，双方当事人自愿达成如下协议：

一、被告沈阳××机械有限公司于××××年12月24日前一次性给付原告于××借款本金1500000元、利息600000元，被告沈阳市××钢管有限公司、关××、许××对该借款承担连带责任。

二、其他无纠纷。

案件受理费21675元，减半收取10837元，由被告沈阳××机械有限公司承担。

双方当事人一致同意本调解协议的内容，自双方当事人在本调解协议上签字或捺印后即具有法律效力。

上述协议，不违反中华人民共和国有关法律规定，本院予以确认。

本调解书经双方当事人签收后，即具有法律效力。

代理审判员　×××

××××年11月25日

本件与原本核对无异　（院印）

书记员　×××

3. 民事判决书

××市××区人民法院
民事判决书

（××）××民二初字第256号

原告××市××××开发公司（以下简称开发公司），住所地为××市铁花里10号。

法定代表人刘××，系开发公司总经理。

委托代理人冯××，××律师事务所律师。

被告张×，男，1950年3月4日生，汉族，××市××研究所工人，住××市胜棋路20号。

原告开发公司与被告张×房屋拆迁一案，本院受理后，依法组成合议庭，公开开庭进行了审理。原告开发公司的委托代理人冯××和被告张×到庭参加诉讼。本案现已审理终结。

原告开发公司诉称，1991年对被告原住本市西街10号拆迁时，因被告无房过渡，遂将本市小园第1、2号过渡房安排给被告过渡，现被告早已搬入新居，故诉请被告立即腾让过渡房并赔偿损失费1.5万元。

被告张×辩称，现虽住进了安置房，但因安置房的产权证书和拆迁遗留问题未解决，故未腾让过渡房，原告将上述问题解决并赔偿损失3万元后，立即腾让过渡房。

经审理查明，1991年原告下属×××指挥部对被原住本市西街20号住房进行了拆迁并于1992年5月4日与被告订立拆迁补偿协议。之后，因被告无房过渡，该指挥部于1992年5月10日将本市小园第1、2号过渡房提供给被告过渡。1994年被告的安置房交付使用后，因安置房的产权问题及被告的尚有少量拆迁住房的补偿未能解决等，被告未能腾让过渡房。原告经催要未果遂诉请被告立即迁让过渡房并赔偿损失1.5万元。被告应诉后，要求原告先解决安置房的产权证及拆迁遗留问题并赔偿损失3万元。原、被告各执己见，不能达成一致意见。

上述事实，有双方当事人陈述及补偿安置协议书等书证证实。

本院认为，被告住进安置房后理应腾让过渡房，故原告要求被告腾让过渡房的请求应予支持。被告以未办理安置房的产权证等为由，不腾让过渡房的主张，不予支持。被告未腾让过渡房引起纠纷，应负主要责任，故其要求原告赔偿损失的请求不予支持；原告未及时解决与拆迁相关的问题，亦有一定的责任，故对其要求被告赔偿损失的请求亦不予支持。为此，依照《中华人民共和国民法典》第三条之规定，判决如下：

被告张×应于本判决生效后5日内腾让本市小园第1、2号过渡房，交原告开发公司。

本案受理费50元，其他诉讼费用100元，由张×负担。

如不服本判决，可在判决书送达之日起15日内向本院递交上诉状，并按对方当事人的人数提出副本，上诉于××省××市中级人民法院。

审判长　刘××

审判员　李××

审判员　管××

××××年×月×日

本件与原本核对无异

书记员　万××

八、实训法律法规

1.《中华人民共和国民事诉讼法》第137—159条。

2.《最高人民法院关于适用〈中华人民共和国民事诉讼法〉的解释》第226—314条。

3.《最高人民法院关于民事诉讼证据的若干规定》。

4.《民事案件普通庭审程序操作规程》。

5.《最高人民法院关于人民法院合议庭工作的若干规定》。

附：实训拓展

一、思考题

（一）当事人基本情况

原告：冯某某，男，汉族，1982 年 10 月 15 日出生，住址为辽宁省开原市开原大街 123－4 号楼 1234 室，身份证号码：××××××××××××××××××。

被告：中国银行股份有限公司沈阳铁西支行，住址为铁西区兴顺街 92 号。

案由：储蓄合同纠纷。

（二）案情简介

××××年 3 月 2 日，原告在被告处办理了一张银行储蓄卡，卡号为 1234567890，该卡上有银联标志，允许跨行取款。××××年 8 月到 9 月间，犯罪分子通过在 ATM 机上安装盗码器等手段，盗取了原告的银行卡密码并复制了原告的银行卡，××××年 10 月 16 日，犯罪分子将原告卡上的存款人民币 18036 元盗走，且未返赃。

原告诉称：××××年 3 月 2 日，原告在被告处办理了一张银行储蓄卡，卡号为 1234567890，该卡上有银联标志，允许跨行取款。××××年 8 月到 9 月间，犯罪分子通过在 ATM 机上安装盗码器等手段，盗取了原告的银行卡密码并复制了原告的银行卡，××××年 10 月 16 日，犯罪分子将原告卡上的存款人民币 18036 元盗走。被告有义务保障原告存款的安全，而被告作为金融机构，提供的卡不具备唯一性，导致原告存款的丢失，因此应由被告赔偿其经济损失。

被告答辩称：××××年 7 月到 8 月间，犯罪分子通过在 ATM 机上安装盗码器等手段，盗取了原告的银行卡信息，并于××××年 10 月 16 日到邮政储蓄的 ATM 机上取走了原告的存款，目前该刑事案件已经破获，可以证明中国银行不是实际侵权人，原告应通过刑事追赃的程序挽回损失，中国银行在履行合同过程中并无过失，即便需要中国银行承担赔偿责任，也应当适当减轻，如果本案确需我方承担责任，因中国银行不是实际侵权人，请求法院对中国银行追偿权一并确认。

问题：

1. 如果你是原告的律师，如何助其胜诉？同时准备诉讼所需要的全部文件、收集证据以及其他有关材料。

2. 如果你是被告的律师，如何助其胜诉？同时准备诉讼所需要的全部文件、收集证据以及其他有关材料。

3. 如果你是法院法官，请做好立案阶段、庭前准备阶段、法庭调查阶段、法庭辩论阶段的准备工作以及相应材料。

二、知识拓展

1. 医疗事故损害赔偿纠纷案件的举证

（1）证明当事人主体资格的证据：①当事人为自然人的，应提交身份证明资料，如身份证或户口簿等。②当事人为法人或其他组织的，应提交主体登记资料，如工商营业执照副本或由工商登记机关出具的工商登记清单，社团法人登记证等。③当事人在诉争的法律事实发生后曾有变更的，应提交变更登记资料。④当事人为医疗纠纷中死者亲属的，应提交死者第一顺序继承人的证明及继承人基本情况的证明（包括户口卡、当地派出所证明等）。

（2）证明双方当事人民事法律关系成立的证据，如门诊、住院病历、医疗费发票等。

（3）证明损害的事实发生的证据：①医生诊断证明或伤残证明。②医疗事故鉴定委员会的鉴定报告或相关的医疗文献资料、医疗专家意见。

（4）因医疗行为引起的侵权诉讼，由医疗机构就医疗行为与损害结果之间不存在因果关系及不存在医疗过错承担举证责任。

（5）有具体诉讼请求的，应提交诉讼请求金额的计算清单。

2. 劳动合同纠纷案件的举证

（1）证明当事人主体资格的证据：①当事人为自然人的，应提交身份证明资料，如身份证或户口簿等。②当事人为法人或其他组织的，应提交主体登记资料，如工商营业执照副本或由工商登记机关出具的工商登记清单，社团法人登记证等。③当事人在诉争的法律事实发生后曾有变更的，应提交变更登记资料。

（2）证明双方当事人民事法律关系成立的证据，如劳动合同、工资单等。

（3）在劳动争议纠纷案件中，因用人单位作出的开除、除名、辞退、解除劳动合同、减少劳动报酬、计算劳动者工作年限等决定而发生劳动争议的，由用人单位负举证责任。

（4）应当提交仲裁裁决书、送达回证、不予受理通知书等证明具体诉讼请求已经仲裁，非经过仲裁处理的诉讼请求法院不予受理。

3. 道路交通事故损害赔偿纠纷案件的举证

（1）道路交通事故损害赔偿纠纷案件以向交警部门提交出具的道路交通事故损害赔偿调解终结书和道路交通事故损害赔偿责任认定书为前提。

（2）证明当事人主体资格的证据：①当事人为自然人的，应提交身份证明资料，如身份证或户口簿等。②当事人为法人或其他组织的，应提交主体登记资料，如工商营业执照副本或由工商登记机关出具的工商登记清单，社团法人登记证等。③当事人在诉争的法律事实发生后曾有变更的，应提交变更登记资料。④当事人为道路交通事故损害赔偿纠纷中死者亲属的，应提交死者第一顺序继承人的证明及继承人基本情况的证明（包括户口卡、当地派出所证明等）。⑤提交肇事车辆、受损车辆的所有人、实际支配人、驾驶人的证明及其相互关系的证件，如行驶证、驾驶证等。⑥提交肇事车辆、受损车辆购买当年第三者强制责任险的证明。

（3）证明双方当事人民事法律关系成立的证据：①提交交警部门出具的道路事故损害赔偿调解终结书。②提交交警部门出具的道路交通事故损害赔偿责任认定书。

（4）要求赔偿事项的证据：①人身受损的，提交医院出具的疾病证明书、出院证明书、转院证明书、鉴定部门出具的法医报告、医疗费发票、伤者误工工资证明（包括伤者与其单位签订的劳动合同、工资单、完税证明、扣发工资证明）、护理人员的工资证明（护理人员有单位的提供单位劳动合同、工资单、完税证明、扣发工资证明，没有单位的如个体工商户等提供收人证明)、残疾用具价格证明、供养人的基本情况证明、交通费住宿发票，等等。②财务受损的，提交财物损失的评估报告、维修发票。③提供诉讼请求中具体金额的计算方法和清单。

4. 名誉权纠纷案件的举证

（1）证明当事人主体资格的证据：①当事人为自然人的，应提交身份证明资料，如身份证或户口簿等。②当事人为法人或其他组织的，应提交主体登记资料，如工商营业执照副本或由工商登记机关出具的工商登记清单，社团法人登记证等。③当事人在诉争的法律事实发生后曾有变更的，应提交变更登记资料。

（2）证明侵权事实存在的证据：①被告侮辱、诽谤原告的证据，如有侮辱性语言或与事实不符的文章、大小字报、公开信件等。②文章内容涉及的事情真相的证据，如学历证明等。

（3）证明侵权事实与损害后果之间具有因果关系的证据，如单位处分、住院、门诊病历等。

（4）被告就法律规定的免责事由承担举证责任，被告应提供其所发表的文章等没有侮辱性语言或内容与事实相符的证据。

（5）有具体诉讼请求的，应提交诉讼请求金额的计算清单。

5. 产品责任纠纷案件的举证

（1）证明当事人主体资格的证据：①当事人为自然人的，应提交身份证明资料，如身份证或户口簿等。②当事人为法人或其他组织的，应提交主体登记资料，如工商营业执照副本或由工商登记机关出具的工商登记清单，社团法人登记证等。③当事人在诉争的法律事实发生后曾有变更的，应提交变更登记资料。④当事人为产品责任纠纷中死者亲属的，应提交死者第一顺序继承人的证明及继承人基本情况的证明（包括户口卡、当地派出所证明等)。

（2）证明双方当事人民事法律关系成立的证据，如原告因使用被告生产或经营的产品所受到的损失，如病历、被损毁物品的购物发票等。

（3）被告应当承担民事责任的证据：①致使原告人身、财产受到损害的是被告生产或经营的产品的证据，如购物发票等。②质检部门就被告生产或经营的产品的性能所作的鉴定结论等。

（4）因缺陷产品致人损害的侵权诉讼，由产品的生产者就法律规定的免责事由承担举证责任。

（5）有具体诉讼请求的，应提交诉讼请求金额的计算清单。

6. 离婚纠纷案件的举证

（1）证明当事人（原、被告）的诉讼主体资格的证据：①证明原、被告是夫妻关系的证所在，如结婚证、婚姻关系证明书、户口簿以及身份证。②如涉及构成事实婚姻的，应提交居委会或村委会出具的证明。③证明被告下落不明的，应提交被告住所地或经常居住地村委会、居委会或公安机关的证明。

（2）证明婚姻关系破裂的证据：①如涉及家庭暴力、应提交法医鉴定、提出证人。②如涉及吸毒、赌博行为的，应提交居委会或村委会或公安机关出具的证明；涉及行政处罚、刑事犯罪的，应提交处罚决定或判决书。③如涉及有重婚行为或有配偶与他人同居的，应提交上述行为相关的结婚证、子女出生证、居住证明、相片或居委会、村委会、公安机关的证明等证据。

因重婚、有配偶者与他人同居、实施家庭暴力、虐待家庭成员引起离婚的无过错方有权请求损害赔偿。

（3）证明由一方抚养子女为宜的证据：①证明一方经济状况良好的，应提交工资单或其他合法收入的证明，或提交有关居住情况的证明。②如涉及10周岁以上未成年子女的，应提交子女本人愿跟父或跟母生活的相关证据。

（4）证明婚姻关系存续期间有共同财产的证据：①证明有房产的，应提交房产证或购房合同、交款发票或出资证明。②证明有银行存款并申请法院调查的，应提交银行账号；证明有股票并申请法院调查的，应提交股东代码、资金账号；证明有车辆的，应提交行驶证、车牌号。③证明对方在公司拥有股权的，应提交该公司的工商登记情况、出资的证明等。④证明一方有债权债务的，除提交借据以外，必须有相关的证据佐证。⑤证明夫妻双方财产有约定的，必须提交协议书等相关的证据。⑥如申请法院调查取证但不能提供以上线索的，依法驳回申请。

（5）有具体的诉讼请求金额的，应提交诉讼请求金额的计算清单。

7. 继承纠纷案件的举证

（1）证明当事人（原、被告及第三人）诉讼主体资格的证据：①证明当事人是合法继承人的，应提交结婚证、户口簿、身份证或公安机关、村委会、居委会等有关部门出具的证明。②当事人为无行为能力、限制行为能力或精神病人的，还应提交监护人的身份证明资料，如身份证或户口簿。

（2）证明法定继承或遗嘱继承法律关系成立的证据：①被继承人死亡证明书。②证明是被继承人养子女的，应提交收养关系证明。③证明是继承人以外的依靠被继承人抚养的缺乏劳动能力又没有生活来源的人的，或证明是继承人以外的对被继承人扶养较多的人的，应提交居委会、村委会或被继承人单位出具相关的证明。④被继承人的其他法定继承人也应当作为共同原告参加诉讼。其他法定继承人已死亡或放弃继承权利的，应当提供相应证明。

（3）证明遗嘱继承法律关系成立的证据：①被继承人死亡证明书。②公证遗嘱的，应提交公证机关的公证书。③代书遗嘱的，应提交代书遗嘱书并提供两个以上无利害关系的在场见证人。④自书遗嘱的，应提交由遗嘱人亲笔书写、签名并注明年月日的自书遗嘱。⑤以录音形式立遗嘱的，除提交有关录音带以外，应提供两个以上无利害关系在场见证人。⑥口头遗嘱的，应提供两个以上无利害关系在场见证人。

（4）证明被继承人财产范围的证据：①证明有房产的，应提交房产证或购房合同、交款发票或出资证明。②证明有银行存款并申请法院调查的，应提交银行账号；证明有股票并申请法院调查的，应提交股东代码、资金账号；证明有车辆的，应提交行驶证、车牌号。③证明对方在公司拥有股权的，应提交该公司的工商登记情况、出资的证明等。④证明一方有债权债务的，除提交借据以外，必须有相关的证据佐证。

（5）有具体的诉讼请求金额的，应提交诉讼请求金额的计算清单。

8. 房屋拆迁合同纠纷案件的举证

（1）证明当事人诉讼主体资格的证据：①当事人为自然人的，应提交身份证明资料，如身份证或户口簿等。②当事人为法人或其他组织的，应提交主体登记资料，如工商营业执照副本或由工商登记机关出具的工商登记清单，社团法人登记证等。③当事人或其他组织的名称在诉争的法律事实发生后曾有变更的，应提交变更登记资料。

（2）证明房屋拆迁法律关系成立的证据：①被拆迁人应提交的证据：被

拆除房屋的所有权证；证明被拆除房屋的结构、房屋的性质（住宅、办公、商铺）、房屋的建筑面积等证据；当被拆房屋所有权证上记载的所有人和主张权利的被拆迁人不同时，还须提交证明被拆迁人对于被拆除房屋享有接受赔偿安置权利的证据（包括亲属关系证明、继承权公证书、放弃权利声明等）；证明房屋被拆除的时间的证据；已经达成拆迁赔偿协议的，还应提交拆迁赔偿协议；经过房屋拆迁主管部门裁决的，还应提交裁决书。②拆迁人应提交的证据：拆除房屋许可证；房屋拆迁公告；原地新建建筑物的《建设工程规划许可证》及工程竣工验收证明；房屋被拆除前的面积查丈报告；房屋拆迁赔偿协议；向被拆迁人支付现金赔偿金、过渡期安置补助费、房屋搬迁费、电话迁移费等费用的凭证；提供过渡期临时用房给被拆迁人的证据；用以安置被拆迁人的房屋平面图、建筑面积竣工查丈报告等。

（3）当事人在诉讼请求中有具体请求金额的，应提交详细的计算清单。

9. 商品房预售合同纠纷案件的举证

（1）证明当事人主体适格的证据：①当事人为自然人的，应提交身份证明资料，如身份证或户口簿等。②当事人为法人或其他组织的，应提交主体登记资料，如工商营业执照副本或由工商登记机关出具的工商登记清单，社团法人登记证等。③当事人或其他组织的名称在诉争的法律事实发生后曾有变更的，应提交变更登记资料。

（2）证明房屋买卖法律关系成立及合同履行情况的证据（普遍适用于各种商品房预售合同纠纷案件）：①房地产买卖合同。②房地产销售许可证。③购房方支付房款的收据或发票，购房方以按揭（抵押）贷款方式支付房款的，还应提供（抵押）贷款合同、借款借据、分期支付按揭款的清单。④房屋竣工验收情况的证明。⑤房屋交接时间的证明。

（3）当事人还应针对具体的诉讼请求提交仅适用于某类案件的证据：①因开发商逾期交房，购房方要求解除《房地产买卖合同》、支付逾期交房违约金及赔偿损失的：购房方受到损失的证据；售房方以施工期间遇到不可抗力为由提出抗辩的，应提供气象、地震、消防等相关部门的证明资料等。②因开发商延期办理《房地产证》，购房方要求支付延期办证违约金的：售房方通知购房方办理产权转移登记和办理《房地产证》的证明；售房方已办理房地产初始登记的证明；《房地产证》或产权转移登记的电脑查询单。

（4）当事人在诉讼请求中有具体请求金额的，应提交详细的计算清单。

10. 房屋租赁合同纠纷案件的举证

（1）证明当事人主体适格的证据：①当事人为自然人的，应提交身份证明资料，如身份证或户口簿等。②当事人为法人或其他组织的，应提交主体登记资料，如工商营业执照副本或由工商登记机关出具的工商登记清单，社团法人登记证等。③当事人或其他组织的名称在诉争的法律事实发生后曾有变更的，应提交变更登记资料。

（2）证明房屋租赁法律关系成立的证据：①证明房屋有合法产权来源的证据；②房屋租赁合同；③属于房屋转租的，应提交转租关系合法的证据（如原出租人同意转租的书面证明）。

（3）证明房屋租赁合同履行情况的证据：①证明出租人是否已将房屋交付承租人使用及交付时房屋状况的证据。②承租人履行合同情况的证据，如交付定金（或保证金或押金）、租金、管理费、水电费等费用的发票或收据等。③当事人要求租赁房屋内的装修资产进行评估鉴定的，应在《最高人民法院关于民事诉讼证据的若干规定》规定的期限内向法庭提出申请。

（4）当事人在诉讼请求中有具体请求金额的，应提交详细的计算清单。

11. 民间借贷纠纷案件的举证

（1）证明当事人诉讼主体资格的证据：①当事人为自然人的，应提交身份证明资料，如身份证或户口簿等。②当事人为法人或其他组织的，应提交主体登记资料，如工商营业执照副本或由工商登记机关出具的工商登记清单，社团法人登记证等。③当事人或其他组织的名称在诉争的法律事实发生后曾有变更的，应提交变更登记资料。

（2）证明借款关系存在的证据：借款合同、借款协议、借条、欠条、还款承诺书等。

（3）证明已偿还借款的证据：收条或各次还本付息的付款凭证等。

（4）诉讼请求金额的计算依据：提供诉讼请求中关于要求计付本金及利息数额的计算清单，包括本金余额的计算清单、利息金额的计算清单等。

12. 金融机构借款合同纠纷案件的举证

（1）证明当事人诉讼主体资格的证据：①当事人为自然人的，应提交身份证明资料，如身份证或户口簿等。②当事人为法人或其他组织的，应提交主体登记资料，如工商营业执照副本或由工商登记机关出具的工商登记清单，社团法人登记证等。③当事人或其他组织的名称在诉争的法律事实发生后曾有变更的，应提交变更登记资料。

（2）证明借款合同关系及相关担保合同关系成立的证据：①借款合同关系成立的证据，如借款合同。②以抵押方式提供担保的，应提交抵押合同、抵押物的权属证明、抵押物登记情况的证据；以保证方式提供担保的，应提交保证合同或保证函等证据；以质押方式提供担保的，应提交质押合同、质押动产或质押权利凭证交付的证据，以依法进行出质登记的财产权利出质的，还应提交出质登记的证据。

（3）证明合同履行情况的证据：①证明贷款人履行合同情况的证据即已向借款人提供合同项下借款的凭证，如借款借据等。②证明借款人履行合同情况的证据即各次还本付息的付款凭证，如银行进账单、现金缴款单等。

（4）诉讼请求金额的计算依据及计算明细：①提供诉讼请求中关于要求计付本金和利息数额的计算清单，包括：借款人还本付息情况的计算清单；本金余额的计算清单；利息金额的计算成本清单（应注明计息时段及适用的利率标准）。②对支持诉讼请求的约定和法定依据作出说明。

13. 债务纠纷案件的举证

（1）证明当事人诉讼主体资格的证据：①当事人为自然人的，应提交身份证明资料，如身份证或户口簿等。②当事人为法人或其他组织的，应提交主体登记资料，如工商营业执照副本或由工商登记机关出具的工商登记清单，社团法人登记证等。③当事人或其他组织的名称在诉争的法律事实发生后曾有变更的，应提交变更登记资料。

（2）证明买卖关系存在的证据：①《购销合同》《供货协议》。②订货单。③证明口头协议成立和生效的证据，如证人证言、实际履行凭证。

（3）证明协议履行情况的证据：①交、收货凭证：交货单、送货单、提货单、收货单、入库单、运单。②证明尚欠货款的凭证：结算清单、欠条、还款计划、还款承诺书、其他能证明欠货款事实的信函等。③收货方提出质量异议的证据：信函、证人证言、有关单位的证明、检验报告、客户投诉、退货及索偿的证据。

（4）当事人诉讼请求金额的计算清单，并注明计算方法、依据等。

14. 买卖合同纠纷案件的举证

（1）证明当事人（原、被告或第三人）诉讼主体资格的证据：①当事人为自然人的，应提交身份证明资料，如身份证或户口簿等。②当事人为法人或其他组织的，应提交主体登记资料，如工商营业执照副本或由工商登记机关出具的工商登记清单，社团法人登记证等。③当事人或其他组织的名称在诉争的法律事实发生后曾有变更的，应提交变更登记资料。

（2）证明买卖合同关系及从属的担保合同关系成立的证据：①买卖合同。②订货单。③证明要约、承诺生效的信函、数据电文（包括电报、电传、传真、电子数据交换、电子邮件等）。④证明口头合同成立和生效的证据，如证人证言、实际履行凭证等。⑤证明担保合同关系的保证合同、抵押合同、质押合同、定金合同或交付定金的凭证、保函等。

（3）证明合同履行情况的证据：①交、收货凭证：交货单、送货单、提货单、收货单、入库单、仓单、运单等。②货款收支凭证：收据、银行付款凭证、发票等。③证明拖欠货款的证据：结算清单、欠条、还款计划承诺书、能证明欠货款事实的信函等。④收货方提出质量异议的信函、证人证言、有关单位的证明、检验报告、客户投诉、退货和索偿的证据。⑤合同约定向第三人履行或第三人履行的，则提交第三人关于合同履行情况的证明及相应凭证。

（4）当事人诉讼请求金额的计算清单，并注明计算方法、公式、依据等。

15. 股权转让侵权纠纷案件的举证

（1）证明当事人（原、被告或第三人）诉讼主体资格的证据：①当事人为自然人的，应提交身份证明资料，如身份证或户口簿等。②当事人为法人或其他组织的，应提交主体登记资料，如工商营业执照副本或由工商登记机关出具的工商登记清单，社团法人登记证等。③当事人或其他组织的名称在诉争的法律事实发生后曾有变更的，应提交变更登记资料。

（2）证明股权转让合同成立的证据：①股东同意转让股权（出资）的证据。②当事人签订的股权转让合同、补充协议、公司章程等。

（3）证明股权转让合同履行情况的证据：①资产评估报告、验资报告。②出让或接收股权（出资）的证据，如给付、接收转让股款，公司出具的出资证明书、股东名册，出让方将公司的管理权转移给受让方的证据等。③工商部门办理股权变更登记资料。

（4）提交诉讼请求金额的计算依据：①支持诉讼请求的有关计算方法及计算清单，如本金、利息、违约金、赔偿金的计算清单。②当事人认为应当向法庭提交的其他证据。

16. 股票交易纠纷案件的举证

（1）证明当事人（原、被告或第三人）诉讼主体资格的证据：①当事人为自然人的，应提交身份证明资料，如身份证或户口簿等。②当事人为法人或其他组织的，应提交主体登记资料，如工商营业执照副本或由工商登记机关出具的工商登记清单，社团法人登记证等。③当事人或其他组织的名称在诉争的法律事实发生后曾有变更的，应提交变更登记资料。

（2）证明股票买卖合同或侵权关系成立的证据：①合同（如开户协议、股票买卖委托书等）；②股东卡；③电脑打印的交易清单（包括股票交易清单、资金变化清单等）；④保证金存入单及提取单；⑤银行存折或现金存入单（用于股票保证金的）；⑥发生侵权事实的证据（如平仓、划款、盗卖等）；⑦其他证据（如融资协议、投资理财协议、合作协议等）。

（3）提交诉讼请求金额的计算依据：①法律依据或当事人协议约定的依据；②诉讼请求的计算方法及计算清单，如要求赔偿损失数额的计算方法与结果，返还股票的种类及分红派息、增配股情况等。

第三章

民事案件上诉审法律实务实训

民事案件的上诉审程序，即民事案件的第二审程序，是指当事人不服地方各级法院尚未确定的裁判，在法定期间向上一级法院声明不服，要求撤销或变更原裁判，上一级法院据此对案件进行审理所适用的程序。在此程序中，主要包括上诉的提起和受理、上诉案件的审理与裁判等两大重要内容。其中不仅涉及当事人如何有效地行使属于自己的上诉权，从而维护自身实体权利及程序性权利的问题，而且涉及审判机关作为裁判者如何运用此程序修正下级法院不正确的裁判，从而在保护当事人权利的同时，维护法律的统一适用。本章将针对上述重点内容进行训练。

第一节　上诉审的提起与受理

民事二审程序中，最首要的一项诉讼任务就是提出一个合法的上诉，这是全部二审诉讼程序的开端。只有一个合法、有效的上诉才能引起二审程序，才有可能将一审法院裁判中的错误通过诉讼程序予以纠正。符合实质要件和形式要件的上诉会产生阻止一审判决发生法律效力的效果，其后将通过二审法院对上诉案件的审理和裁判形成发生法律效力的裁判。

一、实训目标

了解有权提起上诉的法律主体，确定不同的诉讼主体是否符合上诉人的条件，如何成为适格的上诉人；明确提起上诉的实质要件和形式要件，掌握在法院提起上诉的具体途径和方法；掌握提起上诉的途径和方法及法院的受理程序；规范撰写上诉状等法律文书，分析审查上诉案件的裁判类型及上诉审的例外情形。

二、实训素材

案例 1

某实业公司与某销售公司于 2022 年签订一份家电许可销售合同，后实业公司作为原告起诉要求确认与被告之间签订的许可销售合同无效，法院一审判决驳回了实业公司的诉讼请求，实业公司不服而提起上诉。上诉审法院在数月后对该上诉案进行了开庭审理，开庭审理时上诉人又向法庭递交了第二份上诉状，并提出了新的上诉请求和主张。

问题：

1. 实业公司作为上诉人，其上诉应当符合哪些条件？

2. 如果你是实业公司或销售公司的相关人员，将为上诉进行哪些准备？

3. 如果你是人民法院的立案庭法官，面对实业公司的上诉，会做怎样的处理？

4. 作为审理案件的法官，对当事人在开庭审理时提交的第二份上诉状和提出的新的上诉主张，能否认定为上诉的内容？

案例 2

龙江县已退休老干部唐某作有私房 4 间，因患病急需治疗费。2016 年 5 月，其将自己的 4 间私房卖给其进城做生意的表弟唐某业，双方协议，先办理房屋产权过户手续，唐某业付房款 8 万元，待唐某作死后，再将房屋交付给唐某业。2017 年 8 月，唐某作患病治疗无效死亡。唐某作死后其大儿子唐某亮搬进这 4 间房屋住，欲全部继承该 4 间房屋。唐某作的小儿子知道情况后，要求两人各继承一半。但大儿子唐某亮坚决不同意，坚持自己一人继承，无奈小儿子唐某明向法院提起诉讼，要求继承遗产。一审判决后，大儿子唐某亮不服，提出上诉。在上诉案件审理中，唐某业知道此事后，即到二审法院找到办理该案的审判人员，说明他已购买该房的情况，并要参加诉讼。

问题：

1. 如果唐某业要在二审中参加诉讼，假设你是唐某业的代理人，将如何为其提供法律建议？

2. 如果你是唐某业，将如何选择救济自己权利的途径？

3. 请尽可能地检索与处理继承纠纷有关的法律、法规，并指出其与本案的关联性。

4. 如果你是人民法院的立案庭法官，面对上诉，是否应当受理？如果受理，会做怎样的处理，案由是什么？

案例 3

某广告公司拥有 20 集电视剧《冤家路窄》在海南省以外的中国大陆其他地区的电视台独家播映权。××××年 5 月 15 日，该公司（甲方）与传播公司（乙方）签订协议书，约定：（1）甲方同意将 20 集电视连续剧《冤家路窄》播映权授予乙方，并保证每集长度不少于 46 分钟；（2）上述授权仅限于除 A 省和海口地区以外的中国大陆地区；（3）授权期限为本协议生效之日起 4 年；（4）乙方按人民币每集 16.9 万元、总价人民币 338 万元向甲方支付报酬；（5）甲乙双方均应严格遵守本协议之内容，如有违约，违约方应支付守约方相当于本协议总金额的 30% 即 101.4 万元的违约金。合同签订之日，广告公司向传播公司交付了《冤家路窄》母带 20 盘，传播公司也如约履行了其付款义务。××××年 6 月 26 日至同年 7 月 14 日，经传播公司授权，被告 A 省广播影视集团下属的经济电视台播出了《冤家路窄》一剧。

广告公司认为，传播公司擅自许可 A 省广播影视集团播出《冤家路窄》的行为以及 A 省广播影视集团播出《冤家路窄》的行为构成严重违约，请求法院判令两被告向原告支付违约金 101.4 万元，并承担原告处理本案的合理支出 21557.50 元。传播公司反诉称，在电视剧播放过程中，我方发现《冤家路窄》一剧的时间总长度较合同约定相差 54 分 42 秒。广告公司的行为构成了对合同条款实质性的违反，其反诉请求判令广告公司支付违约金 101.4 万元。

一审法院认为：传播公司未经广告公司许可，擅自许可A省广播影视集团播出电视剧《冤家路窄》的行为显属违约，对造成本案纠纷负有主要责任，判决传播公司向广告公司支付违约金101.4万元，驳回广告公司的其他诉讼请求和传播公司的反诉请求。传播公司不服一审判决，以广告公司为被上诉人提起上诉。在二审过程中，传播公司以其已与广告公司达成和解协议为由，请求撤回上诉，广告公司也以其与两被告的纠纷已解决为由，同时向二审法院提出撤回对原审被告A省广播影视集团的起诉。[1]

问题：

（1）作为二审法官，你如何判断一审判决后，哪些当事人具有上诉利益？

（2）如果你是A省广播影视集团的代理人，你如何评价其在第二审程序中处于何种诉讼地位？

（3）如果你是传播公司的代理人，在你方提起上诉后，原判决中的未上诉部分自当事人上诉期满之日起是否生效？

案例4

嘉明房地产开发公司与金山建筑公司于2020年9月1日签订工程承包合同，约定嘉明公司将其开发的天龙家园一期项目16号、17号楼的土建工程、装饰工程、室内给排水、水暖、电气及施工图所包含的内容发包给金山建筑公司，但金山建筑公司并未进行实际施工，而是将与嘉明公司约定的上述施工项目由张某某实际施工。之后，嘉明公司又与金山公司签订协议约定，嘉明公司对施工过程进行全方位监控，并由嘉明公司直接向张某某拨付工程款及与实际施工人再行订立承包合同。张某某后将该项目的土建部分人工分包给了刘某某，刘某某又雇用史某某从事该工程的劳务，至2021年11月，刘某某给史某某出具的欠条显示，其欠史某某工程款3.5万元。

后史某某将刘某某、张某某、金山公司及嘉明公司一起起诉至一审法院，

[1] 该案例选自江伟：《民事诉讼法》（第三版），中国人民大学出版社2015年版，第333—334页。

要求法院判令上述被告人给付拖欠的工程款3.5万元。一审法院经审理后判决：被告刘某某给付原告史某某工程款3.5万元，被告张某某、金山公司对上述款项的给付承担连带责任。

问题：

1. 如果你是史某某聘请的律师，你会针对一审判决为其提供哪些建议？

2. 如果史某某决定提出上诉，你将如何为其拟定上诉状？

3. 在起草上诉状时，在诉讼请求的确定、事实与理由的阐述方面应注意哪些问题？

4. 请尽可能地检索与建设工程施工合同有关的法律、法规，并指出其与本案的关联性。

三、实训准备

1. 按照学生人数的多少，教师将学生分成若干小组，并确定扮演的不同角色。

2. 基础准备：阅读《民事诉讼法》教材中有关上诉审概述中关于上诉审目的、审理模式等基础理论知识，熟练掌握《民事诉讼法》《最高人民法院关于适用〈中华人民共和国民事诉讼法〉的解释》《最高人民法院关于民事诉讼证据的若干规定》等诉讼类规范性文件，同时尽最大可能熟悉各种民事实体法中有关民事责任承担的相关内容。

3. 针对性的文献检索：实训前将实训素材的基本案情资料传发给学生，要求检索有关程序法和实体法方面的法律依据，根据具体实训案例结合实体法的内容明确案件当事人的权利义务，判断原审裁判是否适当？当事人是否具备提起上诉的条件，确定上诉提起的具体途径，并掌握法院受理上诉程序的基本方法。

4. 书面报告：确定诉讼主体，发现案件的基本事实和需要适用的法律法规，以上内容需以书面形式提交报告。同时，根据扮演角色的不同，准备相应的法律文书或者书面材料。

四、实训要点（要点提示）

（一）提起上诉的实质条件

1. 诉讼实务对上诉人和被上诉人的要求

当事人所提起的上诉只有合法成立，才能由第二审法院依照第二审程序对当事人之间争议的权利义务关系做进一步审理。合法成立的上诉，应当具备上诉成立的一般要件。比如，上诉人应当具备诉讼行为能力，一个不具备诉讼行为能力的未成年人需要由其法定代理人代为提出上诉。除此之外，上诉的实质要件就是上诉人与被上诉人必须适格。

（1）谁能成为上诉人

上诉人是对第一审未生效的裁判表示不服，希望借助第二审法院对案件的重新审判维护自身权利的案件当事人。一般而言，在第一审程序中受到不利裁判的原告或被告，有权提出上诉。如果不是一审的当事人，但在一审程序后应依法承担诉讼结果的人，如继承人、遗产管理人、遗嘱执行人和破产管理人，也都可以作为当事人，提出上诉。

除了当事人之外，在一审程序中，有独立请求权的第三人因为其诉讼地位相当于原告，为独立上诉权的主体，因此其也有权成为上诉人。那么，无独立请求权的第三人能否成为上诉人呢？这要看其是否被一审法院判令承担责任。如果一审法院判决其承担民事责任，那么无独立请求权的第三人就有权提出上诉。

在确定上诉人的问题上，还存在一些特殊的情形。比如，在普通的共同诉讼中，如果仅有一人或数人提起上诉的，其余的人是否属于上诉人呢？

我们举一个案例来说明一下：某小学在学校会议室举行演讲会，六年级某班9名学生在门边和窗户边观看，该班班主任李老师认为学生扰乱了会场秩序，给自己丢了面子，第二天上课让这9名学生用小刀往脸上划，就这样，9个孩子的脸上留下了深深浅浅的刀痕。9个孩子的家长作为孩子的法定代理人把教师和学校告上了法庭，经9名原告同意，法院合并审理此案。案件经一审法院裁判后，其中学生刘某的家长认为法院裁判的赔偿数额过低，遂向上级法院提出了上诉，那么其他 8 名学生是否也同时作为上诉人呢？显然，在本案例中，9 名学生属于普通的共同诉讼人，因此是可分之诉，在学生刘某家长提出的上诉中，不能将其他 8 名学生一并列为上诉人，除非他们也提出了上诉。

如果学校对一审法院在裁判中认定其应当承担赔偿责任存在异议，但对法院判决的赔偿数额没有异议，那么又如何确定上诉人和被上诉人呢？因为学校和教师之间属于必要的共同诉讼人的关系。学校和教师与每一个孩子之间都有一种侵权损害赔偿的关系，学校和教师之间作为共同的侵权损害赔偿责任人密不可分，那么，学校应以李老师为被上诉人提起上诉，而未上诉的原审原告只需在上诉审中依原审的诉讼地位列明即可。如果学校不仅对判令其承担责任有意见，同时对学生的损害赔偿数额也有异议的话，则所有未提出上诉的其他当事人皆为被上诉人。

上面我们仅就确定上诉人的基本规则进行了介绍。相应地，确定了上诉人，对方当事人即为被上诉人。如果原、被告双方均提出上诉，以及在有第三人参加诉讼的民事案件中，皆为上诉人，同时又是对方所提上诉的被上诉人。

（2）如何理解上诉人的上诉利益

既然当事人对于一审法院的裁判结果表示不服，欲利用上诉审程序去除法律的不利后果，那就要看其是否存在被进一步救济的必要性。上诉人有无上诉利益，是二审法院进行审查的重点内容。试想，如果作为原审原告的上诉人在第一审程序中所提出的诉求全部被第一审法院的裁判予以支持，其还向第二审法院提出上诉，则其显然不具备上诉利益，其上诉会被第二审法院予以驳回。如果其诉请部分得到支持，部分被驳回，那么原审原、被告双方均受到了不利益的裁判，则都具有上诉利益，都可以提出上诉。

当然，我们在判断上诉人是否具有上诉利益时，不应仅仅从形式上看其诉请是否被第一审法院支持，在某些情形下，只要当事人上诉，在上诉审法院有可能在实体上获得比原判决更为有利的情形，就应当认定为有上诉利益。

2. 上诉审的例外

一般来说，对于一审法院依照第一审普通程序或简易程序作出的判决，以及法律规定可以上诉的某些裁定，当事人都可以在法定的期限内提出上诉。《民事诉讼法》第 157 条规定了 11 种在一审中适用裁定的事项，其中仅对不予受理的裁定、驳回起诉的裁定、对管辖权异议的裁定可以提出上诉。此外，按照《民事诉讼法》第 15 章规定的适用特别程序审理的选民资格案件、宣告失踪或者宣告死亡案件、认定公民无民事行为能力或者限制民事行为能力案件、认定财产无主案件、确认调解协议案件和实现担保物权案件，实行一审终审，当事人不能提出上诉。

需要提醒大家的是，依照 2023 年修正的《民事诉讼法》第 165 条第 1 款的规定，基层人民法院和它派出的法庭审理事实清楚、权利义务关系明确、争议不大的简单金钱给付民事案件，标的额为各省、自治区、直辖市上年度就业人员年平均工资 50% 以下的，实行一审终审。这意味着小额诉讼程序在我国的正式确立，其对及时化解小额纠纷、减轻当事人的经济负担、提高诉讼效率起到了积极的作用。

（二）上诉提起与受理的实务操作

1. 上诉的期限及其起算

按照现行的《民事诉讼法》第 171 条的规定，对一审判决不服要在 15 日内提起上诉，对一审裁定不服要在 10 日内提起上诉。那么这里我们首先要掌握期限如何起算，也就是说，上诉期限应从判决书或裁定书送达给当事人的第二日起算。例如，判决书在 2020 年 4 月 1 日送达给当事人，那么当事人上诉期限的起算日为 2020 年 4 月 2 日。

另外，在实践中经常出现判决书或裁定书未能同时送达给当事人的情形。在此情形下，上诉期又应当如何起算呢？比如，一审法院在 2020 年 4 月 1 日将判决书送达给原告，在 2020 年 4 月 15 日将判决书送达给被告。则原告的上诉期自 2020 年 4 月 2 日起算，被告的上诉期自 2020 年 4 月 16 日起算。如果原告在 2020 年 4 月 18 日提出上诉，则丧失了上诉的权利，虽然此时被告的上诉期还未届满。那么在此情形下，判决书发生法律效力的日期又应当如何计算呢？此时，应当以最后收到法律文书的当事人的上诉期限届满日作为裁判文书的生效日。如前，应以被告的上诉期届满，且被告未提出上诉来认定判决书发生法律效力的时间。

2. 上诉状的提交与送达

（1）上诉状的提交

根据《民事诉讼法》第172条的规定，“上诉应当递交上诉状”，因此说上诉是要式诉讼行为。即便当事人在一审法院宣判时已经口头提出上诉，但如果其未能在法定期限内提交上诉状，依然不能视为有效的上诉。

拟写上诉状的过程，其实就是针对一审裁判进行的“纠错”过程，上诉的请求应围绕一审裁判中的错误展开，而请求二审法院对原审裁判予以撤销，会改判及重审。上诉状的内容主要包括：①当事人的姓名、法人的名称及其法定代表人的姓名或者其他组织的名称及其主要负责人的姓名；②原审人民法院名称、案件的编号和案由；③上诉的请求和理由。上述主要内容中，最重要的一部分当数“上诉的请求和理由”。事实与理由部分，不是对一审中的主张、陈述的事实和理由的简单重复，而是要紧紧围绕一审判决的事实认定及法律适用问题展开，发现并找出原审裁判的错误。在必要的时候也可以适当援引要批驳的一审判决书中的内容，但不可长篇大论地将一审判决中的所有内容在上诉状中进行罗列，而使得上级法院无法从上诉状中获知上诉的要点。在这里还要提醒的是，即使上诉人认为一审法院的事实认定及法律适用都存在严重的问题，在上诉状的书写过程中也不要忽略这样一个问题，即一审法院不是诉讼的相对方，只能结合具体案件将被上诉人作为诉讼的相对方，否则将会抓不住事物的主要矛盾。

下面举一例说明。甲受让了乙在某公司的股权，但甲未按照转让协议的约定向乙支付转让款，乙将其诉至一审法院，同时乙还将转让协议中的“保证人”丙一并起诉，一审法院判令甲支付股权转让费并判令丙承担担保责任。事实上，丙只是甲的朋友，其从中介绍了甲与乙相识。其虽然参与了甲与乙的缔约过程，并在协议上签了字，但其本身并未作出担保的意思表示。所以，作为上诉人的丙在拟定上诉状时，应将上诉理由总结为原审系法律关系的认定错误，如果二审法院认为丙不是担保关系的主体，丙即可在二审中免除自己的责任。

（2）上诉状的送达

根据《民事诉讼法》第173条第1款的规定，上诉状应当通过原审人民法院提出，并按照对方当事人或者代表人的人数提出副本。因为第一审法院较之第二审法院，更有利于审查上诉的形式要件是否具备，如上诉是否在法定期限内提出。当然，根据法律规定，当事人也可以直接向第二审法院递交上诉状，但第二审法院应当在接到上诉状后5日内将上诉状移交原审法院作现行处理。在实践中，当事人一般都是通过原审法院提出上诉的。大部分情形下都是在法定期限内找到原审承办法官递交上诉状及其他材料，一审法官审查后，开出上诉费收费单据，让当事人去交费。之后，由一审法院的法官将全部卷宗进行整理，并移送到上级法院。

（3）答辩状的提交

原审法院收到上诉状，应当在5日内将上诉状副本送达对方当事人，对方当事人可在收到之日起15日内提出答辩状。人民法院应当在收到答辩状之日起5日内将副本送达上诉人，对方当事人不提出答辩状的，不影响人民法院审理。被上诉人一方，往往是一审裁判中的胜诉方，其一般都会在接到法院的通知后按时提交答辩状，很少有被上诉人放弃提交答辩状的情形。在答辩状中，被上诉人一方一般会表态同意一审法院的裁判结果，并就己方的诉讼主张结合上诉状的内容进一步予以阐述。当事人提交上诉状后，一审法院就会将整理后的案卷移送上一级法院，在实践中，这一时间一般会在1个月左右，甚至更长，二审法院接受上诉卷宗后，就会进行二审的立案，然后对案件展开实体审理。

3. 二审法院的立案

二审法院在接到一审法院报送的上诉状、答辩状以及全部案卷材料后，一般会就上诉人的上诉是否符合法定条件进行相应审查。如前所述，一审法院在接受当事人递交的上诉状后，其实已经先期对上诉要件进行了初步审查，但鉴于上诉审程序是二审法院依职权进行的诉讼活动，故一审法院的审查结果对二审法院没有约束力，即使一审法院认为上诉人的上诉成立，但二审法院经审查也可以认为其不符合上诉提交而裁定驳回上诉。

二审法院的这部分审查工作一般都会由法院的立案庭来完成。审查后，应当在收到一审法院移送的上诉材料及卷宗后5日内立案。审查期间，二审法院如果发现上诉案件材料不齐全，应当在2日内通知一审法院，一审法院应当在接到二审法院的通知后5日内补齐。

二审法院在完成立案工作后，就会将案件的全部材料移送具体的承办庭进行案件的实体审理，即进入上诉案件的审理和裁判阶段。

五、实训过程（课堂训练）

（一）案例1

1. 通过投影仪，教师与学生共同回顾案例1的基本案情。

2. 通过小组讨论，从上诉权基础条件入手，并明确上述纠纷中所涉实体法律关系的性质，并由学生代表发言予以确认。

3. 以上述讨论确认的上诉条件为基础，明确法院法官和当事人各自不同的角度做好相应的诉讼准备。

4. 通过小组演练，由不同学生扮演不同角色，模拟案件上诉状的提交等提出上诉的具体途径和方法。

（二）案例2

1. 通过投影仪，教师与学生共同回顾案例2基本案情。

2. 通过小组讨论，分析本案中所涉实体法律关系，由学生代表发言予以确认。

3. 通过小组讨论，明确一审未参加诉讼的当事人如何保护自己的权利？并根据案例中的上诉人、被上诉人等各自的权利、义务，准备二审应诉的有关诉讼材料。

4. 通过小组演练，由不同学生扮演不同角色，模拟完成诉讼主体的上诉与案件的受理过程。

（三）案例3

1. 通过投影仪，教师与学生共同回顾案例3基本案情。

2. 通过小组讨论，分析上诉利益的构成要件，明确本案中有哪些当事人的实体权利受损，由学生代表发言予以确认。

3. 通过小组讨论，明确未上诉当事人在第二审中所处的诉讼地位，讨论二审处理是否影响未上诉当事人的判决生效，并根据案例中的上诉人、被上诉人等各自的权利、义务，准备二审应诉的有关诉讼材料。

4. 通过小组演练，由不同学生扮演不同角色，模拟完成诉讼主体的上诉过程。

（四）案例4

1. 通过投影仪，教师与学生共同回顾案例4基本案情。

2. 通过小组讨论，明确工程承包关系中各当事人之间的实体权利义务以及责任承担问题，并由学生代表发言予以确认。

3. 以上述讨论确认的结论为中心，考虑在案件已经上诉的情形下，应当如何进一步确定参与诉讼的主体，并准备有关的诉讼材料。

4. 通过小组演练，由不同学生扮演不同角色，模拟完成案件上诉后当事人的上诉状的拟定及提交工作。

六、实训点评

（一）角色自我点评（略）

（二）旁听学生点评（略）

（三）指导教师点评

1. 案例1点评要点

首先，对上诉人的实训点评可以从以下方面来掌握：（1）上诉是否符合条件，如何确定诉讼策略？（2）上诉需要准备哪些证据，证据材料是否完整，如何合理运用在手的证据材料，达成当事人的诉讼目的？（3）上诉人如何提交上诉材料，提交的期限如何界定？

其次，对人民法院法官的实训点评可以从以下方面来掌握：（1）审查当事人的上诉是否符合受理的基本法定条件？（2）针对上诉人的诉请，法官审查后应当如何处理？（3）针对上诉人的诉请，法官能否将其在开庭审理时提交的第二份上诉状和提出的新的上诉主张，认定为上诉的内容？又将如何处理？

2. 案例2点评要点

首先，对上诉人的实训点评可以从以下方面来掌握：（1）上诉是否符合条件，如何确定上诉人的上诉利益？（2）上诉需要准备哪些证据，证据材料是否完整，如何合理运用在手的证据材料，达成当事人的诉讼目的？（3）诉讼请求的项目是否完整，对上诉对象的选择是否合理且符合现实案情？

其次，对人民法院法官的实训点评可以从以下方面来掌握：（1）如何审查上诉人是否具有上诉利益？（2）如何审查上诉人的诉讼请求是否合理、完整？（3）如何确定二审中各当事人的诉讼地位？（4）如何履行案件受理的相关法律手续？

3. 案例3点评要点

首先，对各当事人的实训点评可以从以下方面来掌握：（1）上诉是否符合条件，上诉人是否具有上诉利益？（2）上诉需要准备哪些证据，证据材料是否完整，如何合理运用在手的证据材料，达成当事人的诉讼目的？（3）原审中的各当事人在二审中处于何种诉讼地位？

其次，对人民法院法官的实训点评可以从以下方面来掌握：（1）上诉是否符合条件，如何确定哪些当事人具有上诉利益？（2）如何审查上诉人的诉讼请求是否合理、完整？（3）对于一审判决中的未上诉部分，二审法院是否需要审查？（4）如何履行案件受理的相关法律手续？

4. 案例4点评要点

首先，对上诉人的实训点评可以从以下方面来掌握：（1）上诉人的诉讼请求的实体法依据何在？要求是否合理，并说明理由。（2）上诉需要准备哪些证据，证据材料是否完整，如何合理运用在手的证据材料，达成当事人的诉讼目的？（3）诉讼请求的项目是否完整，对上诉对象的选择是否合理且符合现实案情？（4）民事上诉状由哪些部分组成，简要梳理民事上诉状的格式和写作的注意事项。

其次，对人民法院法官的实训点评可以从以下方面来掌握：（1）二审法院的法官如何审查上诉状？（2）法官如何审查上诉请求与相关证据之间的关联性？（3）二审法院的法官受理后围绕哪些方面进行案件的审查？法律依据是什么？（4）如何履行案件受理的相关法律手续？

七、实训文书

1. 上诉状基本格式

上诉状

上诉人（一审原告/被告）（单位写明名称、住所地、法定代表人或负责人姓名、职务，自然人写明姓名、性别、出生年月日、民族、职业、服务处所、住所地、居住地、身份证号码、联系电话）

被上诉人（写法同上）

一审第三人（写法同上）

上诉人因××一案，不服×年×月×日收到判决/裁定书的××人民法院（×）字第×号民事判决/裁定，提起上诉。上诉的请求和理由如下：

一、上诉请求

1. 撤销××人民法院（×）字第×号民事判决/裁定；

2. 要求改判……

3. 两审诉讼费用均由被上诉人负担。

二、上诉理由

（根据案件具体情况选择）

（一）原裁判适用法律错误……

（二）原裁判认定事实错误，或者原判决认定事实不清，证据不足……

（三）原裁判违反法定程序，或者审判人员收受贿赂，影响案件正确裁判……

综上所述，……特依《民事诉讼法》第一百七十一条的规定，提起上诉，请予改判。

此致

××人民法院

上诉人：×××

××××年×月×日

2. 下面以“原告齐某某与被告马某合伙纠纷案”的民事上诉状为范例，供学生参考

上诉状

上诉人（原审原告）：齐某某，女，1962年4月19日出生，汉族，无业，住沈阳市××区××街××号××室。联系方式：略

被上诉人（原审被告）：马某，男，1965年8月19日出生，汉族，无业，住沈阳市××区××街××号××室。联系方式：略

上诉人齐某某因与被上诉人马某合伙纠纷一案，不服沈阳市和平区人民法院（2014）沈和民初第×号判决书，现提出上诉。

上诉请求

一、请求撤销沈阳市和平区人民法院（××××）沈和民初第×号民事判决，在查清事实基础上依法改判或发回重审。

二、上诉费由被上诉人承担。

事实及理由

一审法院依据鉴定结论认定“双方并未对合伙期间全部账目进行清算”“齐某某账目未经确定无误”，进而认定欠条约定的给付条件未成就，属事实认定错误。

上诉人齐某某（以下简称原告）与被上诉人马某（以下简称被告）签署的欠条约定的付款条件有二：一是齐某某将手中全部资料、财务章及发票移交给现任会计手中，并办理移交手续确认无误；二是齐某某“掌管”期间账目、现金及房产有问题要全权负责。一审法院在错误认定事实的基础上判决上述两条件未成就，进而错误判决给付欠条款项不符合约定。分述如下：

一、一审法院依据鉴定结论认定“双方并未对合伙期间全部账目进行清算”，进而认定欠条约定的第二个付款条件未成就，属事实认定错误。

鉴定结论出具的依据为财务账目。依据原、被告签订的欠条约定，原

告对“掌管”期间账、现金及房负责。依据该约定，原告对账目负责的前提是“掌管”。被告对“掌管”的解释为“掌管财务”“管账”，但并未出具任何有效证据证明原告“掌管财务”“管账”。事实情况亦是原告并非财务人员，不负责财务账目的制作，更谈不上“掌管”财务。

一审法院在无任何证据证明原告“掌管”财务的情况下，即无任何证据证明原告承担账目责任的前提条件的情况下，认定原告对账目问题承担责任，进而认定双方合作未经清算，约定的第二个付款条件未成就，属完全的事实认定错误。

事实上，被告是在反复核算相关账目后才出具的欠条。如未核算，亦不会出现111万元如此具体的数字。现在被告无任何有效证据证明双方还有其他清算账目的情况下，应当以欠条约定的数额作为偿还依据。

二、一审法院认定“齐某某账目未经确定无误”属事实认定错误，进而认定欠条约定的第一个付款条件未成就，属事实认定错误。

如上述，原告在无“掌管”账目事实的情况下不对任何账目问题负责，双方再无其他账目问题。庭审中被告并未提供证据证明原告应当移交的材料内容，因此移交的材料内容应以原告陈述为准。原告在再审一审证据交换过程中按照原审判决确定的移交明细将有关资料向被告移交，被告在无正当理由的情况下拒绝接受，阻碍付款条件成立，应视为条件已成就。一审法院认定“齐某某账目未经确定无误”属事实认定错误。

综上，欠条约定的两个付款条件均已成就，原告诉请应当获得法院支持。但一审法院在原告存在“管账”事实的前提下错误认定付款条件未成就，应当予以纠正。特提出上诉，请求二审法院在正确认定事实的基础上依法改判，支持原告诉讼请求。

此致

沈阳市中级人民法院

上诉人：齐某某（签名）

××××年×月×日

八、实训法律法规

1.《中华人民共和国民事诉讼法》第171—175条。

2.《最高人民法院关于适用〈中华人民共和国民事诉讼法〉的解释》第315—320条。

3.《最高人民法院关于民事诉讼证据的若干规定》。

附：实训拓展

一、案例思考

个体工商户崔某（被告）于2019年5月看到其家乡某街道幼儿园（原告）房屋年久失修，拥挤不堪，便主动提出愿捐款100万元为原告盖一栋小楼，但原告同时也必须为此投入一笔配套资金。原告当即表示同意。同年5月25日，原告又与被告协商确定资金到位时间和开工时间，被告提出其捐款将在9月底到位，在此之前请原告做好开工准备，包括准备必要的配套资金。同年7月初原告开始将其原有5间平房拆除，并于7月底找到一家信用社贷款50万元，期限为一年。同年9月初，原告找到被告催要捐款，被告提出因其生意亏本暂时无力捐款，原告提出可减少捐款，但被告表示仅能捐出数万元。双方不能达成协议，原告遂向法院提起诉讼，要求被告履行诺言，否则赔偿原告遭受的全部损失。被告辩称双方并没有签订书面合同，他没有义务必须捐款。至于原告遭受的损失是其个人原因造成，他不应承担任何责任。一审法院判决被告胜诉。

问题：

1. 如果你是原告咨询的律师，就上诉审的审查和受理你将为原告提出哪些咨询和建议？对本案的实体部分处理，你又将为其提供哪些分析意见？

2. 如果你是本案的二审法官，将从哪些方面对本案进行重点审查？

二、知识拓展

作为专业律师的代理人，在接到一审法院的判决后，如何引导当事人对是否上诉进行正确判断，以及在确认当事人具有上诉意愿后，如何运用诉讼策略帮助当事人提出上诉，是每一位代理民事案件的律师都必然要面临的问题。

案件在经一审裁判后，是否提出上诉，完全取决于当事人的意志。如果你作为律师恰好担任了某一方当事人的代理人，你在当事人提出上诉前又应当如何履行自己的职责呢?

（一）对一审裁判进行解释与说明

你有必要帮助当事人分析一审裁判，从法律上提出建议帮助当事人确认一审裁判是否正确。对当事人而言，其是否提出上诉往往取决于其对于一审判决的理解程度。律师作为为当事人提供法律帮助的人，应当利用自己所学对一审判决进行客观评价，以帮助当事人作出是否上诉的选择。你应当针对判决书的内容，首先引导当事人对判决认定的事实进行评价，进而询问其对一审采信的证据有无异议，最后再询问当事人对一审的裁判结果是否满意。在综合上述信息后，律师就应当从专业的角度对一审裁判进行分析：一审判决主文与诉讼请求是否匹配，是否存在遗漏项？有无超越诉讼请求的判决项？此外，律师还应帮助当事人分析一审判决的法律适用正确与否及适用程序是否违法的问题。

（二）正确衡量判决利益

在律师为当事人分析了一审判决书后，当事人是否上诉的决定因素并不是法官在判决书中阐明的理由是否令人信服，而是判决的结果在多大程度上符合自己的利益。这种单纯从利益出发作出的判断会使当事人不能从理性的角度来分析一审裁判的公正性。这时，作为律师就需要帮助己方的当事人站在一个客观的、无偏私的立场来审视一审判决。在这个过程中，律师要帮助己方当事人分析判决利益与当事人的预期利益的差距有多大，这种差距通过二审程序得到弥补的可能性又有多大？同时，律师还要向当事人释明其为此可能付出的时间成本、金钱及其他代价，如延迟执行的风险等。

经过上述论证，如果可能通过时间、金钱及精力的投入实现当事人期待的判决利益，律师就应当帮助当事人积极做好二审应诉的准备；反之，则要向当事人提供理性、客观地获取公平的途径。如通过二审的调解、和解等诉讼手段，以小的牺牲获得可以接受的法律结果，从而规避二审结果不确定的风险。

（三）努力收集新的证据

一审判决败诉的原因，有相当一部分是由于证据不足，因为证据不足而败诉的当事人对此上诉的可能性最大，因为其从主观上往往认为己方“占理”，只是苦于没有证据。证据是证实案件客观情况的事实，民事诉讼的举证原则为“谁主张，谁举证”，故当事人负有对自己的诉讼请求提供证据的责任。如果想要赢回已经因为“证据不足”而败诉的裁判，律师就应当帮助当事人穷尽一切手段寻找新的证据，从而提高二审胜诉的可能性。

根据相关司法解释，一般来说，二审中的新证据主要包括下列两种类型：一是当事人在一审庭审结束后新发现的证据；二是当事人在一审举证期限届满前申请人民法院调查取证未获准许，但二审法院认为应当准许并调取的证据。从实际审判中的情况来看，二审法院对于是否是新证据在审查时还多是从实体公正的角度来考虑的，也就是即便不属于上述两种证据类型，但不审理该证据可能导致判决错误的，二审法院一般会将其视为新证据而予以审查。当然，根据民事诉讼证据规定，由于当事人的原因未能在一审指定期限内举证，致使案件在二审期间因提出新的证据被法院发回重审或者改判的，原审裁判不属于错误裁判案件。且经对方当事人请求，提出新的证据的当事人应当负担由此增加的差旅、误工、证人出庭作证、诉讼等合理费用以及由此扩大的直接损失。

第二节　上诉案件的审理与裁判

一、实训目标

了解上诉案件的审判组织及审理方式；确定不同的审判方式的适用条件

及适用范围；正确适用各种上诉原则，如“禁止不利益变更原则”的适用途径和方法；明确上诉案件的审判范围；掌握法院对上诉案件的审理过程及裁判结果。掌握法院上诉审的裁判结果，了解不同裁判类型文书的撰写。

二、实训素材

案例1

家住某市甲区的潘某（甲方）与家住乙区的舒某（乙方）签订房屋租赁合同，舒某将位于丙区的一处500平方米的二层楼租给潘某经营饭馆。合同中除约定了有关租赁事项外，还约定：“甲方租赁过程中如决定购买该房，按每平方米2000元的价格购买，具体事项另行协商。”潘某的饭馆开张后生意兴隆，遂决定将租赁的房屋买下长期经营。但因房价上涨，舒某不同意出卖。潘某将房价款100万元办理提存公证，舒某仍不同意出卖。后舒某以每平方米2500元的价格与杏林公司签订了房屋买卖合同，并且解除了与潘某的合同，要求其在半年内搬出。潘某为阻止舒某与杏林公司成交，向丙区人民法院提起诉讼，要求认定租赁合同中的买卖条款有效并判决舒某履行协助办理房屋过户手续的义务。一审法院经审理认定，原、被告之间构成了预约合同关系，但尚不构成买卖关系。就租赁合同的效力，法院支持了潘某的请求。潘某对房屋买卖的判决部分不服提出上诉。二审法院就潘某提出的上诉请求做了调查，认为潘某与舒某的买卖合同成立，并判决舒某承担违约责任。

问题：

1. 本案二审审理的范围是否符合法律规定？

2. 法院在何种情况下可以超出当事人上诉的范围审理？

案例2

甲杂志社委托乙印刷公司印刷杂志2万册，双方签订了印刷合同。杂志印成后，乙向甲要求支付印刷费用，遭到了甲的拒绝，乙印刷公司遂向法院提出了起诉，要求甲杂志社立即支付拖欠的印刷费及违约金。在诉讼过程中，甲杂志社认可双方合同的效力，但提出乙印刷公司交付的杂志质量不合格，并给其造成了经济损害，提出反诉要求乙印刷公司赔偿其经济损失5万元。

一审法院判决支持了乙印刷公司的诉讼请求，但对甲杂志社的反诉请求未予审理。

问题：

1. 如果你是甲杂志社的代理律师，你会对甲杂志社提出什么样的诉讼建议？请作出诉讼方案。

2. 如果你是审理本案的二审法官，对于本案你又将如何处理？请作出审理预案。

案例 3

A 贸易公司与 B 实业公司因合同纠纷一案起诉到某县人民法院。被告 B 实业公司在收到起诉状副本后的第十二天提出了书面管辖权异议；该县人民法院认为其管辖权异议理由不成立，裁定驳回 B 实业公司的管辖权异议申请。B 实业公司不服裁定，依法提出上诉。二审法院认为一审法院驳回管辖权异议申请的裁定正确，遂裁定驳回 B 实业公司的上诉，维持县法院的裁定。该县法院于是进行审理并作出判决。B 实业公司对县法院作出的一审判决不服，向市中级人民法院提出上诉。市中级人民法院在进行二审审理中，发现 B 实业公司提出的管辖权异议理由成立，一、二审驳回 B 实业公司管辖权异议申请的裁定有错误，同时，该县法院对该案的一审判决也有错误。

问题：

1. 针对本案的情况，如果你是上诉方的代理律师，你会对上诉方提出什么样的诉讼建议？请作出诉讼方案。

2. 如果你是审理本案的二审法官，对于本案你又将如何处理？请作出审理预案。

案例 4

小丹系某大学三年级女生。2018 年 5 月 7 日上午 10 时许，其到某国际知名连锁超市 A 超市购物，付款结账后取回自带的手袋，正要走出超市大门时，被该店一女保安员上前阻拦其离店，女保安员怀疑小丹携带了未结账的商品，欲将其带到经理办公室接受处理，小丹予以否认，争执中引来众多顾客围观。后在经理办公室，值班经理将小丹自带的手袋打开检查，并令女保安员对其全身进行搜查，均未搜查出小丹身上带有未结账的商品，方允许其离店。事后，小丹在超市被怀疑盗窃及被超市女保安员搜身的消息在小丹就读的学校传开，小丹因精神压力过大无法继续学业，医生建议其进行心理治疗。小丹认为A超市侵犯了其人格权，遂起诉到人民法院，要求A超市公开登报赔礼道歉，赔偿精神损害费10万元。在诉讼过程中，双方争议的主要事实是：A超市对小丹进行全身搜查时，是否强令其脱去内衣。一审法院在审理过程中认为超市不能提出没有强令小丹脱去内衣进行搜查的证据，故对脱衣搜查的事实予以认定；鉴于超市侵犯了小丹的人格权，后果较为严重，判决其赔偿小丹精神损害费11万元。

问题：

1. 如果你是被上诉方的代理律师，你会为应诉做哪些准备？并将如何进行证据材料的整理？

2. 如果你是本案的二审法官，你将从哪些方面对案件进行审查？

3. 如果你是本案的二审法官，你将如何作出最终裁判？能否试着起草一份二审裁判文书？

三、实训准备

1. 按照学生人数的多少，教师将学生分成若干小组，并确定扮演的不同角色。

2. 阅读《民事诉讼法》教材中有关上诉案件审理与裁判中有关上诉案件的审判范围、审判原则、上诉案件的审判组织与审理方式及上诉案件的裁判类型等基础理论知识，熟练掌握《民事诉讼法》《最高人民法院关于适用〈中华人民共和国民事诉讼法〉的解释》《最高人民法院关于民事诉讼证据的若干规定》等诉讼类规范性文件，同时尽最大可能熟悉各种民事实体法中有关民事责任承担的相关内容。

3. 实训前将实训素材的基本案情资料传发给学生，要求检索有关程序法和实体法方面的法律依据，根据具体实训案例结合实体法的内容明确案件当事人的权利义务，判断二审法院的裁判方式的运用及具体的裁判结果。

4. 书面报告，确定诉讼主体，发现案件的基本事实和需要适用的法律法规，以上内容需以书面形式提交报告。同时，根据扮演角色的不同，准备相应的法律文书或者书面材料。

四、实训要点

经过上述的上诉提起和受理程序，第二审法院一旦认为上诉人的上诉合法，就会对案件进行实体审理。第二审法院在审理上诉案件时除了适用第二审程序外，还应准用第一审普通程序的相关规定，下面笔者对二审程序中的重点内容予以介绍。

（一）上诉案件的具体审理程序

1. 上诉审的审判组织

通过上面的学习，我们都知道，人民法院用第一审程序审理案件时一般采用独任制或合议庭审理案件，而对于第二审案件，是应当由二审法院组成合议庭进行审理的，而不能采用独任制进行审理，同时，合议庭成员应当由审判员组成，二审审理的合议庭不能吸收人民陪审员参加。

2. 二审的开庭与询问

根据现行《民事诉讼法》第176条第1款的规定：第二审人民法院对上诉案件应当开庭审理。经过阅卷、调查和询问当事人，对没有提出新的事实、证据或者理由，人民法院认为不需要开庭审理的，可以不开庭审理。由此可见，自2012年《民事诉讼法》修正起，二审审理即以开庭审理为原则，调查询问审理为例外，也就是说，经过阅卷和调查、询问，只有在当事人没有提出新的事实、证据或理由的情形下，才可以不开庭审理。该修正针对的就是以往在实践中二审开庭率低的情况进行的调整。在修正前，二审法院往往以调查询问的审理方式为原则，而仅对少数争议较大，认为需要改判的案件开庭审理。以前的习惯做法是由一名承办法官找到当事人进行谈话，做笔录，然后径行作出裁判。当事人往往会面临只与二审的一名法官谈话沟通，却收到了有三名法官署名的裁判文书的状况。

应当说，在二审程序中不采取开庭审理的方式而通过询问即径行裁判的做法实际上剥夺了当事人通过庭审的法庭调查、举证、质证、法庭辩论和最后陈述等程序向二审法院阐述自己的上诉理由的机会，也使得二审法院可能丧失通过全面、细致的审理来纠正一审法院裁判错误的机会。正因为立法机关已经充分注意到了修正前的《民事诉讼法》中关于二审审理方式存在的缺陷，故在法律修正过程中重新确立了二审以开庭审理为原则的审理方式，这一变化使得实践中二审开庭率大幅提升，上级法院也将二审开庭率作为考核下级法院审判状况的一个量化指标。

当然，二审中不开庭的审理方式作为例外情形至今在实践中依然存在。但这种审理方式必须严格其适用条件，也就是不开庭审理并不等同于书面审理，也应当在践行下列程序的基础上作出裁判：首先，合议庭要进行必要的调查，以查清案件的事实和证据；其次，虽然二审不经过开庭审理，但是必须进行询问当事人的程序，要给予当事人充分的机会来陈述自己的意见，以便于法庭在充分了解案件事实的基础上作出裁判。

在二审谈话中，当事人表达诉求的机会就是针对法官提问的回答，一般没有机会完整阐明自己的观点，所以当事人应尽量在谈话后将案件代理的书面意见由其代理人提交法庭，这样做的目的是尽量获得二审开庭审理的机会。

下面举一例说明，A 公司为组织员工出境培训，委托作为票务代理公司的 B 公司向航空公司预订了一批境内和境外联程团体机票，并支付了 30 万元的机票预订款。在约定的出票日期未到且 A 公司尚未支付全额机票款的情况下，培训目的地即爆发了大规模的政治骚乱事件，A 公司遂决定暂停实施培训计划，并与 B 公司联系取消机票代购合同即要求退还预订款，但遭到 B 公司拒绝，A 公司遂向法院提出起诉。一审法院审理查明，B 公司为了购买航空公司的限期优惠机票，其已经向航空公司订购了部分机票，而这部分机票因为享受了折扣，故航空公司拒绝退款。这期间，A 公司已要求 B 公司与航空公司进行协商，航空公司曾同意给予 3 个月的机票延期使用权，但 B 公司未将此事告知 A 公司，致使机票全部作废。法院经审理后认为原告 A 公司的履行目的地发生的骚乱事件尚不构成不可抗力，购票合同可以继续履行，因原告不履行合同造成的相关损失，由其自己承担。A 公司于是提出上诉。因为本案的原审判决错误地认定了该案的法律关系，将委托代理合同当作购票合同进行了处理，属于适用法律的错误，虽然在上诉过程中，上诉人A公司没有提出新的事实和证据，但是因为原审裁判的错误，二审改判或者发回重审的可能性很大，因此二审法院也可以开庭审理此案。

3. 二审的调解与和解

对于一部分二审案件，二审法院会在当事人自愿的基础上进行调解。当然，从上诉案件的性质来看，法院调解针对的对象是对一审判决不服而提出上诉案件。

法院在审理二审案件时，调解达成协议的，调解书送达后，原审人民法院的判决即视为撤销；但调解书中不应包含“撤销原判”的表述，因为调解书内容是对当事人双方的实体权利义务及责任在平等协商后互相妥协的结果，双方在二审中达成调解协议，也并非意味着原审法院的裁判错误。在二审中，当事人经过了一审裁判，往往对自己在案件中的实体权利义务会进行一定的判断，对自己在案件中应当承担的责任也已经有了基本认知。出于不愿缠诉及自身经济利益、时间成本等的综合考量，当事人往往容易在二审中作出适当的让步，以期速战速决。在二审程序中，如果当事人收到了由二审审判人员和书记员署名，并加盖法院公章的调解书后，原审法院的判决即“视为撤销”。

在正常的二审审判过程中，法院一般应仅对上诉请求的有关事实和适用法律进行审查，但是在调解程序中，法院往往可以不受上述要求的限制，超出诉讼请求及原审原告增加独立的诉讼请求或原审被告提出反诉的，二审法院都可以不拘泥于原审的判决在双方自愿的前提下作出调解。二审中的调解程序不仅充分尊重了当事人的处分权，而且更符合诉讼效力，得到的结果往往是当事人的双赢，当然，法院法官由于在实践中也受到调解率的考核，所以非常愿意在审判过程中通过调解结案，有的法院甚至成立了专门的调解中心对受理的一、二审案件在进入实体审理前先行调解即为是例。

当然，除了调解之外，在二审过程中人民法院也可以根据当事人的请求，对双方达成的和解协议进行审查并制作调解书送达当事人。和解与调解相比较，并不是一种独立的结案方式，和解协议也不能产生强制约束力，往往是当事人在法院的主持之外，自行达成的协议。即便如此，当事人因和解而申请撤诉，经审查符合撤诉条件的，人民法院也应予准许。法院可以根据当事人的请求，对双方达成的和解协议进行审查并制作调解书送达当事人。当事人因和解撤回上诉以后，一审判决生效，只是当事人不能就同一事由再行起诉，这是二审和解撤诉与一审和解撤诉的最大不同。由此可见，二审当事人一旦因和解撤诉就丧失了因同一事由再行起诉的权利，因此在实践中进行二审和解要更加慎重。

在实践中，当事人如果自行和解而又未要求法院根据和解协议经审查制作调解书，法院往往不会主动依职权给当事人制作和解书，这样可能存在一种隐患，就是双方自行达成和解协议二审撤回上诉，导致一审判决生效的情形。双方当事人自行达成和解协议提交二审法院，法院经过审查协议后认为双方已经自行私了，进而准予撤回上诉终结诉讼，但是两起案件中双方都没有要求法院根据和解协议制作调解书，属于庭外和解，没有赋予强制执行力，导致一审判决没有被阻断而产生既判力。

下面举一例说明，此案例是最高人民法院发布的指导案例。案情是：吴梅起诉眉山西城纸业有限公司，请求法院判令其支付货款及利息。一审法院被告败诉。被告提起上诉。二审期间，被告与原告签订了还款协议，原告则放弃了支付利息的请求。上诉人以双方达成和解协议为由申请撤回上诉，眉山中级人民法院裁定准予撤诉。后因被告未完全履行协议，吴梅申请执行一审判决。一审法院予以支持。在《最高人民法院关于发布第一批指导性案例的通知》吴梅案中指出“法院裁定准许其撤回上诉，一审判决即为生效判决，具有强制执行的效力。二审期间双方在自愿基础上达成的和解协议属于双方当事人诉讼外达成的协议，未经法院依法确认制作调解书，不具有强制执行力。被告未按和解协议履行还款义务，违背了双方约定和诚实信用原则，故对其以双方达成和解协议为由，主张不予执行原生效判决的请求不予支持”。

4. 二审中的撤回上诉与撤诉

（1）撤回上诉

在二审的审理过程中，上诉人可以在二审法院宣判前，提出撤回上诉的申请。撤回上诉的权利是当事人处分自己实体权利和程序性权利的行为。只要是上诉人在二审程序中，在二审裁判宣告前向二审法院提出申请的，都符合撤回上诉的要件，当然，除了上述条件外，撤回上诉还必须经过法院的审查。如果二审法院经审查认为一审判决确有错误，或者双方当事人串通损害国家和集体利益、社会公共利益以及他人合法权益的，应当裁定不准上诉人撤回上诉。

（2）撤诉

撤诉权是当事人的基本权利，是其自由行使和处分诉权的表现，当事人在一审程序中无疑是可以提出撤诉的，但是在二审程序中，当事人是否可以提出撤诉，这在法律中并没有明确规定。根据《最高人民法院关于适用〈中华人民共和国民事诉讼法〉的解释》第 337 条的规定："当事人在第二审程序中达成和解协议的，人民法院可以根据当事人的请求，对双方达成的和解协议进行审查并制作调解书送达当事人；因和解而申请撤诉，经审查符合撤诉条件的，人民法院应予准许。"可见，在二审程序中，当事人申请撤诉须以对方当事人达成和解协议为前提。实际上，当事人在二审中向二审法院提出撤回起诉的申请，也是其对自己权利的一种处分，在无充分证据证明该撤诉是故意损害国家、集体和他人的合法权利的情形下，应认定为是当事人对自己权利的自愿处分，予以准许。若因撤诉行为而致他方权利受损的，在无明文规定的情形下，可以尝试责令撤诉一方当事人对因自己的撤诉行为导致他方权利受损的范围承担责任。

5. 二审案件的审理范围

虽然我国的二审程序中不同于其他一些国家在上诉案件中只进行法律审查，也会兼顾事实部分的审查，但二审案件与一审不同，其重点不是像一审那样重点查明事实问题，而是主要审查法律问题。依据相关法律规定，二审案件的审理应当围绕上诉人请求的范围进行，当事人没有提出请求的，不予审查。但判决违反法律禁止性规定、侵害社会公共利益或者他人利益的除外。在实践中，二审法院一般会先让上诉人陈述上诉意见，然后由被上诉人陈述答辩意见。双方陈述完意见，法院会引导双方就一审判决审理查明的事实部分发表意见。如果当事人提出异议，则需要围绕异议部分进行审查。

（二）二审案件的裁判

上诉案件的裁判从形式来看分为判决和裁定两种；从内容来看分为驳回上诉维持原裁判、撤销原裁判依法改判、撤销原裁判发回重审等多种形态。根据《民事诉讼法》及有关司法解释的规定，上诉案件的裁判依案件是对判决不服的上诉案件还是对裁定不服的上诉案件而有所不同。

1. 对一审判决不服的上诉案件的裁判

根据《民事诉讼法》第177条及相关司法解释的规定，对当事人不服第一审人民法院判决提起上诉的案件，第二审裁判分为以下几种：

（1）判决驳回上诉，维持原判

经过审理，第二审人民法院认为原判决认定事实清楚、适用法律正确的，应当判决驳回上诉，维持原判决。这是第二审人民法院否定上诉请求，肯定原判决正确、合法的裁判。在民事诉讼中，否定上诉请求、肯定原审判决应当适用判决的形式；而且，只有原审判决认定事实清楚、适用法律正确的，才能以判决的形式予以维持。驳回上诉请求的判决一旦获得确定，原判决也就确定下来了。

（2）依法改判

经过审理，第二审人民法院认为原判决不当的，应当依法作出变更原判决的判决。其中，第二审人民法院认为原判决全部不当的，判决撤销原判决，全部改判；认为原判决部分不当的，撤销不当的部分，部分改判，对原判决正确的部分予以维持。依法改判分为两种情形：一是原判决认定事实错误或者适用法律错误的，依法改判。原判决如果是认定事实的错误，这种情形下二审法院应当在正确认定事实的基础上予以改判。如果原判决适用的实体法律规范有错误的，但原判决事实清楚，证据充分，二审法院应当依法对适用法律的错误予以改判，原判决中有关认定事实的部分不予变更。二是可以依法改判。经过审理，第二审人民法院认为原判决认定基本事实不清，第二审法院既可以裁定撤销原判决，发回原审法院重审，也可以在查清事实后依法改判。这里需要注意的是，只有在基本事实，即可能影响案件最终结果的事实不清的情况下，二审法院才能在查清事实后改判与发回重审之间作出选择。

但是从节约司法资源，提高诉讼效率的角度出发，二审法院如果能够直接查清事实的，应当首先考虑查清事实后改判，除非一审法院更便于查清基本事实。

（3）裁定撤销原判，发回重审

经过审理，第二审人民法院认为原判决存在较为严重的错误，但由第二审人民法院直接改判不利于保护当事人的审级利益，影响两审终审的基本审判制度的贯彻执行的，可以裁定撤销原判决，发回原审人民法院重审。发回重审主要适用于下列两种情形：第一种情形是经过审理，第二审人民法院认为原判决认定基本事实不清的，既可以查清事实后改判，也可以裁定撤销原判决，发回原审人民法院重审。第二种情形是原判决遗漏当事人或者违法缺席判决等严重违反法定程序的，应当裁定撤销原判决，发回原审人民法院重审。这就是应当发回重审。

所谓“原判决违反法定程序”的情形，即应当发回重审的情形，主要是指：第一，审理本案的审判人员、书记员应当回避未回避的；第二，未经开庭审理而作出判决的；第三，适用普通程序审理的案件当事人未经传票传唤而缺席判决的；第四，其他严重违反法定程序的。此外，根据《最高人民法院关于适用〈中华人民共和国民事诉讼法〉的解释》第324—327条的规定，具有下列情形之一的，第二审人民法院可以根据当事人自愿的原则进行调解，调解不成的，应当发回原审人民法院重审：第一，对当事人在一审中已经提出的诉讼请求，原审人民法院未作审理、判决的；第二，必须参加诉讼的当事人或者有独立请求权的第三人，在第一审程序中未参加诉讼的；第三，在第二审程序中，原审原告增加独立的诉讼请求或者原审被告提出反诉的；第四，一审判决不准离婚的案件，上诉后，第二审人民法院认为应当判决离婚的。

关于发回重审，我们还有必要了解一下其发展过程。在2012年《民事诉讼法》修正以前，《民事诉讼法》中关于发回重审的表述过于弹性，也就是说，只要二审法院认为“原判决认定事实错误，或者原判决认定事实不清、证据不足”或者“原判决违反法定程序，可能影响案件正确判决的”都会裁定撤销原判决，发回原审法院重审。因为法律规定不够清晰明确，所以对法律外因素考虑较多的二审法院往往会考虑到“矛盾下交”，不少二审法院在审理上诉案件时不当地裁定发回重审或反复发回重审，这样不仅增加了国家的诉讼成本，浪费了司法资源，而且增加了当事人的诉累，降低了公众对司法的信任。因此，2012 年《民事诉讼法》修正后对发回重审的情形作了重要限制，表述也更加明晰，针对重复发回重审的情形，还规定了“原审人民法院对发回重审的案件作出判决后，当事人提出上诉的，第二审人民法院不得再次发回重审”。这样就将发回重审的次数控制到一次，从而节约了诉讼资源，提高了诉讼效率。

（4）裁定撤销原判，驳回起诉

因为人民法院只能受理和审判属于民事诉讼受案范围的案件。如果原告提起之诉不属于法院的受案范围，就会被法院驳回起诉。这种情形不论在一审还是二审审理过程中发生，只要人民法院认为依法不应由法院受理的，都会被直接裁定撤销原判，驳回起诉。

2. 对一审裁定不服的上诉案件的裁判

根据《民事诉讼法》第 177 条、第 178 条及相关司法解释的规定，第二审人民法院对不服第一审人民法院裁定的上诉案件的处理，一律使用裁定。

对裁定不服的上诉案件，从形式上看，第二审人民法院只能用裁定作出最终处理，从内容上看，可分为维持原裁定的裁定和撤销或变更原裁定的裁定两种。

（1）维持原裁定

经过审理，第二审人民法院认为原裁定依据的事实清楚，适用法律正确，上诉人的上诉不能成立的，应当以裁定驳回上诉，维持原裁定。

（2）撤销或变更原裁定

经过审理，第二审人民法院认为原裁定认定事实错误或者适用法律错误的，应当裁定撤销或变更原裁定，并依不同情形分别作出处理。第一，认为第一审人民法院不予受理的裁定有错误的，应当在撤销原裁定的同时，指令第一审人民法院立案受理。第二，认为第一审人民法院驳回起诉的裁定有错误的，应当在撤销原裁定的同时，指令原审人民法院进行审理。第三，认为第一审人民法院驳回管辖权异议的裁定错误的，应当在裁定撤销原裁定的同时，区分不同情况处理。在实践中，二审法院正确的做法是在撤销原裁定的终审裁定中写明有管辖权的法院。如果一审法院裁定自己无管辖权，而二审法院认定原一审法院有管辖权的，则应当指令其进行审理。相反地，如果一审法院裁定自己有管辖权，而二审法院认为其没有管辖权，则应当指令其将案件移送给有管辖权的法院审理。

比如，沈阳市某制品有限公司（以下简称甲方）与大连市某科技有限公司（以下简称乙方）之间一直有贸易往来，后双方由于买卖合同纠纷，甲方以买卖合同纠纷为案由向沈阳市某法院提起诉讼，起诉乙方。诉讼中，双方对本案受理法院是否具有案件管辖权产生争议。甲方认为，送货单明确注明由甲方所在地法院管辖，本案理应由沈阳市某法院管辖；乙方认为采购订单明确写明由甲方送货至乙方所在地，本案合同履行地显然在乙方所在地大连，案件理应移送大连市有关人民法院管辖。针对诉讼中乙方提出的管辖权异议，一审法院裁定驳回。乙方不服，提出上诉，二审法院认为，本案的合同履行地为大连，沈阳法院无管辖权，遂裁定撤销原裁定，并指令将案件移送给有管辖权的大连某法院处理。

第二审人民法院作出的裁判，是终审的裁判，经送达当事人立即发生法律效力。当事人对该裁判仍然不服的，可以通过法定的程序申请再审或者向有关机关进行申诉，请求通过再审程序维护自己的合法权益。但是，在申请再审和申诉期间，不影响裁判的执行；在依再审程序作出撤销或者部分撤销该裁判的再审裁判之前，不影响该裁判的效力；经再审部分撤销该裁判的，不影响未被撤销部分的效力。

五、实训过程

（一）案例 1

1. 通过投影仪，教师与学生共同回顾案例 1 的基本案情。

2. 通过小组讨论，了解买卖合同纠纷案件的实质条件和程序条件，掌握该案件在审理时需要明确的事实问题和法律问题。

3. 以上述讨论确认的事实问题和法律问题为中心，原上诉人完善上诉状及有关的证据材料准备，被上诉人做好对应诉的准备工作。

4. 通过小组演练，由学生扮演不同的诉讼角色，模拟完成案件上诉的准备工作。

（二）案例 2

1. 通过投影仪，教师与学生共同回顾案例 2 的基本案情。

2. 通过小组讨论，以请求权基础的思考方法，明确上述纠纷中所涉实体法律关系的性质，并由学生代表发言予以确认。

3. 以上述讨论确认的实体法律关系为基础，明确各方当事人的诉讼地位及其诉讼权利义务，从法院法官和当事人各自不同的角度做好相应的诉讼准备。

4. 通过小组演练，由不同学生扮演不同角色，模拟案件受理后有关当事人参与诉讼的途径和方法。

（三）案例 3

1. 通过投影仪，教师与学生共同回顾案例 3 基本案情。

2. 通过小组讨论，分析管辖权异议的构成要件，由学生代表发言予以确认。

3. 通过小组讨论，明确上诉人的救济途径，准备二审应诉的有关诉讼材料。同时明确法院的裁判思路，准备审理预案。

4. 通过小组演练，由不同学生扮演不同角色，模拟完成诉讼主体的上诉审理过程。

（四）案例 4

1. 通过投影仪，教师与学生共同回顾案例 4 基本案情。

2. 通过小组讨论，明确精神损害赔偿的适用范围及各当事人之间的责任承担问题，并由学生代表发言予以确认。

3. 以上述讨论确认的结论为中心，考虑在案件已经上诉的情形下，二审法院应当如何审查案件，并准备有关的诉讼材料。

4. 通过小组演练，由不同学生扮演不同角色，模拟完成案件上诉后二审法院的审理及裁判工作。

六、实训点评

（一）角色自我点评（略）

（二）旁听学生点评（略）

（三）指导教师点评

1. 案例1点评要点

首先，对上诉人的实训点评可以从以下方面来掌握：（1）对案件实体问题的把握是否准确，如何确定诉讼策略？（2）上诉证据材料是否完整，如何完成证据收集？（3）上诉材料如何组织，在法院审理过程中如何应诉？

其次，对人民法院法官的实训点评可以从以下方面来掌握：（1）审查当事人的上诉请求是否符合法律规定？（2）审理过程中如何确定具体审理方案？（3）二审调解应注意哪些事项？

2. 案例2点评要点

首先，对上诉人的实训点评可以从以下方面来掌握：（1）上诉是否符合受理条件？对案件实体问题的把握是否准确？（2）上诉需要准备哪些证据，证据材料是否完整？（3）具体提出何种诉讼请求？上诉状如何撰写？

其次，对人民法院法官的实训点评可以从以下方面来掌握：（1）上诉是否符合条件？（2）审查上诉人的诉讼请求是否合理、完整？（3）如何对本案涉及的实体问题进行考量？（4）对本案应作出何种具体的处理决定？

3. 案例3点评要点

首先，对当事人的实训点评可以从以下方面来掌握：（1）对管辖权异议裁定的上诉途径和方法；（2）被驳回异议后的救济途径和方法；（3）提出上诉后如何进行证据的整理收集并确认诉讼策略？

其次，对人民法院法官的实训点评可以从以下方面来掌握：（1）上诉是否符合条件，对当事人提出的管辖权异议上诉案件的审理方法；（2）对其他裁定上诉的具体审理方法；（3）在二审审理过程中发现对管辖权异议的裁定有错误后的纠正路径。

4. 案例4点评要点

首先，对上诉人的实训点评可以从以下方面来掌握：（1）对案件实体问题的把握是否准确，如何确定诉讼策略？（2）上诉证据材料是否完整，如何完成证据收集？（3）上诉材料如何组织，在法院审理过程中如何应诉？（4）上诉人撰写的法律文书是否反映了诉讼策略？

其次，对人民法院法官的实训点评可以从以下方面来掌握：（1）二审法院的法官如何审查一审裁判？法律依据是什么？（2）二审法院的法官如何审查上诉请求与相关证据之间的关联性？（3）二审法院的法官审理后就案件应如何进行裁判？法律依据是什么？（4）如何撰写本案的裁判文书？裁判文书的撰写要点是什么？

七、实训文书

中华人民共和国最高人民法院

民事判决书

（2014）民二终字第136号[1]

上诉人（原审被告）：内蒙古吉祥煤业有限公司。住所地：内蒙古自治区鄂尔多斯市鄂托克旗。

法定代表人：于广惠，该公司总经理。

委托代理人：饶云峰，北京京闽律师事务所律师。

委托代理人：刘寿明，北京京闽律师事务所律师。

被上诉人（原审原告）：河北融投担保集团有限公司。住所地：河北省石家庄市中山西路983号。

法定代表人：马国斌，该公司董事长。

委托代理人：陈红，该公司总法律顾问。

委托代理人：马建光，河北时音律师事务所律师。

---

[1] 该文书来源于中国裁判文书网，http：//www. court. gov. cn/zgcpwsw/zgrmfy/ms/201412/t20141229_5714345. htm。

上诉人内蒙古吉祥煤业有限公司（以下简称吉祥煤业公司）为与被上诉人河北融投担保集团有限公司（以下简称融投担保公司）金融借款合同纠纷一案，不服河北省高级人民法院（2013）冀民二初字第20号民事判决，向本院提起上诉。本院依法组成由审判员李伟担任审判长、代理审判员李相波、金丽娟参加的合议庭进行了审理，书记员杨婷担任记录。本案现已审理终结。

原审法院经审理查明：

2011年6月24日，融投担保公司与吉祥煤业公司签订《投融资咨询服务合同》（以下简称2亿元《服务合同》），双方主要约定：融投担保公司为吉祥煤业公司提供2亿元投融资咨询服务，服务时间6个月，服务费费率按服务金额的15%/年，每日服务费金额为8.333333万元，吉祥煤业公司应于贷款到期日前一次性支付，逾期支付则按逾期支付金额每日2‰支付违约金。同日，融投担保公司与石家庄汇融农村商业银行维明街支行（以下简称汇融银行）签订一份编号为维明街委贷201110号《委托贷款总协议》（以下简称2亿元《委贷总协议》），双方约定：融投担保公司委托汇融银行发放委托贷款2亿元，发放的委托贷款，本金未能按时完全收回、利息未得按时足额支付的风险及其他信用风险，均由委托人融投担保公司自行承担。同时，吉祥煤业公司、融投担保公司、汇融银行三方又签订一份编号维明街委贷201110号《委托贷款单项协议》（以下简称2亿元《委贷协议》）及补充条款，各方主要约定：融投担保公司委托汇融银行向吉祥煤业公司发放贷款2亿元，期限自2011年6月24日至2011年12月23日，贷款年利率15%，按贷款天数计算利息，逾期贷款利率按约定利率上浮30%。2011年6月20日，融投担保公司与吉祥煤业公司、戴增水三方签订融投担保（2011）保第（140）号《保证担保合同》（以下简称2亿元《保证合同》），该合同约定，戴增水自愿为吉祥煤业公司2亿元《委贷协议》和《委贷总协议》提供连带责任保证，如戴增水违反本合同或吉祥煤业公司违约造成融投担保公司损失时，融投担保公司按担保金额的20%向吉祥煤业公司收取违约金。合同签订当天，融投担保公司通过汇融银行向吉祥煤业公司发放贷款人民币2亿元。

2011年8月9日，融投担保公司与吉祥煤业公司签订《投融资咨询服务合同》（以下简称5000万元《服务合同》），双方主要约定：融投担保公司为吉祥煤业公司提供5000万元投融资咨询服务，服务时间2个月，服务费费率按服务金额的15%/年，每日服务费金额为2.083333万元，吉祥煤业公司应于贷款到期日前一次性支付，逾期支付则按逾期支付金额每日2‰支付违约金。同日，融投担保公司与汇融银行签订一份编号为维明街委贷201113号《委托贷款总协议》，双方约定：融投担保公司委托汇融银行发放委托贷款5000万元，发放的委托贷款，本金未能按时完全收回、利息未得按时足额支付的风险及其他信用风险，均由委托人融投担保公司自行承担。同时，吉祥煤业公司、融投担保公司、汇融银行三方签订一份编号维明街委贷201113号《委托贷款单项协议》（以下简称5000万元《委贷协议》）及补充条款，各方主要约定：融投担保公司委托汇融银行向吉祥煤业公司发放贷款5000万元，期限自2011年8月9日至2011年10月9日，贷款年利率15%，按贷款天数计算利息，逾期贷款利率按约定利率上浮30%。合同签订当天，融投担保公司委托汇融银行向吉祥煤业公司发放贷款人民币5000万元。

上述贷款到期后，吉祥煤业公司未按约偿还贷款本息和支付咨询服务费，戴增水亦未按约履行保证义务。融投担保公司于2013年8月7日向吉祥煤业公司公证送达了《催款通知书》，要求吉祥煤业公司偿还贷款本息、咨询服务费、违约金等款项，吉祥煤业公司未予偿还，故融投担保公司诉至原审法院。要求吉祥煤业公司立即偿还如下款项：一、贷款本金人民币1.7亿元、利息1275万元、罚息65729083.33元（暂计至2013年10月18日，要求计算至全款还清之日止）、违约金49695816.67元；二、咨询服务费1625万元、逾期支付违约金2176.75万元（暂计至2013年10月18日，要求计算至全款还清之日止）；三、融投担保公司为实现债权发生的所有费用（包括但不限于诉讼费、保全费、公告费、评估费、鉴定费、拍卖费、差旅费、电讯费、律师费等)。

融投担保公司为证明本案合同的真实性还提交了耿景瑞向融投担保公司出具的吉祥煤业公司的营业执照、机构代码证、开户许可证、法人预留印鉴信息、贷款卡，另有耿景瑞摁手印的身份证信息。对融投担保公司提交的上述材料，吉祥煤业公司当庭表示回去核实，但未在要求期间提出明确意见。融投担保公司提供的上述证据涉及的吉祥煤业公司的公章和耿景瑞的名章与本案《服务合同》和《委贷协议》上的公章和名章一致。

吉祥煤业公司主张其公章从未变更过并提交了公司现正在使用的印章。该印章与融投担保公司提供的证据上的吉祥煤业公司印章不一致。另外，吉祥煤业公司提供了 2012 年 5 月至 12 月期间吉祥煤业公司股东名册、出资信息和股东会决议、股权转让合同、公司变更登记申请书以及耿景瑞的身份证信息。要求法院依职权调取吉祥煤业公司基本账户公章及法定代表人的登记备案及变更信息，吉祥煤业公司在汇融银行的开户及交易信息，耿景瑞户籍及家庭成员信息，并要求向耿景瑞妻子调取本案所涉证据及相关账册的原件。

原审法院认为：关于融投担保公司诉讼主体是否适格问题。吉祥煤业公司作为借款人与委托贷款的委托人融投担保公司和受托人汇融银行共同签订了《委贷协议》，汇融银行已经向吉祥煤业公司披露了融投担保公司，且受托人汇融银行在委托贷款关系中不承担风险，借款人吉祥煤业公司是否按合同约定履行义务与委托人融投担保公司具有直接的利害关系。根据《中华人民共和国合同法》第四百零二条的规定，受托人以自己的名义，在委托人的授权范围内与第三人订立的合同，第三人在订立合同时知道受托人与委托人之间的代理关系的，该合同直接约束委托人和第三人，但有确切证据证明该合同只约束受托人和第三人的除外。融投担保公司可以以自己的名义直接向吉祥煤业公司主张权利，汇融银行不是必须共同参加诉讼的当事人。所以，吉祥煤业公司关于融投担保公司主体不适格的主张，该院不予支持。

关于追加戴增水为被告和追加汇融银行为第三人问题，因吉祥煤业公司的理由不能成立，该院已以（2013）冀民二初字第20－1号和（2013）冀民二初字第20－2号民事裁定驳回。

根据原审法院查明的事实，融投担保公司与吉祥煤业公司同时签订了《服务合同》和《委贷协议》，两份合同约定的权利义务不同。但两个合同所涉及的资金实为一笔，双方对《委贷协议》的履行直接影响《服务合同》的权利享有和义务承担。所以，《服务合同》与《委贷协议》相互牵连，关系密切，《服务合同》不宜另诉。

由于吉祥煤业公司提供的公章与融投担保公司提供的证据中吉祥煤业公司的公章明显不同，双方没有异议，所以，本案在实体方面的焦点为，吉祥煤业公司对耿景瑞以吉祥煤业公司名义与融投担保公司签订的合同是否承担民事责任。

从融投担保公司提供的证据看，委托贷款前耿景瑞向融投担保公司提交了一系列书面材料，较完整地显示了吉祥煤业公司的基本信息。在此基础上，融投担保公司与吉祥煤业公司签订了《服务合同》和《委贷协议》。根据《最高人民法院关于贯彻执行〈中华人民共和国民法通则〉若干问题的意见（试行）》第五十八条的规定，“企业法人的法定代表人和其他工作人员，以法人名义从事的经营活动，给他人造成经济损失的，企业法人应当承担民事责任。”耿景瑞是吉祥煤业公司当时的法定代表人，双方当事人对此无异议，耿景瑞以吉祥煤业公司名义签订合同的法律后果应由吉祥煤业公司承担。所以，本案不能免除吉祥煤业公司的民事责任。融投担保公司提供的证据上除盖有吉祥煤业公司公章外，另有耿景瑞的名章或签字，吉祥煤业公司以现在的法定代表人和股东不知情为由不能否定原法定代表人代公司所从事的民事法律行为的效力。所以，吉祥煤业公司要求调取证据并鉴定没有实际意义。结合融投担保公司在合同到期后向吉祥煤业公司进行了公证催收，吉祥煤业公司收到催收通知后没有提出异议的事实，以及本案其他事实及证据，应认定本案合同有效，吉祥煤业公司应按合同约定向融投担保公司付款。

吉祥煤业公司借款事实清楚，证据充分，应按合同约定偿还借款本金。融投担保公司在本案中选择部分债权主张权利，不违反法律规定，也不损害吉祥煤业公司的合法权益。该院予以准许。但双方在约定委托贷款利息和罚息的情况下，又约定借款人违约另收 20% 的违约金，同时又有服务费的约定。上述约定均是基于同一笔借款形成的，融投担保公司主张的各项费用的总和已远远超出中国人民银行规定的同期同类贷款的基准利率。吉祥煤业公司主张上述约定过高、利息和罚息与服务费重复计算的理由成立，应予调整。所以，融投担保公司主张的服务费、委托贷款的利息与罚息及违约金应一并考虑，吉祥煤业公司应按中国人民银行同期同类贷款基准利率的四倍，从融投担保公司付款之日起至本判决生效之日止，向融投担保公司支付利息较妥。

融投担保公司要求吉祥煤业公司承担其为实现债权的其他费用，由于融投担保公司没有提供相应证据，不予支持。

综上所述，原审法院依照《中华人民共和国合同法》第二百零七条，《中华人民共和国民事诉讼法》第一百五十二条之规定，判决：一、吉祥煤业公司于判决生效后十日内偿还融投担保公司借款本金 1.7 亿元并支付利息（利息按中国人民银行同期同类贷款基准利率的四倍，以 1.7 亿元为基数从 2011 年 6 月 24 日起至判决生效之日止计算）；二、吉祥煤业公司于判决生效后十日内偿还融投担保公司 5000 万元借款本金的利息（按中国人民银行同期同类贷款基准利率的四倍，以 5000 万元为基数从 2011 年 8 月 9 日起至判决生效之日止计算）；三、驳回融投担保公司的其他诉讼请求。如未按本判决指定的期间履行给付金钱义务，按照《中华人民共和国民事诉讼法》第二百五十三条的规定，应当加倍支付迟延履行期间的债务利息。案件受理费 1722762 元，由融投担保公司承担 103366 元，吉祥煤业公司承担 1619396 元。财产保全费 5000 元，由吉祥煤业公司承担。

吉祥煤业公司不服上述民事判决，向本院提起上诉称：一、原审判决认定事实所依据的合同的公章、签字涉嫌伪造，涉嫌诈骗犯罪，应进行司法鉴定，然后依法移送公安机关侦查。融投担保公司提交的合同上的吉祥煤业公司的签章，均与吉祥煤业公司的签章不一致，吉祥煤业公司无法确认该合同的真实性，该合同是否系单方伪造，应通过对该公章进行鉴定予以明确。二、原审判决严重违反法定程序。（一）诉讼主体不适格。根据2亿元《委贷协议》、5000万元《委贷协议》之约定，吉祥煤业公司应向汇融银行还款，本案的适格原告应是汇融银行，而非融投担保公司。（二）因两份《委贷协议》是三方协议，本案处理结果与汇融银行有利害关系，为查清事实，应依法追加汇融银行为第三人。（三）本案的纠纷涉及多重法律关系。融投担保公司诉吉祥煤业公司2亿元《服务合同》、5000万元《服务合同》的纠纷不属于本案金融借款合同纠纷案由，应另案处理。故请求：依法对讼争合同涉及的签章进行司法鉴定，撤销原判并改判驳回融投担保公司全部诉讼请求；由融投担保公司承担一审、二审全部诉讼费用。

融投担保公司答辩称：一、吉祥煤业公司与融投担保公司在签订讼争协议之前，其法定代表人耿景瑞已经向融投担保公司提交了证明吉祥煤业公司主体资格及有权签订协议的相关证明材料（包括吉祥煤业公司的营业执照、组织机构代码证、银行开户许可证，法人预留印鉴、法定代表人名章及签字原件，贷款卡，耿景瑞身份证等），这些材料足以表明融投担保公司与吉祥煤业公司签订合同时履行了审慎审查职责，同时也能充分表明吉祥煤业公司具有公司法人的主体资格和当时需要融资服务的真实需求，吉祥煤业公司签订合同之前提供给融投担保公司的公章及法定代表人人名章与本案合同上所盖的公章和人名章一致。吉祥煤业公司以其现在所用公章与本案2011年合同上所盖的公章不一致为由否认合同的真实性，认为可能存在诈骗行为，要求法院进行鉴定并移送公安机关处理，无事实和法律依据，是明显的赖账行为。吉祥煤业公司获得了融投担保公司的融资服务，在取得融投担保公司的委托贷款后其股东及其法定代表人发生变更，并不能影响其作为公司法人主体身份对债权人应当承担的法律责任。二、融投担保公司作为原审原告主体适格、程序合法。2011年6月24日和2011年8月9日，吉祥煤业公司、融投担保公司和汇融银行三方签订了两份《委贷协议》，约定融投担保公司委托汇融银行向吉祥煤业公司发放两笔贷款，协议内容直接证明了吉祥煤业公司知道融投担保公司是债权人，知道汇融银行是受融投担保公司的委托而向其发放的贷款。根据《中华人民共和国合同法》第四百零二条的规定，融投担保公司有权依据《委贷协议》直接向吉祥煤业公司主张权利，吉祥煤业公司提出汇融银行是本案适格原告的理由不能成立。三、原审法院未追加汇融银行为第三人参加本案诉讼符合法律规定。汇融银行只是受融投担保公司委托向吉祥煤业公司发放贷款的代理人，委托贷款本金未能按时收回、利息未得按时足额支付的风险及其他信用风险，均由融投担保公司自行承担，与汇融银行无关。因此，本案的处理结果与汇融银行没有法律上的利害关系，汇融银行没有申请参加本案诉讼，法院没有通知其参加诉讼完全符合法律规定。四、吉祥煤业公司与融投担保公司签订的两份《服务合同》，在时间和内容上与两份《委贷协议》是相互对应、相互关联、不可拆分的，如果硬行拆分诉讼，事实难以查明，也必然造成诉讼资源的不必要浪费和双方当事人诉讼成本的增加。综上，吉祥煤业公司的上诉理由不能成立，请求驳回其上诉请求，维持原判。

本院对原审查明的事实予以确认。另查明：根据汇融银行出具的情况说明和对账单载明的内容，2011年6月24日，融投担保公司委托汇融银行向吉祥煤业公司发放贷款2亿元；2011年6月24日，吉祥煤业公司向河北龙城房地产开发有限公司转账199700000元；2011年8月9日，融投担保公司委托汇融银行向吉祥煤业公司发放贷款5000万元；2011年8月10日，吉祥煤业公司向河北建设集团盛宇房地产开发有限公司转账5000万元。

本院认为，根据双方当事人的诉辩主张及理由，本案二审争议焦点在于：吉祥煤业公司是否应对借款合同承担还款责任。本案诉讼主体是否适格；本案是否应追加汇融银行为第三人；融投担保公司对两份《服务合同》是否应另行起诉。

一、关于吉祥煤业公司是否应对借款合同承担还款责任的问题。

由于在吉祥煤业公司和融投担保公司签订相关诉争协议之前，耿景瑞代表吉祥煤业公司向融投担保公司提交了证明吉祥煤业公司主体资格及其有权签订协议的相关证明材料（包括吉祥煤业公司的营业执照、组织机构代码证、银行开户许可证，法人预留印鉴、法定代表人人名章及签字原件，贷款卡，耿景瑞身份证、霍雅云委托代办手续等），融投担保公司对这些材料已履行审慎审查的职责，其有理由相信耿景瑞代表吉祥煤业公司向融投担保公司申请融资的主体身份和意思表示的真实性。至于吉祥煤业公司的公章和其在公安局备案的公章是否一致，耿景瑞的签字与吉祥煤业公司备存的文件签字是否一致，不在融投担保公司应审查的范围之内。二审庭审中，本院要求吉祥煤业公司提供合同签订之时公章在工商登记备案的材料，吉祥煤业公司表示庭后提交，但未按本院要求提交相关证据。根据《最高人民法院关于贯彻执行〈中华人民共和国民法通则〉若干问题的意见（试行）》第五十八条的规定，“企业法人的法定代表人和其他工作人员，以法人名义从事的经营活动，给他人造成经济损失的，企业法人应当承担民事责任。”因此，不能否定耿景瑞作为吉祥煤业公司原法定代表人代表吉祥煤业公司所从事民事法律行为的效力。况且，《服务合同》和相关协议签订后，融投担保公司即按约定，分别于2011年6月24日、8月9日提供了融资服务，2.5亿元委托贷款全部发放至吉祥煤业在银行开立的账户，融投担保公司已按照合同约定履行了合同义务。吉祥煤业公司当天或次日将款项转账至他人账户，说明吉祥煤业公司接收并使用了融投担保公司委托发放的款项。因此，本案合同真实有效，融投担保公司已履行贷款义务，吉祥煤业公司应按合同约定向融投担保公司还款。因吉祥煤业公司并未证明案涉合同使用公章与合同签订时工商登记备案公章存在不同，且已实际接收融投担保公司发放的款项，借款合同真实有效并已履行，本案再对公章进行鉴定已无意义，原审法院对其鉴定申请未予准许并无不当。如果吉祥煤业公司认为其公司内部存在违法犯罪行为，应在查明事实后另行主张权利。吉祥煤业公司在一、二审审理期间，均未提供合同签订之时在工商备案的公章，其以借款合同使用公章与其当前使用的公章不符，耿景瑞的部分签字系伪造为由，否定借款合同的真实性，缺乏依据，本院不予支持。如果吉祥煤业公司认为其公司内部存在违法犯罪行为，可在查明事实后另行主张权利。

二、关于本案诉讼主体是否适格的问题。

根据《中华人民共和国合同法》第四百零二条之规定，本案吉祥煤业公司作为借款人与委托贷款的委托人融投担保公司和受托人汇融银行共同签订了《委贷协议》，汇融银行已经向吉祥煤业公司披露了融投担保公司的身份，因此，融投担保公司可以以自己的名义直接向吉祥煤业公司主张权利，吉祥煤业公司关于融投担保公司主体不适格的主张，不能成立。

三、关于应否追加汇融银行为本案第三人的问题。

根据汇融银行与吉祥煤业公司、融投担保公司签订的《委贷协议》，汇融银行系受融投担保公司委托向吉祥煤业公司发放贷款的代理人，委托贷款本金未能按时收回、利息未得按时足额支付的风险及其他信用风险，均由融投担保公司自行承担，与汇融银行无关。根据《中华人民共和国民事诉讼法》（2012 年）第五十六条第二款的规定，对当事人双方的诉讼标的，第三人虽然没有独立请求权，但案件处理结果同他有法律上的利害关系的，可以申请参加诉讼，或者由人民法院通知他参加诉讼。由于本案的处理结果与汇融银行没有法律上的利害关系，汇融银行不具备作为本案第三人参加诉讼的法定条件。

四、关于本案将多个合同合并审理是否适当的问题。

融投担保公司与吉祥煤业公司同时签订了《服务合同》和《委贷协议》，尽管两份合同约定的权利义务不同，但涉及的资金实为一笔，指向的都是相应的 2 亿元和 5000 万元贷款，涉及的是同一法律关系，且双方对《委贷协议》的履行直接影响《服务合同》的权利享有和义务承担。因此，两份合同之间相互牵连，关系密切，吉祥煤业公司请求另案处理缺乏事实与法律依据。

综上，原审判决认定事实清楚，适用法律正确，审判程序合法，处理结果适当，依法应予以维持。本院依照《中华人民共和国民事诉讼法》（2012 年）第一百七十条第一款第（一）项之规定，判决如下：

驳回上诉，维持原判。

一审案件受理费按一审判决执行。二审案件受理费 1722762 元，由内蒙古吉祥煤业有限公司负担。

本判决为终审判决。

审判长　李　伟

代理审判员　李相波

代理审判员　金丽娟

二〇一四年十月十日

书记员　杨　婷

八、实训法律法规

1. 《中华人民共和国民事诉讼法》第 176—183 条。

2. 《最高人民法院关于适用〈中华人民共和国民事诉讼法〉的解释》第 321—340 条。

3. 《最高人民法院关于民事诉讼证据的若干规定》。

附：实训拓展

一、案例思考

2020 年 8 月，刘某在某保险公司业务员的说服下投保，保险公司签发了“老来福终生寿险”及“附加住院医疗保险”。之后刘某因病住院，刘某依保险单向保险公司申请给付医疗费，保险公司以刘某带病投保为由拒绝给付。刘某遂以该保险公司为被告向人民法院提起诉讼。保险公司认定刘某带病投保的根据是刘某诊治医院的病历记录，而病历记录中关于刘某投保前患病的记载来源于口述，这种口述是刘某亲属所为。刘某提出，保险公司的业务员在订立保险合同时，没有依法向刘某说明保险条款，证人为刘某同事。一审法院裁判驳回刘某的诉讼请求，刘某提出上诉。

问题：

1. 如果你是刘某二审聘请的代理人，针对本案的二审你会作出哪些应诉准备？会准备哪些证据材料？如何撰写法律文书？

2. 如果你是本案的二审法官，对本案的证据将如何进行审查和判断？对本案又将作出何种处理？如何撰写裁判文书？

二、知识拓展

调解和判决是作为人民法院处理民事纠纷的两种不同方式，二者相辅相成，互为补充，各有所长。与判决相比较，法院调解具有自愿性、目的性、和解性、解决纠纷彻底性、程序的灵活性和处理的高效性等特点，对于提高诉讼的时效性，促进稳定与和谐都是判决所不能比拟的。实践中，各级法院都非常重视民事调解的积极作用，最高人民法院也曾提出了“调解优先、调判结合”的审判工作模式。下面，笔者对诉讼调解中的新事物——“诉前调解”制度向读者进行介绍。

面对民事诉讼案件大幅增加的现状，各地法院不断探索调解新机制。诉前调解就是法院为了缓解案件激增给法院带来的审判和执行压力而创新的调整模式。虽然《民事诉讼法》中没有关于诉前调解的规定，但具备条件的部分法院早已开始了诉前调解的尝试。所谓的诉前调解，具有法院审理性质，即由法院立案庭的法官来调解或法官与人民陪审员、人民调解员共同来调解。诉前调解的启动应在案件当事人到法院立案之时。鉴于诉前调解缺乏法律的定位，导致各地法院诉前调解主体不一。有的法院在法院立案庭内设立专门的调解中心或合议庭，由法院立案庭人员主持调解；有的法院在法院立案庭设立“人民调解室”，由律师、人民调解员、人民陪审员，或由法院聘请的离退休法官主持调解。

具体而言，诉前调解就是在当事人来院立案之时，立案人员应仔细审查案件，判断案件的性质、复杂程度以及是否有调解的可能。对法律关系基本清楚、事实争议不大、法律责任比较明确的一审民商事案件，立案法官应该充分行使释明权，主动宣传人民调解工作的特点、优势，告知进入诉讼程序后的利弊，建议当事人首先选择诉前调解，并征求、询问当事人是否愿意进行诉前调解。如果当事人愿意，则应暂缓立案，由法官将案件转至立案庭内设置的调解中心或合议庭，由立案法官通知当事人到法院立案庭进行调解。

关于诉前调解的案件范围，参考各地法院的做法，一般来说，适用于以下一些调、撤率较高的案件：（1）家庭纠纷类，如婚姻、抚养、赡养、收养、监护婚、继承等。（2）相邻关系类，如宅基地和不动产纠纷等。（3）小标的额案件，如小额的债务纠纷、小额的合同纠纷等。（4）人身损害赔偿类，如交通事故和工伤事故引起的权利义务关系较为明确的损害赔偿纠纷。（5）民间借贷纠纷类，如诉讼标的额较小，当事人之间权利义务关系较为明确的民间借贷案件。（6）其他事实清楚、法律关系简单、权利义务明确、争议不大的纠纷。

诉前调解结束后，会产生两种后果：一种是调解失败，双方当事人之间的纠纷进入诉讼程序，由专门的业务庭对案件进行审理，当然，在审理过程中，业务庭的法官仍然可以在案件审理中组织双方进行调解，但是鉴于大部分经过诉前调解的案件当事人未能在诉前达成调解协议，这种案件在进入实体审理阶段的调解率并不高；另一种则是调解成功，争议双方达成调解协议。这种调解协议与当事人在诉讼中达成的调解协议具有同样的法律效力，而并非像人民调解协议一样不具备强制执行的效力。当然，不是立案法官主持下的调解书一般被认为是不具备强制执行效力的，但是当事人双方可以共同到公证部门进行公证，使调解协议变为具有强制执行力的公证文书；或者请求法院制作调解书。法院立案庭的法官会对调解协议的内容进行审查，然后再出具有法律效力的调解书，但当事人应向法院缴纳一定的诉讼费用。

第四章

民事再审法律实务实训

我们的民事案件在经过了一审、二审程序的审理后，获得了一个生效的裁判。根据我国《民事诉讼法》所确定的“两审终审制”原则，普通诉讼程序就结束了，大部分对诉讼结果表示接受的案件当事人就会从漫长而又繁复的诉讼中抽离出来，重新回到自己正常的生活轨迹。但是，也有一些即便经历了两审依然对诉讼结果不满意，认为裁判存在错误的当事人可能就需要一个特殊的救济程序维护其合法权益，加之生效裁判中存在的错误不仅损害当事人的合法权益，而且影响国家法律制度的统一正确实施，破坏司法的权威与尊严，因此，专门用于纠正生效裁判错误的再审程序的启动主体不限于当事人。根据我国《民事诉讼法》的规定，启动再审程序的主体除包括当事人外，还包括人民法院和人民检察院。那么部分案件就会进入最后一个司法救济渠道——审判监督程序。

第一节　再审的提起与复查

一、实训目标

了解再审提起的种类；提起再审的事由；明确不同的再审提起方式的适用条件及程序；掌握再审复查的方式、程序及结果。具体应完成下列任务：（1）确定不同的主体提起再审的条件，如何可以顺利提起再审；（2）规范撰写申诉状等法律文书，掌握在法院提起申诉的具体途径和方法；（3）分析再审审查案件的程序及裁判类型。

二、实训素材

案例 1

刘某（女）与张某（男）经恋爱于 2008 年办理结婚登记手续，婚后二人生育两个女儿。2016 年，刘某以其与张某感情不和为由，隐瞒上述事实谎称自己与张某系同居关系，二人只生育一女，起诉到法院，要求法院对女儿抚养及财产纠纷进行处理，同时还提供了当地村委会出具的二人只生育一女的证明。庭审中，双方对上述基本事实均无异议，在法院的主持下达成调解协议。法院制作调解书经送达双方签字确认，调解书发生法律效力。2018 年 8 月，刘某持《结婚证》和当地村委会的证明到法院申请再审，称当初是为了生第三胎而与张某办理的假离婚，但后来张某又和别的女人结婚了，其要求启动再审程序，撤销原判。

问题：

1. 刘某是否符合申请再审人的条件？其提出的再审理由是否属于法定事由？

2. 如果你是一名律师，在刘某向你咨询时，你如何向她提出建议？

3. 如果你是法院的再审审查法官，对于当事人提交的再审申请又会作何处理？

案例 2

王某系未成年少女，其因腹痛至某医院急诊，被确诊为急性阑尾炎。当日，医院为其施行了阑尾切除术，经术后探查确认，其被手术医师摘除的是子宫。后王某起诉至法院，经委托鉴定，王某已完全丧失生育功能且其正常心理发育也将受到影响。故法院判决医院赔偿其经济损失 17 万余元，其中包括其残疾生活补助费 8 万余元。判决生效后，王某以物价上涨为由向法院申请再审，要求法院增加残疾生活补助费 10 万元。

问题：

1. 王某如果向法院申请再审，作为她的代理人，你应当准备哪些材料及证据？

2. 王某的再审事由是否符合法定条件？

3. 如果你是再审审查法官，会如何审查及处理申请？

案例 3

赵某、孟某以及贾某于 2020 年 9 月 22 日签订合伙协议，约定由三人各出资 5 万元共同经营一商贸公司的全部业务。在经营期间，贾某退出合伙，后赵某与孟某在合伙期间因为经营理念问题发生纠纷，孟某遂向某市人和区人民法院提起诉讼，请求判令双方的合伙关系自 2021 年底终止；并依法指令清算人进行合伙清算；要求赵某退还其出资并支付其他各种费用共计 5 万元。法院审理后判决为，原告孟某与被告赵某的合伙关系自 2021 年 12 月31 日起终止；赵某在判决生效后 15 日内向孟某支付人民币 1 万元（含股金、盈利及工资）；合伙体尚未收回的含税销售收入 10 万元，由孟某和赵某各分得 5 万元（含股金及盈利）；驳回孟某的其他诉讼请求。申诉人赵某不服该判决，向人和区检察院申请抗诉，经该院审查后认为，一审判决认定的基本事实缺乏证据证明，对合伙企业清算时的利润数额认定不清，所采信的鉴定结论中存在重复计算的情形；且原生效判决适用关于退伙的规定不当，应当适用关于合伙终止的规定。该案符合《民事诉讼法》所规定的再审条件，故提请市人民检察院抗诉，市人民检察院采纳了该院的意见，向该市中级人民法院提出了抗诉。

问题：

1. 检察机关提起抗诉是否符合法律规定？

2. 如果你是检察院的承办人员，应如何履行自己的职责？

3. 如果你是法院的法官，将如何受理检察机关的抗诉？

三、实训准备

1. 分小组、分角色：按照学生人数的多少，教师将学生分成若干小组，并确定扮演的不同角色。

2. 基础准备阅读《民事诉讼法》教材中有关再审程序中关于再审的提起和复查等基础理论知识，熟练掌握《民事诉讼法》《最高人民法院关于适用〈中华人民共和国民事诉讼法〉的解释》《最高人民法院关于适用〈中华人民共和国民事诉讼法〉审判监督程序若干问题的解释》《最高人民法院关于受理审查民事申请再审案件的若干意见》等诉讼类规范性文件，同时尽最大可能熟悉各种民事实体法中有关民事责任承担的相关内容。

3. 针对性的文献检索：实训前将实训素材的基本案情资料传发给学生，要求检索有关程序法和实体法方面的法律依据，根据具体实训案例结合实体法的内容明确案件当事人的权利义务，判断原审裁判是否适当？当事人提起申诉是否符合法定事由，确定不同主体提起再审的具体途径，并掌握法院再审审查程序的基本方法。

4. 书面报告：确定诉讼主体，发现案件的基本事实和需要适用的法律法规，以上内容需以书面形式提交报告。同时，根据扮演角色的不同，准备相应的法律文书或者书面材料。

四、实训要点

再审，是指人民法院对裁判已经发生法律效力的案件再一次进行审理并重新作出裁判的诉讼活动。通常情况下，裁判一旦生效，就必须维护其稳定性和权威性，当事人不得再对此裁判确认的实体法律关系进行争议，法院也不得随意撤销或者变更该裁判。但是，裁判的稳定性和权威性必须建立在其公正性的基础上，甚至要靠公正性来保障。要维护裁判的公正性，就必须及时纠正裁判中的错误，确保裁判的正确性。裁判错误的不可避免性决定了，裁判已经发生法律效力的案件有必要再次进入诉讼程序。

（一）当事人申请再审

1. 享有申请再审权的主体范围

当事人申请再审，是指当事人认为人民法院作出的已经发生法律效力的判决、裁定有错误，或者提出证据证明人民法院作出的已经发生法律效力的调解书在调解时违反自愿原则或者调解协议的内容违反法律规定，依照法定程序提出申请，请求人民法院对已经审结的民事案件进行再次审理和重新裁判的诉讼行为。

享有申请再审权的主体应当是生效判决的当事人，且具有再审利益。也就是说，申请再审是当事人享有的一项重要诉讼权利。当事人是法院判决、裁定或者调解书确认的实体权利的享有者和实体义务的承担者，如果法院判决、裁定或者调解书存在错误，必然会对当事人的实体权利义务产生直接影响。赋予当事人申请再审的权利，对于维护当事人的合法权益具有十分重要的意义。根据《民事诉讼法》的规定，只要当事人的再审申请符合法律规定的条件，人民法院就应当对案件进行再审。因此，申请再审是引起再审程序的重要途径之一。

当事人的判断标准应以生效裁判文书中的列明为准，包括原告、被告、第三人，且该当事人完全或部分败诉，可能通过再审获得更有利的法律地位。如果上述当事人死亡或者终止的，那么他的权利义务继受人就享有申请再审的权利。

在实践中，还有一类人，即受让了生效裁判文书中债权的债权受让人，从结果上看，原审裁判结果与他们的利益也是密切相关的，他们能不能成为申请再审的主体呢？《最高人民法院关于判决生效后当事人将判决确认的债权转让债权受让人对该判决不服提出再审申请人民法院是否受理问题的批复》中明确规定，判决生效后当事人将判决确认的债权转让，债权受让人对该判决不服提出再审申请的，因其不具有申请再审人主体资格，人民法院应依法不予受理。

2. 当事人申请再审的条件

申请再审与起诉、上诉一样，都需要具备一定的法定条件。因为申请再审针对的是已经生效的法律裁判，其条件与起诉、上诉的条件相比，将更为严格。

根据《民事诉讼法》的规定，当事人申请再审必须符合以下条件：

（1）认为人民法院已经发生法律效力的判决、裁定、调解书有错误

作为一种事后纠错程序，再审只能针对判决、裁定或者调解书已经生效

的案件，因此，当事人只能对法院判决、裁定或者调解书已经生效的案件申请再审。对于判决、裁定尚未生效且依法可以上诉的案件，当事人可以通过上诉的方式声明不服，引起第二审程序，寻求权利的进一步救济；对于调解书尚未发生法律效力的案件，当事人认为调解的程序违反自愿原则，或者调解协议的内容违反法律规定，或者在签收前反悔的，可以拒绝签收调解书，使调解书不能生效，而由人民法院及时作出裁判。

再审程序是一种纠正生效判决、裁定或者调解书错误的程序，已经发生法律效力的判决、裁定、调解书，既包括已经生效的第一审判决、裁定和调解书，也包括第二审判决、裁定和调解书。其中，对于法院裁定，只有不予受理和驳回起诉的裁定才能申请再审。只有认为判决、裁定或者调解书存在错误的，当事人才有必要申请再审，否则，即使申请，也不会引起再审程序。

（2）具有法定的申请事由

当事人申请再审的法定事由，也称为再审理由。根据《民事诉讼法》的规定，当事人申请再审符合下列情形之一的，人民法院应当再审：①有新的证据，足以推翻原判决、裁定的；②原判决、裁定认定的基本事实缺乏证据证明的；③原判决、裁定认定事实的主要证据是伪造的；④原判决、裁定认定事实的主要证据未经质证的；⑤对审理案件需要的主要证据，当事人因客观原因不能自行收集，书面申请人民法院调查收集，人民法院未调查收集的；⑥原判决、裁定适用法律确有错误的；⑦审判组织的组成不合法或者依法应当回避的审判人员没有回避的；⑧无诉讼行为能力人未经法定代理人代为诉讼或者应当参加诉讼的当事人，因不能归责于本人或者其诉讼代理人的事由，未参加诉讼的；⑨违反法律规定，剥夺当事人辩论权利的；⑩未经传票传唤，缺席判决的；⑪原判决、裁定遗漏或者超出诉讼请求的；⑫据以作出原判决、裁定的法律文书被撤销或者变更的；⑬审判人员审理该案件时有贪污受贿、徇私舞弊、枉法裁判行为的。此外，当事人对已经发生法律效力的调解书，提出证据证明调解违反自愿原则或者调解协议的内容违反法律的，可以申请再审。经人民法院审查属实的，应当再审。

3. 民事再审事由分类

总结来看，民事再审的事由不外乎以下三类，即裁判主体不合法、裁判依据不合法、违反法定程序，下面将分别予以说明。

（1）裁判主体不合法

裁判主体不合法主要包括裁判机构不合法，比如，判决书载明的裁判法院不存在，或者审判组织的组成不合法，如有人民陪审员参加了上诉审的合议庭。此外，法官对案件没有审判权，如违反了回避的规定等，以及法官在审理案件过程中实施了职务犯罪行为都属于裁判主体不合法。当然，裁判主体的不合法，比如，审判组织不合法，违反回避制度，有时也被认为是违反法定程序的情形。但无论如何归类，都不影响其作为再审事由。

（2）裁判缺乏事实根据

裁判缺乏事实依据是裁判依据不合法的第一种表现。其主要包括的情形有：①有新的证据，足以推翻原判决、裁定的；②原判决、裁定认定的基本事实缺乏证据证明的；③原判决、裁定认定事实的主要证据是伪造的；④原判决、裁定认定事实的主要证据未经质证的；⑤对审理案件需要的主要证据，当事人因客观原因不能自行收集，书面申请人民法院调查收集，人民法院未调查收集的；⑥据以作出原判决、裁定的法律文书被撤销或者变更的。

这些事由都是《民事诉讼法》第 211 条所规定的裁判根据不合法的法定事由，但在其中有一些在司法实践中不易把握的关键词，如“新的证据”“基本事实”“主要证据”等，有必要加以明确。

第一，什么是“新的证据”？

这里的“新的证据”，主要包括下列证据：原审庭审结束前已客观存在庭审结束后新发现的证据；原审庭审结束前已经发现，但因客观原因无法取得或在规定的期限内不能提供的证据；原审庭审结束后原作出鉴定结论、勘验笔录者重新鉴定、勘验，推翻原结论的证据；当事人在原审中提供的主要证据，原审未予质证、认证，但足以推翻原判决、裁定的，应当视为新的证据。

虽然有上述法律中的列举性规定，但是在司法实践中，对于“新的证据”的认定一直是一个比较复杂又富有争议的问题。笔者从下面的真实例子中对“新的证据”加深理解。

周某是昆明某公司的退休职工，2006 年，其支付了 2 万余元从公司购得一套福利住房。后其发现，该房屋还有一个居住者——同公司的离休职工鲍某。鲍某于1994年取得该房40%的产权，而且他并不知房子又卖给了周某。周某于是起诉到法院，要求鲍某腾房，2007年6月，经两级法院裁判作出终审判决，鲍某依据对诉争房屋享有40%产权而居住占用合法，驳回原告周某的上诉。判决作出后，周某经走访所在地的房管局及住房制度改革领导小组办公室等部门，并由上述部门提供材料证实：鲍某40%的产权于2006年6月13日就注销了。依据此“新的证据”，周某向上诉审法院的上一级法院提出了再审申请，法院依据其提供的“新的证据”，认定原审裁判存在错误，裁定再审。

第二，何为“基本事实”？

“基本事实”，是指对原判决、裁定的结果有实质影响、用以确定当事人主体资格、案件性质、具体权利义务和民事责任等主要内容所依据的事实。

首先，该事实对原判决、裁定的结果有直接影响。也就是说，有了该事实才能使原判决、裁定的结果正确，缺乏该事实将影响原判决、裁定结果的公正，因此，该事实与裁判结果有直接因果关系。

其次，基本事实包括用以确定当事人主体资格、民事法律关系性质、具体权利义务、民事责任等主要内容所依据的事实。基本事实又称为主要事实，或者要件事实，是指对于权利发生、变更或消灭法律效果有直接作用的事实。因为其能够直接导致一定法律效果的产生。比如，金钱消费借贷合同中，A为贷款人，B为借款人，B向A借款100万元，A、B两者之间缔结合同的事实与金钱交付的事实，即为基本事实。上述缔结合同的事实与金钱交付的事实，是依据民商法、合同法等实体法作为借贷合同要件的事实，决定了双方法律关系的性质，因此也是基本事实。

最后，基本事实缺乏证据证明。缺乏证据证明主要包括：缺乏能够证明案件基本事实所必不可少的证据，也就是说，缺乏认定案件所需要的基本证据或主要证据，即没有主要证据；或者认定的基本事实没有达到法定的“高度盖然性”的证明标准，如果一个案件的基本事实缺乏证据证明，那么该案件作出裁判依据的基础事实就没有保证。

第三，什么是“主要证据”？

何为“主要证据”，一般认为人民法院认定基本案件事实所必须依据的证据就是主要证据。像上面的消费借贷案例中，双方签订的借款协议，以及A向B银行转账的凭证都属于主要证据。如果说案件的主要证据是伪造的，比如借款协议第1页与第2页的用纸不同，且非一次性打印形成的，显然就可能是伪造的证据。如果原判决、裁定认定事实的主要证据是伪造的，就构成了再审事由。

（3）裁判适用法律错误

适用法律是法官最基本的职责，如果判决、裁定在“适用法律上确有错误”，就应当作为一项独立的事由提起再审。实际上，适用法律的错误主要包括：①适用的法律与案件性质明显不符的；②确定民事责任明显违背当事人约定或者法律规定的；③适用已经失效或尚未施行的法律的；④违反法律溯及力规定的；⑤违反法律适用规则的；⑥明显违背立法本意的。

（4）审判程序不合法

较之实体公正，程序公正也具有独立的价值性。在实践中，如果法院在裁判中存在严重违反法定程序的情形，也将构成再审事由。这些情形主要包括：①无诉讼行为能力人未经法定代理人代为诉讼或者应当参加诉讼的当事人，因不能归责于本人或者其诉讼代理人的事由，未参加诉讼的；②违反法律规定，剥夺当事人辩论权利的；③未经传票传唤，缺席判决的；④原判决、裁定遗漏或者超出诉讼请求的。

关于“原判决、裁定遗漏或者超出诉讼请求”，作为再审事由的情形，比如甲、乙之间签订了一个借款合同，双方就借款数额、还款期限及利息进行了明确约定。还款期限到来后，乙没有依约向甲偿还借款本息，甲遂向法院起诉。法院在判决书的主文中，只有乙应当偿还甲本金及承担诉讼费的判项，对甲要求乙支付利息的诉讼请求未予判决。在判决生效后，甲可以以法院判决遗漏诉讼请求为由，向原审法院的上一级法院申请再审。

4. 申请再审应当准备的材料

当事人申请再审的形式，《民事诉讼法》对此未作规定。因再审是重大的诉讼活动，为表示郑重，当事人申请再审，应当向人民法院提交书面的再审申请书，并附生效的法律文书。申请再审不能以口头的形式提出。再审申请书应当载明下列内容：当事人的基本情况，作出原判决、裁定、调解书的法院名称及判决、裁定、调解书的案号，请求的事项，申请再审的事实与理由，致送人民法院的名称，申请时间等。

如果当事人申请再审的事由是“有新的证据，足以推翻原判决、裁定的”的，应当向人民法院提供该新的证据，以证明自己的申请理由成立；当事人以其他事由申请再审并有新的证据的，也应当在提出申请时提交人民法院。

5. 申请再审的法院

根据《民事诉讼法》第210条的规定，当事人对已经发生法律效力的判决、裁定，认为有错误的，可以向上一级人民法院申请再审；当事人一方人数众多或者当事人双方为公民的案件，也可以向原审人民法院申请再审。当事人申请再审的，不停止判决、裁定的执行。

在这里需要注意的是，申请再审一般是向作出生效裁判的法院的上一级法院申请，符合特殊情形的可以向原审法院提出申请。这是2012年《民事诉讼法》修改作出的调整。也就是说，有些发生法律效力的判决、裁定，涉及的当事人都是公民，考虑到向上一级法院申请再审会增加成本及花费，有的当事人还是愿意选择向原审法院申请再审。当然，如果当事人对原审法院的审查存在顾虑，担心其先入为主，也可以选择向上一级申请再审，在这里就赋予了当事人选择的权利。再有，有些发生法律效力的判决、裁定，涉及当事人一方人数众多，由原审人民法院再审，有利于查清事实，将纠纷解决在基层。除了上述两种情形外，当事人还是要向上一级法院申请再审。

6. 申请再审的期限

根据2012年修正的《民事诉讼法》，申请再审的期限较之以前大大缩短，规定当事人申请再审，应当在判决、裁定发生法律效力后6个月内提出，同时，对于一些特定事由下的申请再审，规定了特殊的期限起算日。例如，《民事诉讼法》规定，有新的证据，足以推翻原判决、裁定的、原判决、裁定认定事实的主要证据是伪造的、据以作出原判决、裁定的法律文书被撤销或者变更的、审判人员审理该案件时有贪污受贿，徇私舞弊，枉法裁判行为的，当事人自知道或者应当知道之日起6个月内提出再审申请。

7. 不得申请再审的案件

根据《民事诉讼法》及相关司法解释的规定，当事人不得申请再审的案件，主要包括下列类型：

（1）解除婚姻关系的判决。人民法院作出的解除婚姻关系的判决一旦发生法律效力，男女双方之间基于婚姻关系而形成的人身权益关系就消灭，双方均可与他人建立婚姻关系。此后，当事人不得再就是否应当解除婚姻关系申请再审。当然，在这种案件中，当事人不得申请再审的仅限于解除婚姻关系部分，当事人就离婚案件中的财产分割问题申请再审的，如果涉及判决中已经分割的财产，人民法院对于符合条件的申请，应当立案审理；如果涉及判决中未作处理的夫妻共同财产，应当告知当事人另行起诉。

（2）按照特别程序、督促程序、公示催告程序、企业法人破产还债程序审理的案件。对于按照督促程序、公示催告程序审结的案件，如果裁判确有错误，当事人、利害关系人可以另行起诉，通过普通诉讼程序解决纠纷；对于按照企业法人破产还债程序审结的案件，由于债务人随着破产清算完毕而丧失主体资格，即使裁判有错误，其主体资格也难以恢复，即使恢复也难以继续开展经营活动。因此，对于按照上述程序审理的案件，当事人不得申请再审。

（3）依照审判监督程序审理后维持原判的案件。人民法院依再审程序对案件进行再审后，仍然维持原裁判的，表明人民法院的裁判在认定事实、适用法律上是正确的。因此，依照审判监督程序审理后维持原判的案件，当事人不得申请再审。

此外，撤销仲裁裁决和驳回撤销仲裁裁决申请的裁定，不予执行的裁定，再审申请被裁定驳回后，申请再审人以同样理由再次申请再审的，以及最高人民法院再审裁判或者再审审查驳回的案件，当事人都不得再次申请再审。

（二）人民法院依职权决定再审

1. 人民法院决定再审的适用条件

根据《民事诉讼法》第209条的规定，人民法院依职权提起再审必须具备下列条件：

（1）案件的性质必须是诉讼案件。人民法院只能对有民事权益争议的诉讼案件依职权提起再审，对于无民事权益争议的非讼案件，人民法院不得依职权提起再审。

（2）案件的判决、裁定、调解书必须已经发生法律效力。如果是尚未生效的判决、裁定、调解书确有错误的，应当通过上诉程序进行纠正。

（3）已经生效裁判必须确有错误。生效裁判如果没有错误，人民法院没有必要提起再审，也不应当提起再审，否则就是浪费司法资源，造成当事人讼累。同时，“确有错误”仅是人民法院初步审查认定的结果，至于判决、裁定是否真正存在错误，必须经过再审程序审理才能确定。

（4）必须由法定的主体提起或者决定。根据《民事诉讼法》的规定，对于本院已经发生法律效力的判决、裁定，应当由本院院长提交审判委员会讨论决定是否再审；对于地方各级人民法院已经发生法律效力的判决、裁定，最高人民法院、上级人民法院有权决定再审。

2. 人民法院决定再审的方式及程序

（1）本法院决定再审。各级人民法院院长发现本院已经发生法律效力的判决、裁定确有错误，认为需要对案件进行再审的，应当提交审判委员会讨论决定是否再审。经审判委员会讨论决定再审的，应当作出再审决定。

（2）最高人民法院提审或者指令再审。最高人民法院对地方各级人民法院、专门人民法院已经发生法律效力的判决、裁定，发现确有错误的，有权提审或者指令再审。提审，就是将地方各级人民法院、专门人民法院作出生效裁判的案件提到最高人民法院，由最高人民法院亲自审理；指令再审，就是指令原审人民法院或者原审人民法院的上级人民法院对裁判已经生效的案件进行再审。所谓原审人民法院，就是作出生效裁判的人民法院。

（3）上级人民法院提审或者指令再审。上级人民法院对下级人民法院具有审判监督权。对于下级人民法院已经发生法律效力的判决、裁定，发现确有错误的，上级人民法院有权提审或者指令下级人民法院再审，以维护法律的尊严和人民法院的权威性。上级人民法院指令再审的，应当指令原审人民法院再审。其中，由第一审人民法院作出生效裁判的案件，应当指令第一审人民法院再审；由第二审人民法院作出生效裁判的案件，应当指令第二审人民法院再审。

（三）人民检察院抗诉的再审

1. 检察院抗诉再审的变化

人民检察院是国家的法律监督机关，依法对人民法院的民事诉讼行为享有法律监督权，抗诉正是人民检察院基于其法律监督权而进行的职权行为。在实践中，当事人往往在穷尽了法院的诉讼程序后，为维护自身的合法权益而求助于作为法律监督机关的人民检察院，以期通过人民检察院行使法律监督权来提起再审，纠正已生效的错误裁判。

2012 年修正的《民事诉讼法》对检察院抗诉监督作出了较大修改：在抗诉监督方式的适用范围方面，新增加了检察机关对损害国家利益、社会利益的调解书也可以提起抗诉；检察建议的监督方式，即地方各级检察机关既可以以检察建议的方式对同级法院的生效裁判进行监督，也可以对同级法院制作的损害国家利益、社会公共利益的调解书予以监督；地方各级检察机关以检察建议方式，还可以对其他审判程序中的审判人员的违法行为进行监督。

2. 检察院发动再审的方式

检察院发动再审的方式有两种：一是检察建议，二是抗诉。

所谓检察建议，是指人民检察院对于一些民事申诉案件，向人民法院提出要求纠正错误、改进工作或者履行职责的建议或意见。可以说，提出检察建议是人民检察院行使国家法律监督权的重要形式，也是人民检察院作为国家法律监督机关的重要职责。检察建议可以有效地将检察机关的外部监督形式转化为法院的内部监督，形成一种良性的互动。较之抗诉这种检察机关更为常规的监督方式，检察建议最大的优势在于其灵活性，也就是说，检察建议不受抗诉审级的限制。

根据《民事诉讼法》第 219 条第 2 款和第 3 款的规定，“地方各级人民检察院对同级人民法院已经发生法律效力的判决、裁定，发现有本法第二百一十一条规定情形之一的，或者发现调解书损害国家利益、社会公共利益的，可以向同级人民法院提出检察建议，并报上级人民检察院备案；也可以提请上级人民检察院向同级人民法院提出抗诉。各级人民检察院对审判监督程序以外的其他审判程序中审判人员的违法行为，有权向同级人民法院提出检察建议”。

人民检察院抗诉，是指人民检察院对人民法院已经发生法律效力的民事判决、裁定，发现确有错误，依照法定程序要求人民法院对案件进行再次审理的诉讼行为，也称民事抗诉。

上面介绍的检察院发动再审的两种方式，都是检察监督的形式。但是在实践中，我们需要了解，检察院发动再审一定要尊重当事人申请再审的诉权，也就是说，申请再审优先。一般来说，当事人申请再审优先于检察监督，只有在人民法院驳回再审申请；人民法院逾期未对再审申请作出裁定，或者再审判决、裁定有明显错误的情形下，当事人才可以向检察院申请检察监督或抗诉。

3. 检察院发动再审的程序

（1）当事人向检察院申请检察监督

根据《民事诉讼法》第220条第1款的规定，当事人可以在下列情形下向人民检察院申请检察建议或者抗诉：①人民法院驳回再审申请的；②人民法院逾期未对再审申请作出裁定的；③再审判决、裁定有明显错误的。

申请检察监督的权利对于当事人而言，不再是具有信访性质的申诉，不再仅是被检察机关“发现”生效裁判错误而抗诉的一种途径，而是一种由当事人自主支配、自由处分，与起诉权、上诉权、申请再审权一样的诉讼权利。

（2）检察院对申请的审查和决定

对于检察机关而言，不能再将当事人申请检察监督作为“发现”生效裁判错误的一种来源来对待，而是必须依法受理、依法审查、依法决定，在一种诉讼程序化的轨道上予以处理，作为检察机关必须履行的法定职责和义务来看待。

对民事申诉案件，一般由人民检察院控告申诉检察部门（控申处或控申科）受理，从受理之日起7日内就情况分别作出处理：①不服同级或者下一级人民法院生效民事判决、裁定的，移送本院民事行政检察部门（民行处或民行科）审查处理；②下级人民检察院有抗诉权的，转下级人民检察院审查处理；③依法属于人民法院或者其他机关主管范围的，移送人民法院或者其他机关处理。

人民检察院的民事行政检察部门对于当事人的申请应当在3个月内进行审查，作出提出或者不予提出检察建议或者抗诉的决定，当事人不得再次向人民检察院申请检察建议或者抗诉。

（3）再审检察监督——检察建议或抗诉的提出

地方各级人民检察院对同级人民法院已经发生法律效力的判决、裁定，发现有《民事诉讼法》第211条规定情形之一的，或者发现调解书损害国家利益、社会公共利益的，可以向同级人民法院提出检察建议，并报上级人民检察院备案；也可以提请上级人民检察院向同级人民法院提出抗诉。

各级人民检察院对审判监督程序以外的其他审判程序中审判人员的违法行为，有权向同级人民法院提出检察建议。

经过审查，检察机关如果想要提起抗诉的，应当是最高人民检察院对各级人民法院已经发生法律效力的判决、裁定，上级人民检察院对下级人民法院已经发生法律效力的判决、裁定，发现有《民事诉讼法》第211条规定情形之一的，或者发现调解书损害国家利益、社会公共利益的，应当提出抗诉。地方各级人民检察院对同级人民法院已经生效的裁判及调解书，不能直接提出抗诉，只能提请上级检察机关提出。

（4）人民检察院抗诉的效力

对人民检察院抗诉的民事案件，人民法院应当进行再审。一旦再审程序开始，人民法院应当裁定中止原判决、裁定的执行。也就是说，人民检察院的抗诉必然引起再审程序。只要人民检察院提出的抗诉符合法律规定，人民法院就必须对案件进行再审，这是由人民检察院法律监督机关的性质决定的。但是，对于人民检察院抗诉的案件，人民法院依法再审后维持原判决、裁定的，人民检察院不得就该案再次提出抗诉。

（四）再审审查程序

1. 再审申请的受理程序

当事人提出再审申请后，人民法院应当在申请再审人提交的材料清单上注明收到日期，加盖收件章，并将其中一份清单返还申请再审人。

申请再审人提出的再审申请符合申请再审条件的，人民法院应当在5日内受理并向申请再审人发送受理通知书，同时向被申请人及原审其他当事人发送受理通知书、再审申请书副本及送达地址确认书。再审申请不符合申请再审条件的，应当及时告知申请再审人。

在再审申请的受理阶段，法院将重点审查下列内容：（1）申请再审人是否是生效裁判文书列明的当事人，或者符合法律和司法解释规定的案外人；（2）受理再审申请的法院是否是作出生效裁判法院的上一级法院；（3）申请再审的裁判属于法律和司法解释允许申请再审的生效裁判；（4）申请再审的事由属于《民事诉讼法》规定的再审事由。

2. 再审事由的审查问题

人民法院对当事人的再审申请，应当组成合议庭进行审查，以此体现对当事人申请再审权利的慎重对待。认为符合再审条件的，裁定中止原判决、裁定或者调解书的执行，开始再审程序。发生法律效力的判决、裁定、调解书是第一审法院作出的，按照第一审程序进行再审，对所作的判决、裁定不服的，当事人可以上诉；发生法律效力的判决、裁定、调解书是第二审法院作出的，按照第二审程序进行再审，所作的裁判是发生法律效力的裁判，当事人不得再上诉。经审查，认为当事人的申请不符合法定条件的，应当裁定驳回其申请。

关于审查再审事由的法院部门，一般法院由立案信访庭负责，也有的法院由审判监督庭负责。但无论是法院的哪个部门负责审查再审事由，在受理阶段，法院的审判人员并不会像进行再审审理的法官一样对再审事由展开过度审查，只是会就当事人主张的事由是否是法律规定的事由审查即可。也就是说，再审审查不同于再审审理程序。再审审查是围绕再审事由是否成立的初步审查判断，而再审审理程序则是对再审事由成立与否的最终实质判断。

比如，再审审查的法官发现了生效裁判错将买卖纠纷当作加工承揽纠纷进行处理，或者在一个合同纠纷的判决书中，事实认定部分表述为被告不构成违约，而判决主文却判决被告承担违约责任，这些张冠李戴、自相矛盾的错误经过法官的初步判断，就可以提起再审，而不需要像接下来的再审审理程序一样，对原审裁判的错误进行实质判断。

如果当事人非依法律列举的事由申请再审，法官一般会告知其进行修改。在审查环节，虽然法官不会对案件进行实体审理，但实践中，负责再审审查的法官除了审查书面材料外，还是会对申请再审的当事人展开询问，在必要时也会调取案卷进行审查。

当然，在审查过程中，有时也会根据案件情况组织当事人进行听证。听证是介于开庭和询问之间的一种较为正式的诉讼活动，注重公开性、规范性，当事人、案外人也比较认同。有时候，如果在再审审查过程中需要对证据进行质证，使用听证程序往往比询问程序显得更正式。一般来说，在审查下列案件时，法院往往会组织当事人进行听证：（1）有新的证据，足以推翻原判决、裁定的；（2）原判决、裁定认定的基本事实缺乏证据证明的；（3）原判决、裁定认定事实的主要证据是伪造的；（4）原判决、裁定适用法律确有错误的。

当然，审查材料、审阅卷宗、询问当事人以及听证这四种审查方式，负责再审审查的法官可以根据案件具体情况选择运用，而并没有规定按一定的顺序使用。比如，法官如果通过审查生效的判决书就能发现原判存在适用法律不规范的情况，可以不经审阅卷宗、询问当事人以及听证就裁定再审。再如，法官发现原判存在遗漏或超出诉讼请求的情形，往往就通过前三种方式进行审查即可，无须经过听证。

如果当事人以一项事由被驳回再审申请后，其又以新的事由再次提出申请，法院是否会再次受理呢？尽管现行法律并未对申请再审的次数作出限制，但是法官通常会对当事人提出的新的事由进行审查，看看其是否提供了证据予以证明。如果是当事人可以在上次申请时一并提出的申诉理由，但其未提出，法院还要审查其是否有合理的理由。

3. 再审的审查结果

（1）裁定再审

人民法院运用上述审查方式和程序，经审查后认为申请再审人主张的再审事由成立的，应当裁定再审。例如，原告甲诉被告乙借贷合同纠纷一案，原审法院已作出生效判决，且案件进入执行阶段。但经该院院长发现，该案的程序存在错误，经提请审判委员会讨论决定提起再审。原因是该案原告在诉讼过程中死亡，而原审经办法官未中止诉讼通知其法定继承人参加诉讼就作出判决。这种情形就属于经审查后认为申请再审人主张的再审事由成立的，应当裁定再审。

（2）裁定驳回再审申请

人民法院经审查认为申请再审事由不成立的，应当裁定驳回再审申请。如果经审查认为再审申请超过规定的申请再审期限的，裁定驳回申请。驳回再审申请的裁定已经送达，即发生法律效力。这种审查结果，应当说是再审中比较常见的结果，大部分申请再审的案件，经过审查后，如果法官认为再审事由不符合法定情形，原判在认定事实、适用法律及审判程序上均没有错误的，往往都会驳回申请，从而维持原裁判的法律效力。

此外，裁定准许撤回再审申请、裁定按撤回再审申请处理及裁定终结审查程序也是再审审查的结果，分别适用于申请再审人撤回申请；经传票传唤，无正当理由拒不接受询问，以及申请再审人死亡或终止等应当终结审查的情形。

五、实训过程

（一）案例 1

1. 通过投影仪，教师与学生共同回顾案例 1 的基本案情。

2. 通过小组讨论，以请求权基础的思考方法，明确上述纠纷中所涉实体法律关系的性质，并由学生代表发言予以确认。

3. 以上述讨论确认的实体法律关系为基础，明确各方当事人的诉讼地位及其诉讼权利义务，从法院律师和当事人各自不同的角度做好相应的诉讼准备。

4. 通过小组演练，由不同学生扮演不同角色，模拟案件受理后有关当事人参与诉讼的途径和方法。

（二）案例 2

1. 通过投影仪，教师与学生共同回顾案例 2 基本案情。

2. 通过小组讨论，分析侵权损害赔偿的构成要件及赔偿范围，由学生代表发言予以确认。

3. 通过小组讨论，明确当事人申请再审的救济途径，准备申请再审的有关诉讼材料。同时明确审查再审申请的裁判思路，准备审查预案。

4. 通过小组演练，由不同学生扮演不同角色，模拟完成诉讼主体的上诉审理过程。

（三）案例3

1. 通过投影仪，教师与学生共同回顾案例3基本案情。

2. 通过小组讨论，明确合伙关系终止及退伙等的具体法律适用问题，并由学生代表发言予以确认。

3. 以上述讨论确认的结论为中心，考虑在案件已经向检察院申诉的情形下，检察机构应当如何处理，并准备有关的诉讼材料。

4. 通过小组演练，由不同学生扮演不同角色，模拟完成案件申诉及再审审查过程。

六、实训点评

（一）角色自我点评（略）

（二）旁听学生点评（略）

（三）指导教师点评

1. 案例1点评要点

首先，对当事人的实训点评可以从以下方面来掌握：（1）对案件实体问题的把握是否准确，从何角度主张权利？（2）申请再审材料是否完整，如何完成证据收集？（3）申请再审材料如何组织，在法院审查过程中如何应对？

其次，对人民法院法官的实训点评可以从以下方面来掌握：（1）审查当事人的申请再审的理由是否属于法定事由？（2）如何对当事人提出建议？（3）再审审查应注意的事项。

2. 案例2点评要点

首先，对当事人的实训点评可以从以下方面来掌握：（1）对侵权损害赔偿范围的确定；（2）法院裁判生效后的救济途径和方法；（3）提出申诉后证据的整理收集及诉讼策略的确认。

其次，对人民法院法官的实训点评可以从以下方面来掌握：（1）对当事人提出的申诉的审查方法；（2）对其他申诉事由的具体审查方法；（3）审查后的处理方式和程序。

3. 案例3点评要点

首先，对当事人的实训点评可以从以下方面来掌握：（1）当事人的诉讼请求的实体法依据何在？要求是否合理，并说明理由。（2）当事人拟定的诉讼策略是否可行，如何实施？（3）当事人撰写的法律文书是否反映了诉讼策略？

其次，对人民检察院的检察官的实训点评可以从以下方面来掌握：（1）对当事人的申诉如何进行审查？（2）如何提出抗诉？

最后，对人民法院法官的实训点评可以从以下方面来掌握：（1）法官应如何审查生效裁判？（2）法官审查再审案件的法律依据是什么？（3）检察院抗诉，法官审理后就案件应如何进行裁判？法律依据是什么？

七、实训文书

1. 再审申请书

民事再审申请书[1]

再审申请人：××，男，汉族，身份证号：××××××××××××××××××，住青岛市城阳区，联系电话：×××××××××××。

再审申请人：赵×，男，汉族，身份证号：××××××××××××××××××，住青岛市城阳庄村×号，邮寄地址：青岛市城阳区。联系电话：×××××××××××。

再审申请人：刘×，女，汉族，身份证号：××××××××××××××××××，住青岛市城阳区。联系电话：×××××××××××。

[1] 该文书来源于http：//www.lawtime.cn/article/lll105574723105579817oo275191。

被申请人（原一审原告、二审上诉人）：青岛××公司，住所地：青岛市城阳区城阳街道，邮寄地址：青岛市城阳区城阳街道。联系电话：×××××××××××。

法定代表人，刘×，系该公司总经理。

再审申请人××、赵×、刘×与被申请人青岛××公司民间借贷纠纷一案，不服山东省青岛市中级人民法院作出的（2013）青民四终字第×××号民事判决书，依据《中华人民共和国民事诉讼法》第二百条第二项、第四项、第五项之规定，向山东省高院提出再审申请。

再审请求：

1. 请求贵院依法撤销山东省青岛市中级人民法院作出的（2013）青民四终字第×××号民事判决书。

2. 请求贵院依法改判或发回重审，依法支持申请人不予支付被申请人借款本金296000元及利息2040元（已计算至2012年10月8日，此后至本判决确定的给付之日的利息按中国人民银行规定的同期贷款利率的四倍计算）的请求。

3. 请求贵院判决一审、二审、再审的费用由被申请人承担。

再审事实与理由：

依据《中华人民共和国民事诉讼法》第二百条第二项：原判决、裁定认定的基本事实缺乏证据证明的；第四项：原判决、裁定认定事实的主要证据未经质证的；第五项：对审理案件需要的主要证据，当事人因客观原因不能自行收集，书面申请人民法院调查收集，人民法院未调查收集的；特申请再审。

具体事实与理由：

申请事由一：符合《中华人民共和国民事诉讼法》第二百条第二项，具体理由如下：

二审法院判决认定的基本事实缺乏足够充分的证据证明，申请人与被申请人之间的保证合同已过保证期，再审申请人不应继续承担保证责任。

第一，根据借款人与被申请人的借款合同约定，申请人的保证期间自2012年4月16日起至2012年10月15日止，在保证期间内被申请人没有向申请人主张权利，保证期间已过，保证人免除保证责任。

被申请人在二审中提交的2012年10月9日向青岛市城阳区人民法院提起民事起诉书，立案受理通知书及（2012）城商初字第××××号民事裁定书三份证据，用于证明被申请人向申请人主张了权利。从立案时间来看，被申请人于2012年10月9日提起诉讼，要求保证人承担保证责任，但该起诉在未向申请人送达时，被申请人以起诉没有具体的诉讼请求和事实、理由，申请法院裁定驳回其起诉，城阳人民法院依据《中华人民共和国民事诉讼法》第一百一十九条第三项、《最高人民法院关于适用〈中华人民共和国民事诉讼法〉若干问题的意见》第一百三十九条之规定以被申请人起诉不符合受理条件为由于2012年10月15日作出（2012）城商初字第××××号民事裁定书，裁定驳回被申请人的诉请。首先，被申请人诉讼请求不明确，那么被申请人向申请人主张的是何种权利？又如何认定其向申请人主张了权利？其次，被申请人一纸诉状起诉至法院，并未向申请人（保证人）送达，告知申请人履行保证责任，申请人对此毫不知情。反而是被申请人在可以联系到申请人也确知申请人地址的情况下，既不向申请人主张权利也不向申请人送达诉讼文书，督促申请人履行保证责任，被申请人的行为极其不符合借贷关系中日常行为习惯的。退一步讲，即便被申请人已联系不到申请人，或者其还可以通过法院的邮寄、留置甚至公告等方式告知申请人履行保证责任，而不是在保证期间届满之际申请法院裁定驳回起诉。再次，二审法院依据（2012）城商初字第××××号民事裁定书认定被申请人在保证期间内向申请人主张了权利是错误的，对申请人而言是极不公正的。

从保证期间的立法精神来看，担保法设立保证期间制度，其制度价值在于："通过立法来平衡保证人与债权人间的利益。保证人与债权人之间的保证关系为单务无偿的法律关系，债权人对保证人拥有保证债权，而保证人除在主债务人不履行其债务时承担保证责任外无利可图。对此，如果债权人在权利行使上没有任何限制，保证人在保证债务承担上得不到任何保护，则保证人在保证关系中将处于极为不利的地位。故立法必须根据诚实信用原则设立相应的救济手段，公平估量保证关系双方当事人的利益，并在此基础上对双方的利益作出合理的平衡，保证人在保证期间承担保证责任，而一旦保证期间届满，保证人可借此卸载其肩负的保证责任。”

担保法对保证期间作出的规定其目的就在于督促债权人积极主张债权。作为贷款人的被申请人对自己的债权承担积极的主张义务，在主债务履行期满后，债权人未及时向债务人、保证人主张权利，在两次的法庭审理中，被申请人均未能提交证据予以证明。被申请人于2012年10月9日向法院提起诉讼，此日期距离申请人的保证期间届满仅有6日。即便该案法院受理后，被申请人完全可以通过自行联系申请人主张权利实现债权，而却舍近求远，在起诉后不仅没有向申请人送达，而且又自行以诉讼请求不具体为由申请法院裁驳，被申请人不可能不知道其行为的法律后果。被申请人的行为大有为防止保证期间过期而利用法律漏洞规避风险、恶意诉讼的嫌疑。

第二，被申请人在二审中提交的2012年10月9日向青岛市城阳区人民法院提起民事起诉书，立案受理通知书及（2012）城商初字第××××号民事裁定书是否能够证明被申请人已向申请人主张了权利尚且不论，单从其形成时间、证明事项等方面来看也不符合二审“新证据”的要求。根据《最高人民法院关于民事诉讼证据的若干规定》（2008年）第四十一条第（二）项“二审程序中的新的证据包括：一审庭审结束后新发现的证据；当事人在一审举证期限届满前申请人民法院调查取证未获准许，二审法院经审查认为应当准许并依当事人申请调取的证据”之规定，新证据应当仅限于该两种情形。因此对被申请人在二审中提交的民事起诉书，立案受理通知书及（2012）城商初字第××××号民事裁定书三份证据，不能认定为“新证据”，二审法院判决认定的基本事实缺乏足够充分的证据证明。

1. 根据山东省高级人民法院《民事诉讼证据规则（试行）》第十二条

民事诉讼实行“谁主张，谁举证”的原则，当事人对自己的诉讼主张和请求有责任提供证据加以证明；举证不能或者举证不充分应当承担不利的诉讼后果。第二十六条之规定：当事人已经知道或应当知道的证据都应当在法庭辩论终结前提交。第二十八条第二款：二审中的新证据是指在一审诉讼中，当事人不能持有和无法取得的证据。从证据取得时间来推算，被申请人自2012年10月9日至2012年10月15日陆续取得了该三份证据，该证据也是本案保证期间是否已过，保证人是否应继续承担保证责任的重要证据，为何却在2013年7月19日的庭审质证过程中不予提供？又为何在继续的法庭辩论、最后陈述甚至庭审结束后都丝毫没有提及此事？即便不能认定为被申请人故意不予提供影响案件的重要证据，其在主观上也存在重大过失。因此，在证据的形成时间上，该组证据不能认定为“新证据”。

2. 被申请人在庭审中一再强调，其对外出借资金系有权经营，并安排专人不定期催收款项。实际上，被申请人也长期经营民间借贷业务，并以此盈利赚取借贷利息，对于借款人、保证人与贷款人之间的权利义务关系也相当明确清楚。在这种集团专业经营的模式下，被申请人不可能不知道2012年10月9日青岛市城阳区人民法院立案受理通知书及（2012）城商初字第××××号民事裁定书是本案能否认定保证人承担保证责任的重要证据，为何在明明掌握证据的情况下一审中却不予提供？而是在一审败诉后才想起以此来主张保证人应当承担保证责任，对此，被申请人在二审中并未予以说明。这足以证明被申请人是对自我权利的放弃，法律不保护在权利上睡觉的人，对于庭审前出现的证据，当事人亲自掌握证据且明知证据的重要性，却故意不予提供，被申请人已对证据的权利内容放弃，该证据自然不能在二审中作为“新证据”予以使用。

因此，不论被申请人是故意还是重大过失，其举证不能的不利后果应当由被申请人自己承担，而不应由申请人承担。该证据不属于二审中的“新证据”，二审法院判决认定的基本事实缺乏足够充分的证据证明，恳请贵院依法撤销二审判决。

申请事由二：符合《中华人民共和国民事诉讼法》第二百条第四项，具体理由如下：

对被申请人在二审中提交的2012年10月9日青岛市城阳区人民法院立案受理通知书、民事起诉书及（2012）城商初字第××××号民事裁定书三份证据，申请人认为该三份证据不属于新证据，不予质证。而二审法院却在对本案有重大影响的三份证据未予质证的情况下，就予以采纳，是不合法的。

申请事由三：符合《中华人民共和国民事诉讼法》第二百条第五项，具体理由如下：

为查清本案的事实和案件的顺利审结，申请人××于2013年12月13日向青岛市中级人民法院提交调卷申请书，请求依法调取城阳区人民法院（2012）城商初字第××××号民事案件的卷宗材料，该案卷所涉及的被申请人向申请人提起的民事诉讼，主张被申请人与黄××之间借款合同的保证人××等承担保证责任，返还借款本金及利息。申请人××对此毫不知情，并且该案起诉书在未向申请人送达之时被申请人已申请裁驳，此后被申请人也未向申请人主张权利，申请人认为保证期间已过，不应再承担保证责任。该案卷与本案有直接的关联，而申请人不能自行调取，因此，申请法院予以调阅。二审法院对申请人的申请未予调查，就自行判决，没有充分保护申请人的合法权利。

综上，二审法院判决申请人承担还款责任是严重显失公正的，申请人作为借款合同的保证人，本着利于借贷双方顺利合作的意愿，提供担保，贷款人应该在债权到期后积极主张债权，而不是通过恶意诉讼加重保证人的责任，因此，再审申请人不应该承担债务偿还责任，恳请贵院依法再审，维护法律公正，纠正错误，维护申请人的合法权益。

此致

山东省高级人民法院

申请人：××

2013年12月20日

2. 民事检察建议书或抗诉书

江苏省人民检察院

民事抗诉书[1]

苏检民抗（2004）101 号

山西新联友化学工业有限公司因与江苏快达农化股份有限公司买卖合同纠纷一案，不服江苏省南通市中级人民法院（2003）通中民二终字第 122 号民事判决，向检察机关申诉。南通市人民检察院提请我院抗诉，我院对该案进行了审查。

现查明：2000 年 1 月 1 日，山西新联友化学工业有限公司（以下称新联友公司）与如东农药厂（后更名为江苏省快达农化股份有限公司，以下称快达公司）签订了一份“促进剂”购销合同，约定新联友公司根据如东农药厂电话通知发货，结算方式为货到付款。后新联友公司按如东农药厂的要求先后供货 35 吨，并开出了合计金额为 479800 元的增值税发票，如东农药厂按约支付了 365000 元，后经供方催要，快达公司在 2002 年分四次支付了 50000 元，尚有 64800 元未付。新联友公司因索款未果，诉至人民法院。此外，新联友公司与如东农药厂曾于 1999 年 12 月 15 日签订一份“促进剂”购销合同，该合同的首、尾部供方均为新联友公司，并填写了该公司电话和传真号码、开户银行账户等，但盖合同章为中日合资山西新联友化学滤材有限公司（以下称滤材公司），需方有法定代表人签字，但未加盖合同章。如东县人民法院审理认为，快达公司提供的 2000 年 1 月 1 日双方签订的合同有效。新联友公司对快达公司提供的合同中快达公司的合同专用章的真实性有异议，但未提供证据。双方对供货的数量、价格无异议，新联友公司诉称向快达公司供货总价值 479000 元，快达公司已付款 415000 元，结欠 64800 元，快达公司在举证期间提供了向新联友公司付款 496000 元的证据，新联友公司未在举证期提供其他向

[1] 此文书来源于 http：//wenku. baidu. com/link？ url = C9ywZUjp5XUl_TBvJiPzj5WxTDyEoMBy2J_mog0IO_mmU05mgVMYoBxmNTTRxjdC – Heo9VoVFhJKjgcfn6ANLKRHQCfkeLyKsJ6qvsk2w5i。

快达公司供货的证据，故对新联友公司的诉讼请求不予支持。判决驳回新联友公司的诉讼请求。新联友公司不服提出上诉。南通市中级人民法院审理认为，2000 年 1 月 1 日所签订的合同，系本案双方当事人真实意思表示，应该合法有效。(1) 关于快达公司于 2000 年 1 月 28 日付的 60000 元及 2000 年 2 月 1 日付的 21000 元，新联友公司所提供的证据不能证明快达公司是履行的 1999 年 12 月 15 日合同的货款，该合同项下的货款可由滤材公司另行主张。（2）关于新联公司是否履行举证责任的问题。一审法院适用简易程序，庭前未进行证据交换，快达公司针对新联友公司的举证，在庭审中反证，使新联公司没有时间针对反证进行举证，新联友公司申请延期举证，应予准许。一审法院没有重新给予新联友公司合理举证期限的情况下就匆匆下判，实际上剥夺了该公司的举证权利，显属不当。但新联友公司在二审期间针对快达公司的反证所提供的证据只能证明 1999 年 12 月 15 日合同签订后的供货情况，并不足以证明快达公司 2000 年 1 月 28 日和 2 月 1 日两笔付款系履行 1999 年 12 月 15 日合同下的货款。遂维持原判。

我院审查认为，二审判决认定：“关于快达公司于 2000 年 1 月 28 日付的 60000 元及 2000 年 2 月 1 日付的 21000 元，新联友公司所提供的证据不能证明快达公司是履行的 1999 年 12 月 15 日合同的货款，该合同项下的货款可由滤材公司另行主张”有误，理由如下：

首先，该合同履行的供方主体系新联友公司，非滤材公司。其一，从合同内容看，虽然 1999 年 12 月 15 日购销合同尾部供方一栏盖有名为“中日合资山西新联友化学滤材公司”的合同专用章，但该合同首、尾部供方均明确写明为“山西新联友化学工业有限公司”，合同尾部供方栏注明的电话、传真、开户银行、账号等系新联友公司的相关信息，与 2000 年 1 月 1 日购销合同上所记载的供方信息一致。在合同的实际履行过程中，快达公司亦是按上述合同要求将货款汇至新联友公司的相关账户。其二，从合同的实际履行情况看，1999 年 12 月 15 日购销合同签订后，新联友公司即于同年12月23日向快达公司发送6吨促进剂，发货凭证用的是“山西新联友化学工业有限公司产品发运验收通知单”，快达公司于12月26日收货并在该凭证上签字，凭证样式与新联友公司以后数次发货所用的“发运验收通知单”样式均一致；2000年1月4日新联友公司根据所发货物开出的8.1万元增值税专用发票，其票号、税务登记号、开户银行及账号与新联友公司以后数次开出的增值税票系出同一本、同一单位，票面金额及货量则表明该批货物每吨单价为13500元，与1999年12月15日购销合同中约定的单价一致。其三，从快达公司的陈述看，一审期间快达公司认可1999年12月15日的购销合同是与新联友公司签订的，只是抗辩该合同已终止，双方于2000年1月1日重新签订了购销合同一份；二审时快达公司又称，与滤材公司从未发生过业务。上述情况表明：1999年12月15日购销合同的供方主体实为新联友公司，该公司开具增值税票的事实亦排除了其代“滤材公司”履行合同之情形；快达公司对于合同相对方系新联友公司自始明知且已在诉讼中自认。因此，二审认定1999年12月15日合同项下的货款可由滤材公司另行主张，显属不当。

其次，根据本案合同主体之间的结算习惯，应当确认快达公司于2000年1月28日、2000年2月1日两次汇款履行的是1999年12月15日合同下的货款。新联友公司与快达公司仅就涉案的1999年12月15日合同及2000年1月1日合同有过业务往来，此前双方并无其他交易。1999年12月15日的购销合同对于付款方式明确约定为“货到付款，铺底资金滚动结算”。合同签订后，新联友公司依约供给6吨促进剂。2000年1月1日双方重新签订了一份内容一致，仅单价有所变动的合同。此后新联友公司作为供方依约于2000年1—4月间分五次供给促进剂35吨，快达公司于2000年4月17日以后才陆续付款，其付款方式实际亦系以需方给付的资金先行冲抵供方前笔未结货款，以后货款依次冲抵的滚动结算方式。由此，本案所涉的两次交易因是在两个相同的主体之间进行，双方之间的结算习惯系滚动结算，且1999年12月15日的合同已明确约定铺底资金滚动结算，则快达公司最早于2000年1月28日及2月1日合计8.1万元的汇款应当首先冲抵新联友公司 1999 年 12 月 15 日合同项下的货款；余款依次冲抵后，快达公司尚欠新联友公司货款 64800 元。

最后，快达公司与新联友公司并非长期的业务伙伴，如果认定快达公司 2000 年 1 月 28 日及 2 月 1 日两笔汇款履行的是 2000 年 1 月 1 日合同下货款，则会出现快达公司对 2000 年 1 月 1 日合同下货物多付款 1.62 万元，而对先前的货款却未能结清之情形，有悖交易习惯和常理。

综上所述，南通市中级人民法院（2003）通中民二终字第 122 号民事判决认定事实的主要证据不足，判决有误。依照《中华人民共和国民事诉讼法》第一百八十五条第一款第（一）项之规定，向你院提出抗诉，请依法再审。

此致

江苏省高级人民法院

江苏省人民检察院（章）

二〇〇四年十二月九日

附：检察院卷宗一册

3. 法院决定再审裁定

吉林省高级人民法院

民事裁定书[1]

（2014）吉民申字第 1150 号

再审申请人（一审原告、二审上诉人）：暴长发，男，汉族，1972 年 4 月 25 日出生，住长春经济技术开发区。

委托代理人：时开成，男，汉族，1946 年 8 月 13 日出生，住长春市二道区。

[1] 此文书来源于《暴长发与长春经济技术开发区杨家村民委员会承包地征收补偿费用分配纠纷案》，http：//www. lawyee. org/Case/Case_Result. asp。

被申请人（一审被告、二审被上诉人）：长春经济技术开发区杨家村民委员会。住所地：长春经济技术开发区。

法定代表人：杨忠柱，该村民委员会主任。

委托代理人：高风坤，该村民委员会副主任。

委托代理人：李忠，该村民委员会法律顾问。

再审申请人暴长发因与被申请人长春经济技术开发区杨家村民委员会（以下简称村委会）承包地征收补偿费用分配纠纷一案，不服吉林省长春市中级人民法院（2013）长民二终字第981号民事裁定，向本院申请再审。本院依法组成合议庭对本案进行了审查，现已审查终结。

暴长发申请再审称：暴长发依法具有集体经济组织成员资格。暴长发于1994年与赵春丽“结婚”，属于事实婚姻。暴长发于2003年1月补办结婚登记手续。暴长发以婚入方式取得集体经济组织成员资格，并被六社确认且按程序公示。暴长发的户口在征地补偿安置前4年已经落户杨家村。暴长发以婚入和户籍取得集体经济组织成员资格，符合集体经济组织成员确认条件，其有权主张参与土地安置补偿金分配。暴长发依据《中华人民共和国民事诉讼法》第二百条第（六）项的规定申请再审本案。

本院认为：《最高人民法院关于审理涉及农村土地承包纠纷案件适用法律问题的解释》第二十四条规定：“农村集体经济组织或者村民委员会、村民小组，可以依照法律规定的民主议定程序，决定在本集体经济组织内部分配已经收到的土地补偿费。征地补偿安置方案确定时已经具有本集体经济组织成员资格的人，请求支付相应份额的，应予支持。但已报全国人大常委会、国务院备案的地方性法规、自治条例和单行条例、地方政府规章对土地补偿费在农村集体经济组织内部的分配办法另有规定的除外。”具有本集体经济组织成员资格的人有权享有征地补偿方案确定的土地补偿费，土地补偿费也只能在本集体经济组织内部分配。暴长发虽主张2003年是补办结婚登记，但其《结婚登记申请书》提交于2003年1月23日，且暴长发与赵春丽于2003年1月提交的《婚姻状况证明》中“婚姻状况”一栏也均记载为“未婚”，故原审认定暴长发对其关于补办结婚登记的事实未提供充分证据加以证实并无不当。从户籍登记信息看，暴长发系婚入人员，其《常住人口登记卡》中“何时由何地迁来本市（县）”一栏记载“2003年6月10日，农民随迁（市县外迁入）内蒙古开鲁县”。2003年5月，杨家村六社集体土地被征收时（征地补偿安置方案确定时），暴长发的户籍尚未落在杨家村，此后村委会对暴长发要求确认其为本集体经济组织成员的要求不予认可，且暴长发亦未提供充分证据证明其已经依据征地补偿安置方案取得集体经济组织成员资格，故原审认定暴长发不具备集体经济组织成员资格并驳回其起诉并无不当，其关于原审判决适用法律错误的主张，本院无法支持。

综上，暴长发的再审申请不符合《中华人民共和国民事诉讼法》第二百条第（六）项规定的情形。依照《中华人民共和国民事诉讼法》第二百零四条第一款的规定，裁定如下：

驳回暴长发的再审申请。

审判长　林丽艳

代理审判员　李　丽

代理审判员　杨　敏

二〇一四年十二月十五日

书记员　贾云乔

八、实训法律法规

1.《中华人民共和国民事诉讼法》第209—217条。

2.《最高人民法院关于适用〈中华人民共和国民事诉讼法〉的解释》第373—387条。

3.《最高人民法院关于适用〈中华人民共和国民事诉讼法〉审判监督程序若干问题的解释》。

4.《最高人民法院关于受理审查民事申请再审案件的若干意见》第1—33条。

5.《最高人民法院关于民事审判监督程序严格依法适用指令再审和发回重审若干问题的规定》第1—3条。

附：实训拓展

一、案例思考

郑某于2020年2月向庄某借得人民币15000元。郑某向庄某出具了借条，借条上没有书面载明利率和还款时间，只是庄某口头提出，此款只借给郑某6个月。6个月满后，郑某没有向庄某归还借款，庄某便向郑某催收，郑某以无力偿还为由，拒绝还款。于是，庄某在一年后提起诉讼，要求郑某如数归还借款，并承担按人民银行同类贷款规定的利率给付利息。某基层法院在判决书的主文中，只有由郑某向庄某偿还借款15000元和由郑某承担本案诉讼费的判项，对庄某提出要求郑某给付利息的诉讼请求未作判决。判决生效后，郑某履行了法院判决确定的全部义务。此后，庄某以法院判决遗漏诉讼请求为由，向原审法院的上级法院申请再审。

问题：遗漏诉讼请求，能否作为郑某提起再审的理由，并应当如何处理？

二、知识拓展

再审申请审查中的听证程序，是近年来人民法院为改革过去对当事人申请再审、申诉的审查采用封闭的书面的传统做法而实行直接公开的方式。对于听证程序，尚无法律及司法解释对其程序予以明确规定，实践中多是一些法院在探索中摸索出的规则，下面笔者就再审听证程序给读者进行简单介绍。

（一）听证的适用范围、组织形式和听证参加人

实践中听证一般适用于对人民法院作出的所有生效的裁判文书、调解书不服申请再审、申诉的民事案件。除涉及国家机密、商业秘密或个人隐私外，听证应当以公开的方式进行。听证虽然不同于法庭审理的程序，但法官一般也会告知当事人可申请回避等诉讼权利，切实保障申请人、申诉人的陈述权

和申辩权。听证由当事人申请或人民法院通知决定。

当事人申请再审的听证由人民法院另行组成的合议庭进行。听证参加人包括案件当事人、案外申诉人、代理人。案外人可以是当事人的近亲属，也可以是与案件有利害关系的公民、法人、社会团体和其他组织。委托代理人参加听证的，应当提交委托人签名或盖章的授权委托书，明确代理权限。

（二）听证的告知、申请、受理和通知

案件当事人按法定程序和条件向人民法院提出再审申请的，告知按听证程序进行审查。案件当事人或案外利害关系人向人民法院提出申诉的，告知申诉人有申请听证的权利。此外，另告知：（1）是否要求申请除申诉人、申请再审人本人以外的案件当事人、其他诉讼参与人参加听证及需通知参加人的基本情况；（2）需准备在听证时提供、出示的证实自己申诉理由或申请再审符合法定情形的证据材料；（3）告知听证人听证的权利、义务及申请听证的期限。告知采用口头和书面两种形式。书面告知书依照《民事诉讼法》规定的方式送达；口头告知的应当制作笔录，由来访申诉人签名确认。

人民法院决定予以听证的，实行统一排期，应当在举行听证的7日前向参加听证人员发出载有听证主持人姓名、职务，举行听证的时间、地点、注意事项等内容的通知，由被通知人在送达回证上签字。被通知人应当按时参加听证，如有特殊情况或正当理由提出要求延期的，人民法院应当准予延期一次；再审申请人或申诉人在接到通知的情况下，不准时参加听证、事先又未提出延期申请的，或在未经听证主持人许可中退出听证的，视为放弃听证权利。

（三）听证的内容、形式、审查和处理

听证的内容主要包括：（1）申请再审人、申诉人不服原裁判或调解的主要理由和依据；（2）申请再审中提出的新证据；（3）与申请再审密切相关的其他证据和事实；（4）人民法院认为需要听证的有关案件事实、证据和情节。

听证的形式可以采用申辩、抗辩、互辩、举证、反证、再证的形式进行。

对听证后的处理，可采用下列方法：（1）申诉理由成立或再审申请符合

《民事诉讼法》规定应当再审的情形的，决定立案，经法定程序进行再审、提审或指令再审；（2）申请无理或再审申请不符合法律规定应当再审条件的，当场驳回，记录在案；申请人仍不服的，在5日内发出驳回申请通知书；（3）按程序规定应由下级法院复查的，根据听证发现的问题，写出听证意见，向下级法院交办并要求限期报告结果；（4）听证一般应当场作出结论，确因案情复杂、疑难、重大，应当在听证后7日内作出，并告知申请人。

听证结束后，听证笔录应当交听证参加人审核无误后签名或盖章。听证参加人拒绝签名的，由书记员和主持听证的审判人员在听证笔录上说明。

第二节　再审的审理与裁判

一、实训目标

了解再审案件的管辖法院，再审案件适用的程序；明确再审案件的具体审理程序；掌握再审案件的裁判种类及适用条件。具体应实现以下实训任务：（1）掌握如何确定再审法院的管辖，如何可以顺利提起再审；（2）规范撰写再审裁判文书，掌握法院审理再审案件的方式和做法；（3）分析再审案件的审理程序及裁判类型。

二、实训素材

案例1

原告朱某某与被告王某某房屋产权纠纷一案，东江市东城区人民法院一审判决，驳回原告朱某某的诉讼请求。朱某某不服一审判决，依法提出上诉。东江市中级人民法院经过开庭审理后认为，一审判决认定事实清楚，适用法律正确，作出判决，驳回上诉，维持原判。大约3个月以后，原审原告朱某某又向东城区人民法院提出再审申请，并提出了新的证据，再次主张自己对房屋的所有权。

问题：

1. 朱某某是否符合申请再审人的条件？

2. 朱某某提出的再审理由是否属于法定事由？

3. 如果你是一名律师，在朱某向你咨询时，你会建议他向哪个法院提出再审申请？为什么？

案例 2

王某和朱某曾于 2018 年合伙经营一家洗衣店。为扩大业务范围，二人将原来租赁的门市房购买下来。2022 年底，因双方经营理念不同，二人欲关闭洗衣店，但对门市房的所有权发生了纠纷。王某起诉到区法院，经法院审理认定门市房归朱某所有，但由朱某补偿王某 6 万元。王某提出上诉，经中级人民法院终审判决后，维持一审判决。王某仍不服，遂向省高级人民法院申请再审。高级人民法院对案件进行了再审审查，认定原审判决事实不清，门市房应为王某与朱某二人共有。

问题：

1. 王某如果向法院申请再审，应当准备哪些材料及证据？

2. 王某申请再审的事由是否符合法定条件？

3. 如果你是再审审查法官，在审查后会如何处理本案？

案例 3

张梦之父刘中华与其母张明镜于 1972 年结婚，并于次年生下一女张梦。后二人因感情不睦，于 1975 年离婚，张梦随其母去重庆生活。此后，刘中华与杨金花于 1977 年结婚，结婚时杨金花已有一子刘长明，当时刘长明 2 岁，其后跟随杨金花与刘中华共同生活，因杨金花体弱多病，故刘中华的生活起居多由刘长明照顾。刘中华与杨金花于 1981 年生育一女刘长晶，刘长晶因病于 2012 年去世，去世时其未结婚，也无子女。2013 年，刘中华取得了广州市白云区永丰里 5 号房屋的产权证书。2019 年，刘中华因病死亡。张梦以杨金花为被告诉至法院要求继承其父的遗产。一审法院认为该房产属于夫妻共有财产，其中的一半属于被告杨金花，另一半属于刘中华的遗产由张梦和杨金花共同继承。杨金花不服，提出上诉，二审法院经审理，驳回上诉，维持原判。杨金花又向二审法院的上一级法院提出再审申请，上级法院受理了其再审申请。

问题：如果你是杨金花再审申请的法官，应如何履行自己的职责?

三、实训准备

1. 按照学生人数的多少，教师将学生分成若干小组，并确定扮演的不同角色。

2. 阅读《民事诉讼法》教材中有关再审程序中关于再审的提起和复查等基础理论知识，熟练掌握《民事诉讼法》《最高人民法院关于适用〈中华人民共和国民事诉讼法〉的解释》《最高人民法院关于适用〈中华人民共和国民事诉讼法〉审判监督程序若干问题的解释》《最高人民法院关于受理审查民事申请再审案件的若干意见》等诉讼类规范性文件，同时尽最大可能熟悉各种民事实体法中有关民事责任承担的相关内容。

3. 实训前将实训素材的基本案情资料传发给学生，要求检索有关程序法和实体法方面的法律依据，根据具体实训案例结合实体法的内容明确案件当事人的权利义务，判断原审裁判是否适当？掌握法院再审审理的基本程序及裁判种类。

4. 书面报告：确定诉讼主体，发现案件的基本事实和需要适用的法律法规，以上内容需以书面形式提交报告。同时，根据扮演角色的不同，准备相应的法律文书或者书面材料。

四、实训要点

（一）再审案件的管辖法院

根据《民事诉讼法》的规定，最高人民法院、高级人民法院裁定再审的案件，由本院再审或者交其他人民法院再审，也可以交原审人民法院再审。据此，现行法对于再审审理的管辖规定了提审、指定再审和指令再审三种形式。并且，提审为原则，指令再审为补充，指定其他同级法院再审为例外。

1. 提审

负责再审审查的上一级人民法院经审查认为申请再审事由成立的，一般由本院提审。对于提审的案件，提审法院应当裁定提审和中止原判决的执行，并通知下级法院，调取案卷，进行再审。提审应当依第二审程序组成合议庭并进行审理，即无论原裁判是否经过二审，提审作出的裁判一律为终审裁判，当事人不得上诉。

2. 指令再审

指令再审是指最高人民法院，上级人民法院对下级人民法院已经发生法律效力的裁判、发现确有错误的，基于审判监督权，作出裁定，将案件交给原审人民法院再次审理的诉讼行为。上级法院指令再审的目的是减轻自己的再审压力。但即便如此，也不可以以牺牲案件的公正审理为代价，所以，指令再审只能作为提审的补充。指令再审适用的情形一般都是因程序性事由启动再审的，或者上一级法院认为应当指令再审的情形。

例如，张某诉王某欠款纠纷一案，某市某区法院作出了一审裁判，王某不服，提出上诉，二审法院维持了一审裁判。王某遂向某市法院的上一级法院，即该省法院申请再审。该省法院在审查过程中如果发现该案一审存在剥夺王某辩护权的情形，就可以撤销原判，将该案指令由市法院重审。如果省法院在审查过程中发现，原判认定张某与王某存在欠款关系的欠据是张某伪造的，一般就应当由自己提审。但是实践中，上级法院有时出于减轻自己审判压力的考虑，可能也会违背立法精神，随意指令再审。

但是，对于指令再审，如果案件存在下列情形之一的，不得指令原审人民法院再审：（1）原审人民法院对该案无管辖权的；（2）审判人员在审理该案件时有贪污受贿、徇私舞弊、枉法裁判行为的；（3）原判决、裁定系经原审人民法院审判委员会讨论作出的；（4）其他不宜指令原审人民法院再审的。这样规定的目的是确保再审纠错机制的有效运行，防止诉讼资源的浪费。

对于指令再审的案件，指令再审并中止原判决执行的裁定到达下级人民法院之日，为再审提起之日。下级人民法院在接到再审指令后，应当停止原判决的执行，依法组成合议庭进行再审。审理后作出的裁判，应当报送发出再审指令的人民法院。指令再审的案件所适用的审理程序，因指令与被指令人民法院不同而有所不同。最高人民法院指令再审的，生效裁判是由第一审人民法院作出且指令该第一审人民法院再审的，适用第一审程序进行再审，重新作出的裁判当事人可以上诉；生效裁判是由第二审人民法院作出，且指令该第二审人民法院再审的，或者无论生效裁判是由第一审还是第二审人民法院作出，指令作出生效裁判的人民法院的上级人民法院再审的，适用第二审程序进行再审，重新作出的裁判是终审裁判，当事人不得上诉。上级人民法院指令再审的，对于由第一审人民法院作出生效裁判的案件，应当指令第一审人民法院并适用第一审程序进行再审，重新作出的裁判当事人可以上诉；对于由第二审人民法院作出生效裁判的案件，应当指令第二审人民法院并适用第二审程序进行再审，重新作出的裁判为终审裁判，当事人不得上诉。

3. 指定再审

指定再审是指最高人民法院、高级人民法院将裁定再审的案件交给原审人民法院同级的其他人民法院负责再审审理的管辖，以减轻最高人民法院、高级人民法院再审审理的压力。

最高人民法院和高级人民法院在指定再审时要考虑既便利当事人又便利法院审理的双重因素，根据案件的性质、影响及案件参与人的情况，决定是否指定再审。

（二）再审案件的适用程序

如前所述，对于判决、裁定、调解书已经发生法律效力的民事案件，经当事人申请、人民法院决定或者检察院抗诉提起再审的，在确定了由哪个法院管辖后，还应当确定再审案适用什么样的程序审理，即确定是依第一审程序还是依第二审程序对再审案件进行审理。根据《民事诉讼法》的规定，再审案件的审理程序应当根据提起再审的方式和原来审结的程序确定。总体来看，审理再审案件适用的程序分为适用原审程序和适用第二审程序两种情况。

1. 适用原审程序

对于当事人向原审人民法院申请再审、原审人民法院依职权决定再审、上级人民法院指令原审人民法院再审的案件，应当依原审程序进行再审。也就是说，由第一审人民法院作出生效判决、裁定或者调解书的案件，原审程序是第一审程序，应当按照第一审程序对案件进行再审，所作的裁判仍然是第一审裁判，当事人不服的，可以上诉；由第二审人民法院作出生效判决、裁定或者调解书的案件，原审程序是第二审程序，应当按照第二审程序对案件进行再审，所作的裁判是终审裁判，当事人不得提起上诉。而且，由第二审人民法院判决、裁定的案件，上级人民法院需要指令再审的，应当指令第二审人民法院再审。

原审人民法院对案件进行再审，应当另行组成合议庭，原来参加过本案审理的人员，一律不得参加再审合议庭。原审是第一审程序的，按照第一审程序的相关规定组成合议庭；原审是第二审程序的，按照第二审程序的相关规定组成合议庭。此外，依第一审程序审理再审案件时，只能适用普通程序，不得适用简易程序。

2. 适用第二审程序

对于当事人向原审人民法院的上一级人民法院申请再审、最高人民法院或者上级人民法院依职权提起再审、人民检察院抗诉的案件，最高人民法院、上级人民法院提审或者最高人民法院指令原审人民法院的上级人民法院再审的，应当依第二审程序进行再审，所作的裁判是终审裁判，当事人不得提起上诉。

对于提审和最高人民法院指令上级人民法院再审的案件，无论案件原来是否经过第二审程序的审理，都适用第二审程序进行审理。这样有利于发挥上级人民法院审判监督的职权作用，提高诉讼效率，并维护两审终审的基本审判制度。

（三）再审的审理

无论是当事人申请、人民法院依职权决定还是人民检察院抗诉，都只能启动再审程序，而不能查明生效判决、裁定或者调解书是否确实存在错误，更不能纠正存在的错误。只有对再审案件进行审理，即再审法院在当事人、抗诉机关、其他诉讼参与人的参加下，对原审判决、裁定的事实认定、法律适用以及审理或者调解的程序进行审理，才能确认原审判决、裁定或者调解书是否确实存在错误，并在确认存在错误的基础上依法纠正错误或者进行调解。因此，对再审案件的审理是再审程序的核心。

与第一审及第二审程序的民事案件审理不同，对再审案件进行审理，首先应当由人民法院裁定中止原判决或者调解书的执行，然后由再审法院另行组成合议庭，分别按照第一审程序或者第二审程序对案件进行审理。

1. 裁定中止原判决或者调解书的执行

《民事诉讼法》第217条规定："按照审判监督程序决定再审的案件，裁定中止原判决、裁定、调解书的执行，但追索赡养费、扶养费、抚养费、抚恤金、医疗费用、劳动报酬等案件，可以不中止执行。"人民法院决定对案件进行再审之后，之所以要裁定中止原判决的执行，主要是因为案件进入再审程序，有可能会撤销原来的生效裁判，为了防止继续执行有错误的判决造成更大的损失。而对于特殊的具有紧迫性的案件不停止执行，其目的是保护弱势群体的利益不受侵害。

2. 另行组成合议庭

人民法院审理再审案件，应当另行组成合议庭。再审程序的任务是发现和纠正生效判决、裁定或者调解书的错误，为了防止审判人员先入为主，避免偏见及其他原因可能对再审造成的不良影响，确保案件的公正处理，更换审理法官，即另行组成合议庭对再审案件进行审理是非常必要的。

3. 分别适用第一、二审程序进行审理

再审不是一个独立的审级，因此再审案件没有专门的审判程序。根据《民事诉讼法》的规定，人民法院应当依据不同情况，分别适用第一审程序或者第二审程序对再审案件进行审理。具体来说，由原审人民法院再审的案件，发生法律效力的判决、裁定或者调解书是由第一审人民法院作出的，适用第一审程序进行再审；发生法律效力的判决、裁定或者调解书是由第二审人民法院作出的，适用第二审程序进行再审；由上级人民法院再审的案件，最高人民法院、上级人民法院提审或者最高人民法院指令上级人民法院再审的，适用第二审程序进行再审。

（1）再审审理范围。人民法院应当在具体的再审请求范围内或在抗诉支持当事人请求的范围内审理再审案件。当事人超出原审范围增加、变更诉讼请求的，不属于再审审理范围。但涉及国家利益、社会公共利益，或者当事人在原审诉讼中已经依法要求增加、变更诉讼请求，原审未予审理且客观上不能形成其他诉讼的除外。

（2）再审审理方式。人民法院审理再审案件，无论适用第一审程序还是第二审程序都应当开庭审理。但按照第二审程序审理的，双方当事人已经其他方式充分表达意见，且书面同意不开庭审理的除外。

（四）再审案件的裁判

通过对再审案件的审理，再审法院根据查明的事实正确适用法律对当事人之间权利义务关系作出裁断，并对原判决、裁定或者调解书在认定事实、适用法律、审理程序等方面是否正确与适当作出评价，就是再审案件的裁判。从内容上看，再审案件的裁判既要对当事人之间的实体权利义务关系作出裁断，又要对原判决、裁定或者调解书作出评价，与第一审或者第二审裁判存在重大区别。

从形式上看，再审案件的裁判分为判决与裁定两种；从具体内容来看，可以分为以下几种：

1. 维持原判决、裁定的判决、裁定

经过再审，认为原判决、裁定认定事实清楚，适用法律正确，审判程序合法的，再审法院应当作出维持原判决、裁定的判决、裁定，以维护法制的权威与尊严，保护当事人的合法权益。

2. 变更原判决、裁定的判决、裁定

经过再审，认为原判决、裁定在认定事实、适用法律或者审判程序方面存在错误的，再审法院可以根据不同情况，全部或者部分撤销原判决、裁定，并依据认定的事实正确适用法律对案件作出新的判决、裁定。人民法院按照第二审程序审理再审案件，发现原判决认定事实错误或者认定事实不清的，应当在查清事实后改判。新的证据证明原判决、裁定确有错误的，人民法院应予改判。

3. 撤销原一、二审判决，驳回起诉的裁定

人民法院提审或者按照第二审程序审理的再审案件，在审理中认为该案不符合《民事诉讼法》规定的受理条件的，应当裁定撤销一、二审判决，驳回起诉。

4. 撤销原一、二审判决，发回原审人民法院重审的裁定

这种裁定主要适用于以下几种情况：第一，人民法院提审或者按第二审程序审理的再审案件，在审理中发现原一、二审违反法定程序，不宜在再审程序中直接作出实体处理的，应当裁定撤销原一、二审判决，发回原审人民法院重审。这些具体事由包括：审理本案的审判人员、书记员应当回避未回避的；未经开庭审理而作出裁判的；适用普通程序审理的案件当事人未经传票传唤而缺席判决的；其他严重违反法定程序的。第二，人民法院在再审中发现原一、二审判决遗漏了应当参加诉讼的当事人，经调解不成的，裁定撤销原一、二审判决，发回原审人民法院重审。第三，人民法院按照第二审程序审理再审案件，发现原判决认定事实错误或者认定事实不清的，应当在查清事实后改判。但原审人民法院便于查清事实，化解纠纷的，可以裁定撤销原判决，发回重审。

人民法院在对调解书裁定再审后，应当按照不同情况分别处理：对于当事人提出的调解违反自愿原则的事由不成立，且调解书的内容不违反法律强制性规定的，裁定驳回再审申请；对于人民检察院抗诉或者再审检察建议所主张的损害国家利益、社会公共利益的理由不成立的，裁定终结再审程序。在上述情形下，人民法院裁定中止执行的调解书需要继续执行的，自动恢复执行。

再审案件的审限自决定再审的次日起计算，分别适用第一审普通程序和第二审程序的规定。依第一审程序进行再审的，其审限适用第一审普通程序的规定；依第二审程序进行再审的，其审限适用第二审程序的规定。再审法院宣告判决，既可以自行宣判，也可以委托原审人民法院或者当事人所在地的人民法院代行宣判。但是，无论在何地宣判，一律公开进行。

（五）再审案件的调解

人民法院对再审案件进行审理，可以依法作出调解，达成调解协议的，调解书送达双方当事人后，原判决、裁定即视为撤销。

作为《民事诉讼法》的一项基本原则，法院调解贯穿民事诉讼程序始终。无论是适用第一审程序还是适用第二审程序对民事案件进行再审，经调

解达成协议的，人民法院都应当制作调解书，并送达双方当事人。经送达双方当事人，调解书发生法律效力，原判决、裁定、调解书即视为撤销。

五、实训过程

（一）基础训练

1. 通过投影仪，教师与学生共同回顾案例 1 的基本案情。

2. 通过小组讨论，明确上述纠纷中朱某申请再审的条件是否符合法律规定，并由学生代表发言予以确认。

3. 以上述讨论确认的法律规定为基础，明确申请再审的当事人申请再审时面临的诉讼风险，从律师和当事人各自不同的角度做好相应的诉讼准备。

4. 通过小组演练，由不同学生扮演不同角色，模拟朱某接受律师咨询及律师提出建议的具体情景。

（二）提升训练

1. 通过投影仪，教师与学生共同回顾案例 2 基本案情。

2. 通过小组讨论，分析确权纠纷的诉讼依据及证据要件，由学生代表发言予以确认。

3. 通过小组讨论，明确当事人申请再审的救济途径，准备申请再审的有关诉讼材料。同时明确审查再审申请及审理再审案件的裁判思路，准备预案。

4. 通过小组演练，由不同学生扮演不同角色，模拟完成诉讼主体的上诉审理过程。

（三）拓展训练

1. 通过投影仪，教师与学生共同回顾案例 3 基本案情。

2. 通过小组讨论，明确继承纠纷的具体法律适用问题，并由学生代表发言予以确认。

3. 以上述讨论确认的结论为中心，以申诉人的角度准备有关的诉讼材料。以再审法官角度完成案件再审的裁判。

4. 通过小组演练，由不同学生扮演不同角色，模拟完成案件申诉及再审审理过程。

六、实训点评

（一）角色自我点评（略）

（二）旁听学生点评（略）

（三）指导教师点评

1. 案例1点评要点

首先，对当事人的实训点评可以从以下方面来掌握：（1）对提起再审的程序问题的把握是否准确，从何角度主张权利？（2）申请再审材料是否完整，如何完成证据收集？（3）申请再审材料如何组织，在法院审查过程中如何应对。

其次，对人民法院法官的实训点评可以从以下方面来掌握：（1）审查当事人的申请再审的理由是否属于法定事由；（2）再审审查应当注意什么？（3）对再审中的“新证据”的审查判断标准是什么？

2. 案例2点评要点

首先，对当事人的实训点评可以从以下方面来掌握：（1）对所有权确认纠纷的基本认知；（2）法院裁判生效后的救济途径和方法；（3）提出申诉后证据的整理收集及诉讼策略的确认。

其次，对人民法院法官的实训点评可以从以下方面来掌握：（1）对当事人提出的申诉的审查方法；（2）对再审案件的具体审理方法；（3）审理后的处理方式和程序。

3. 案例3点评要点

首先，对当事人的实训点评可以从以下方面来掌握：（1）当事人的诉讼请求的实体法依据何在，要求是否合理？并说明理由；（2）当事人拟定的诉讼策略是否可行，如何实施？（3）当事人撰写的法律文书是否反映了诉讼策略？

其次，对人民法院法官的实训点评可以从以下方面来掌握：（1）法官应如何审查生效裁判？（2）法官审查生效裁判的法律依据是什么？（3）法官审理后就案件应如何进行裁判？（4）如何撰写再审裁判文书？

七、实训文书

新疆维吾尔自治区乌鲁木齐市中级人民法院

民事裁定书[1]

（2014）乌中民再字第70号

原审上诉人（一审被告）：新疆光华建材设备有限公司。住所地：乌鲁木齐市西环北路1551号。

法定代表人：岳光，该公司经理。

原审被上诉人（一审原告）：邓芳桂。

委托代理人：高文彬，新疆北方律师事务所律师。

新疆光华建材设备有限公司（以下简称光华建材公司）与邓芳桂民间借贷纠纷一案，本院于2009年6月1日作出（2009）乌中民一终字第890号民事判决，已经发生法律效力。本院经审判委员会讨论决定，于2014年9月2日作出（2014）乌中民监字第8号民事裁定，再审本案。本院依法组成合议庭审理了本案。本案现已审理终结。

原审经审理查明，1994年9月5日，光华建材公司的法定代表人岳光向邓芳桂出具借条，写明“今借到邓芳桂现金600元”；10月28日光华建材公司向邓芳桂借款15000元，并给邓芳桂出具借条；同年10月29日向邓芳桂借款50000元，在借条中写明“今借到邓芳桂转账支票一张，金额为50000元，此款在光华建材公司贷款后还”。1995年6月6日岳光出具收条写明“借到邓芳桂现金1000元”；6月10日出具借条写明“借到邓芳桂现金1000元”；7月30日出具借条写明“借到邓芳桂现金200元”；9月10日出具借条写明“借到邓芳桂现金800元”。上述借条及收条中借款共计68600元。庭审中邓芳桂对岳光的行为系代表光华建材公司履行的职务行为予以认可，当庭撤回了对岳光个人的起诉，并放弃了

[1] 此文书来源于《邓芳桂与新疆光华建材设备有限公司民间借贷纠纷案》，http：//www.lawyee.org/Case/Case_Result.asp。

借条中600元的诉讼请求。另查明，审理中光华建材公司出示了：（1）1994年7月11日邓芳桂签收的收据，载明收到还款6000元。（2）1994年7月28日邓芳桂签收的收据，载明还款4000元。邓芳桂提出上述两份收据是在其主张借款之前发生，不能证明已偿还本案中的借款。（3）1994年12月8日邓芳桂签字的支票头，其中载明还款5000元（王小燕款），邓芳桂提出该支票载明的款项系其给王小燕还款，与本案无关。（4）1995年3月11日“付据”一份，写明“付邓芳桂还款200元”。（5）1995年5月20日的“付据”一份，内容为“付到邓芳桂还款100元”，邓芳桂认为上述两份“付据”不能证明给其还款的事实。（6）1995年3月24日一张金额为999.90元，用途为货款的支票头，邓芳桂提出该支票头没有其本人签字，不认可作为还款的依据。（7）1995年9月13日收条一份，写明“钢管286根”，邓芳桂对该收条中载明的单价及金额不予认可。（8）1995年4月11日及5月25日的两份财务“通用凭证”，光华建材公司欲证实其代替邓芳桂交付的电费应折抵借款8700元，邓芳桂对此不予认可。（9）1995年10月13日光华建材公司向银行贷款的借款凭证，欲证实其已履行的贷款义务，向邓芳桂借款50000元的诉讼时效应从其贷款之日计算，该笔借款已超过了法定的诉讼时效，邓芳桂提出光华建材公司此笔贷款其根本不知情，不能作为计算诉讼时效的依据。

一审法院认为，债务应当清偿。本案中光华建材公司向邓芳桂借款68000元是事实，双方之间的债权债务关系明确。庭审中光华建材公司出具的欲证明还款的证据中：（1）1994年12月8日用途为“还款”，金额为5000元的现金支票头，邓芳桂提出该款项是给王小燕还款，但支票头上系邓芳桂本人签字，是否是偿还王小燕的款项，因邓芳桂未举证，故应认定为偿还邓芳桂的借款5000元。（2）1995年3月11日的“还款200元”及同年5月20日的“还款100元”的付据中均载明“付邓芳桂还款”，且有邓芳桂本人签字认可，证实了给邓芳桂偿还借款的事实。另，1994年7月11日及7月28日的收据共计10000元，系发生在光华建材公司向邓芳桂借款之前，不能证明还款的事实；1995年3月24日的用途为货款的999.90元的支票头，以及光华建材公司的两份“通用凭证”均无邓芳桂的签字，亦不能证实用于偿还借款；同年9月13日的“收到钢管286根”的收条，系光华建材公司与邓芳桂之间的另一法律关系，且该收条上也未写明折抵借款，故不能认定为偿还借款。光华建材公司在审理中提出其于1995年10月13日向银行贷款50000元的事实，能够说明向邓芳桂借款50000元按照双方的约定已超过诉讼时效，双方在借条中虽写明“在光华建材公司贷款后还”，但光华建材公司在庭审中未举证证实其贷款后已告知邓芳桂，故该证据不能证明其诉讼时效的辩解，本院对此不予采信。综上，光华建材公司已向邓芳桂偿还借款5300元，剩余借款62700元应当及时偿还邓芳桂。遂判决：光华建材公司给付邓芳桂借款62700元。

宣判后，光华建材公司不服向本院提起上诉。本院二审查明的事实与一审查明的事实基本一致。本院于2009年6月1日作出（2009）乌中民一终字第890号民事判决：驳回上诉，维持原判。

本院再审过程中，邓芳桂称，本案一、二审未将新疆光华工贸有限公司（以下简称光华工贸公司）列为被告，主体有误，请求将原判责任主体变更为光华工贸公司。

本院再审认为，一、遗漏被告新疆光华工贸有限公司。2008年3月，邓芳桂起诉被告光华建材公司和该公司法定代表人岳光（后撤回对岳光起诉），同年4月1日追加新疆光华工贸公司为被告。一审庭审核实的被告为光华建材公司和光华工贸公司，但判决书只列被告光华建材公司，未列被告光华工贸公司，故判决遗漏被告光华工贸公司。二、光华建材公司主体资格一、二审未审查。一审中光华建材公司委托书未加盖公章，二审中光华建材公司上诉状及委托代理合同加盖的均是光华工贸公司的公章。综上，本案原审违反法定程序。依照《中华人民共和国民事诉讼法》第二百零七条、第一百六十九条、第一百七十条第一款第（四）项之规定，裁定如下：

> 一、撤销本院（2009）乌中民一终字第890号民事判决和乌鲁木齐市新市区人民法院（2008）新民一初字第1203号民事判决；
>
> 二、本案发回乌鲁木齐市新市区人民法院重审。
>
> 审判长　陈晓春
>
> 审判员　刘雪花
>
> 审判员　于　翔
>
> 二〇一四年十二月十五日
>
> 书记员　马永惠

八、实训法律法规

1.《中华人民共和国民事诉讼法》第218—228条。

2.《最高人民法院关于适用〈中华人民共和国民事诉讼法〉的解释》第388—424条。

3.《最高人民法院关于适用〈中华人民共和国民事诉讼法〉审判监督程序若干问题的解释》。

4.《最高人民法院关于民事审判监督程序严格依法适用指令再审和发回重审若干问题的规定》第4—9条。

附：实训拓展

一、案例思考

方某与王某于1996年1月28日领取结婚证，同年12月生一子。2001年10月8日，方、王双方达成离婚协议：（1）二人离婚。（2）婚生子随方某生活，王某每月贴补抚育费300元至小孩独立生活为止，于每月月底前给付。（3）所有共同财产：房屋、家电、存款等双方自愿赠与小孩。王某分得4000元，同时搬出另居。为拥有离婚的合法手续，方某于当日向法院提起离婚诉讼，经法院主持调解，依据当事人双方的离婚协议制作了民事调解书。2002

年5月18日，方某与另一男子再婚。后王某及其父以“原告故意隐瞒被告患有精神分裂症且无民事行为能力这一重要事实，诉讼时未通知被告的法定代理人参与诉讼，原调解协议并非被告真实意思表示”为由，向法院提起再审申请，要求撤销上述生效的民事调解书，对离婚案件进行再审，并要求追究原告重婚的刑事责任。

在案件再审复查过程中，法院根据原审被告法定代理人的申请，委托精神疾病司法鉴定委员会对原审被告王某进行司法鉴定。鉴定结论为：（1）被鉴定者在离婚诉讼期间罹患精神分裂症。（2）被鉴定者意识清晰，但对自身利益漠不关心，系无行为能力人。

法院经再审复查认为：原审被告王某在离婚诉讼期间就患有精神分裂症。在法院一审调解时，原审原告方某故意隐瞒原审被告患有精神分裂症的事实，双方达成的协议非真实意思表示。符合《民事诉讼法》第211条规定的再审条件，该案裁定进入再审程序。

问题：

1. 如果你是王某的诉讼代理人，在再审审理过程中会提出哪些代理意见？试撰写诉讼文书。

2. 如果你是审理本案再审的法官，将重点审查原审的哪些内容？又将作出何种处理决定？

二、知识拓展

我们在之前的学习中掌握了作为案件的当事人认为生效裁判有错误的，可以通过申请再审等方式维护自己的诉讼权利。而且也介绍了案外人对生效裁判确定的执行标的物主张权利，但又无法通过提起新的诉讼来解决争议的，可以通过申请再审的方式获得正当程序的保障。但是，案外人可以申请再审的案件范围毕竟有限，因此，在2012年修改的《民事诉讼法》中增加了对于第三人撤销之诉的规定。下面笔者为读者进行简单的介绍。

《民事诉讼法》第59条规定，对当事人双方的诉讼标的，第三人认为有独立请求权的，有权提起诉讼。对当事人双方的诉讼标的，第三人虽然没有独立请求权，但案件处理结果同他有法律上的利害关系的，可以申请参加诉讼，或者由人民法院通知他参加诉讼。人民法院判决承担民事责任的第三人，有当事人的诉讼权利义务。

前两款规定的第三人，因不能归责于本人的事由未参加诉讼，但有证据证明发生法律效力的判决、裁定、调解书的部分或者全部内容错误，损害其民事权益的，可以自知道或者应当知道其民事权益受到损害之日起6个月内，向作出该判决、裁定、调解书的人民法院提起诉讼。人民法院经审理，诉讼请求成立的，应当改变或者撤销原判决、裁定、调解书；诉讼请求不成立的，驳回诉讼请求。

在“第三人撤销之诉”增加前，第三人发现自己利益受损的，只能通过申请再审程序予以救济，修改后《民事诉讼法》规定对于未能通过参加诉讼获得程序保障的第三人，如果其认为判决或诉讼调解的效力可能影响其权利时，可以提起撤销之诉。该项法律制度一方面防止第三人的合法权益受到他人利用诉讼骗取法院生效法律文书等方式的不当侵害，另一方面也给因故未能参加诉讼而没有获得程序保障却可能受到判决既判力扩张效果拘束的第三人提供救济途径。

我们在实践中，除了按照上面法条中规定的形式要件和实质要件进行适用外，还需要掌握其具体的审理程序。

第一，提起诉讼。第三人撤销之诉，属于一种独立的诉讼，第三人应当按照《民事诉讼法》第124条提交起诉状。

第二，法院要对第三人的诉讼进行审查和受理。审查时，不仅要像再审审查时那样进行初步审查，而且还要进行必要的实体审查，并对此进行相应的调查取证，以防止第三人滥用撤销诉权，侵害他人的合法权益。经审查后，对于符合第三人撤销之诉要件的，法院应当裁定受理，否则裁定驳回，第三人不服裁定的，可以向上一级法院提起上诉。

第三，对于第三人撤销之诉的审查，准用再审案件审理程序，但与再审程序的不同之处在于，第三人撤销之诉普遍采取两审终审制度。法院在审理第三人撤销之诉时，一般形成两种裁判结果：诉讼请求成立的，应当改判或者撤销原判决、裁定、调解书；诉讼请求不成立的，驳回诉讼请求。

当然，《民事诉讼法》在规定了第三人撤销之诉的同时，又在第238条中保留了在执行程序中案外人提出异议可以按照审判监督程序处理的制度，在实践中案外人异议之诉、案外人申请再审、第三人撤销之诉均是对案外人合法权益救济之制度，三者之间难免存在交集。对此，应按照下面的规则进行适用：如果案件涉及标的物处理的，则在执行开始前，第三人可以提起第三人撤销之诉；在执行过程中的，第三人只能向执行法院提起案外人异议之诉、申请再审，而不能提起第三人撤销之诉。如果案件不涉及标的物处理的，案外人同时享有第三人撤销之诉和案外人申请再审程序权利来保护自己的权利，但不能同时适用两种程序，不能既提起再审之诉，又提起撤销之诉，两者之间只能选择其一行使，不得并用。一旦选定，则不允许反悔。

第五章

民事案件律师代理法律实务实训

在漫长的民事诉讼程序中，除了双方当事人和法官外，还有一个群体也是不可或缺的，这就是作为案件代理人的律师。代理律师作为当事人利益的保护者，在民事诉讼过程中发挥非常重要的作用。而民事诉讼代理也几乎是每一名律师都要参与的重要诉讼活动，所以，民事诉讼各个环节的策略设计与操作技巧都值得认真研究和总结。本章将针对律师在民事诉讼代理过程中从庭前到庭审的几个重要环节进行训练。

第一节　案件受理

一、实训目标

了解案件受理过程中的法律咨询阶段及办理委托阶段的诉讼程序；明确不同种类的咨询需要掌握的技巧；掌握办理委托的注意事项。具体应具备以下实训技能：（1）掌握电话咨询的程序及过程；（2）掌握律师面谈的技巧及方法；（3）分析审查咨询材料，并训练如何可以获得委托。

二、实训素材

案例 1

王女士系一大学教师，其从一小区公告栏刊登的广告中得知刘先生在该小区有一房屋要出售，王女士遂找到刘先生进行磋商，双方商定房屋交易价格为 81 万元，刘先生收取了王女士的定金 1 万元，并为其出具了收条，但双方并未签订书面合同。后王女士经了解，办理房屋交易需要收取大约 5 万元的税费，其中有部分需要卖方承担，于是她便和刘先生协商，提出自己所认可交易价格 81 万元并不包含刘先生应承担的税费，而刘先生则称其最后拿到手的应是 81 万元，税费并不包含在交易数额中，双方据此发生了分歧，刘先生亦拒绝退还定金。

问题：

1. 如果你是一名律师，王女士通过电话向你就本案提出了咨询，你将如何把握咨询的节奏，围绕案件事实向其提出哪些问题？

2. 你将如何进行解答王女士关于案件是否会胜诉的提问？

案例 2

某男于 2006 年与前女友共同出资购房，某男出资 97 万元，前女友出资 2 万元，现房屋产权证显示系争房屋为客户与前女友共同所有，其前女友主张要求分割并获得房屋一半的产权。双方购买房屋的时间为 2006 年，并且在物权法颁布实施之前，房屋交易中心登记并未让二人就共有形式进行约定。

问题：

1. 如果你是一名律师，某男通过电话向你就本案提出了咨询，你将如何进行解答？

2. 你将如何引导某男到所面谈咨询并确立双方的委托关系呢？

案例 3

2000 年 9 月 3 日 5 时许，周某驾驶大货车与警车追尾碰撞，致使警车翻车。周某往左打方向过程中，又与缪某驾驶的桑塔纳轿车正面相撞。此次事故造成三车严重受损，缪某（驾驶员）及车内乘客纪某、吴某三人受伤，系特大交通事故。后经核实，纪某在事故中造成医药费、误工费、住院伙食补助费、残疾赔偿金等损失共计 75084. 5 元。事故经交警支队认定责任，周某负全责，缪某无责任。

经了解，周某驾驶的车辆没有购买保险，周某作为车主无实际赔偿能力。

2002 年 9 月 1 日，纪某向缪某发出电报，要求承运人缪某赔偿因交通事故所造成的一切损失。2002 年 9 月 10 日，纪某通过电信部门查询得知，所发电报系缪某之妻杨某签收。

问题：

1. 假设你是一名律师，纪某作为当事人向你提出咨询，你将如何进行解答？

2. 如果选择缪某作为被告，是否符合法律规定？应以何理由起诉？

3. 本案有哪些诉讼风险？

4. 本案的最终结果可能怎样？

三、实训准备

1. 按照学生人数的多少，教师将学生分成若干小组，并确定扮演的不同角色。

2. 阅读《民事诉讼法》教材中各个程序中的重点内容及相关基础理论知识，熟练掌握《民事诉讼法》《最高人民法院关于适用〈中华人民共和国民事诉讼法〉的解释》《最高人民法院关于民事诉讼证据的若干规定》《律师办理民事诉讼案件规范》《律师执业行为规范》等诉讼类规范性文件，同时尽最大可能熟悉各种民事实体法中有关民事法律关系的构成要件及责任承担的相关内容。

3. 实训前将实训素材的基本案情资料传发给学生，要求检索有关程序法和实体法方面的法律依据，根据具体实训案例结合实体法的内容明确案件当事人的权利义务，判断对其进行法律救济的具体途径，并掌握律师在案件受理过程中的技巧及方法。在通过学生的自主学习后，要求提交书面形式的报告。

4. 书面报告：确定诉讼主体，发现案件的基本事实和需要适用的法律法规，以上内容需以书面形式提交报告。同时，根据扮演角色的不同，准备相应的法律文书或者书面材料。

四、实训要点

民事诉讼中的律师代理，按照其工作特点和各环节的主要任务一般从四个阶段来总结，即案件受理阶段；庭审前的准备阶段；庭审阶段；庭后总结和完善阶段。作为案件代理的第一个环节，每一个律师的代理工作都是从接触案件的当事人开始的。而接触当事人的第一步就是要接受当事人的法律咨询。在法律咨询过程中，律师可以初步了解案件情况，并为当事人答疑解惑。而“好的开始是成功的一半”，成功的诉讼代理往往都是源于法律咨询。经过法律咨询，就进入了案件受理阶段，双方接下来就要办理委托手续，办理委托手续后正式的民事诉讼代理活动就拉开序幕了。

（一）电话咨询

之所以把法律咨询作为一个独立的阶段来介绍，原因是法律咨询，尤其是委托前的法律咨询阶段对于律师能否通过在法律咨询中同当事人建立的信任和尊重而获得委托代理具有至关重要的作用，那么什么样的咨询才是一次成功的咨询呢？下面笔者将就不同的咨询方式为读者一一介绍。

电话咨询，就是通过电话回答当事人就某一法律问题的提问并予以解答的过程。电话咨询虽然不如面谈咨询可以直接面对客户，但对于律师来说，掌握电话咨询的技巧仍然是非常重要的。电话咨询一般包括以下几个环节。

1. 接机应答

律师如果通过电话来接受当事人的咨询，那么如何在第一时间建立起你与电话那端陌生人的信任呢？接机的应答就成为关键。如果律师在办公室接受固定电话咨询，在接机后自报家门：“您好，这里是某某律师事务所，我是某某律师，请问有什么可以帮助您？”这样职业的应答会使双方接下来的沟通较为顺畅。即便是接听手机上的电话咨询，律师也应在对方表明咨询意图后，用平和、亲切的语音语调表明自己的身份，从而开始双方接下来的谈话。

如果对方咨询的问题涉及的法律关系比较复杂，律师可以在对话之初就告诉对方一般在电话咨询中只能就简单的法律问题给出意见，并限定咨询时间，这样就可以使得对方抓住重点问题，提高咨询效率。

2. 聆听对方的讲述

进入正式的咨询后，律师一般都需要仔细聆听当事人对于欲咨询问题的讲述。在这个过程中，律师要始终保持耐心，并适时给予回应，如“嗯”“好的”等语气词，从而表明自己一直在认真聆听对方的讲述。如果对方在讲述的过程中没有逻辑性，且讲述过于发散，律师可以用下面的方式进行提醒，如“某某女士，您要咨询的事情是不是这样的……”这样就将对方的讲述重新引入正轨。

3. 进行解答

这部分是电话咨询的关键环节。这个环节最能体现律师的学识和职业素养，在解答过程中要注意以下要素：

（1）详细了解案情。听完客户的陈述，律师往往会对其要咨询的法律问题有大致的了解，这时便需要律师有针对性地进行提问，提出的是一些当事人认为并不重要但律师认为会直接或间接影响案件处理结果的问题，也可以就律师发现的问题向客户核实，但律师不要在自己还未详细了解案情的情况下，急于解答客户的问题，以免不能正确引导案件的走向。

比如，新手小张律师接到了一个客户的电话咨询。客户询问能不能在向其朋友索要欠款时将及丈夫一起列为案件的被告。小张律师在了解了借款的时间及其朋友的丈夫是否在场等情况后，就建议客户将其朋友及其丈夫列为共同被告。但小张在接受委托后发现案件已经过了诉讼时效，且客户在此前从未向其朋友和朋友的丈夫主张过权利。在这个案例中，小张律师犯的就是没有详细了解案情就急于解答的错误，这样做的结果往往是使自己陷入被动的境地。

（2）解答条理清晰，注重逻辑性。在电话咨询过程中，律师只能就其掌握的有限的案件信息进行法律适用的简单解答。在这个阶段，律师不要轻易对案件的事实作出判断，以免对客户产生误导。律师在解答问题时不仅要表达清晰完整，更要有逻辑性，在使用法言法语的前提下，要按照一定的逻辑顺序进行解答，最好采用下面的方式，如“对于您的案子，我的建议是，第一……第二……第三……”这样清晰明了的表述会给对方留下律师具有较高专业素养的好印象。

（3）对于复杂问题，引导咨询者面谈。客户由于法律知识欠缺往往会在电话咨询中遗漏一些重要的案件信息，并不能达到理想的效果，这时，如果律师认为有进一步了解案情并确立委托关系的可能性，就要在电话咨询过程中适时地引导客户进行面谈，但前提是，律师就客户提出的一些常规的法律适用问题要进行必要解答，使客户对律师的业务水平产生基本信任。在这个过程中，不推荐的做法是，律师不对客户提出的问题进行基本解答，就让对方到律师事务所面谈，这样难免会让对方感觉律师的功利性太强，只顾收费，并不值得信任。

最后，在结束双方的电话咨询前，律师最好留下自己的联系方式，或者给对方发一条带有自己信息的短信。因为你可能不是客户咨询的唯一一个律师，但你这种注意细节的行为，会为你赢得一个可能的潜在客户。如果对方提出面谈，律师一定要提前告知对方咨询是收费的，以免造成双方之间的不愉快。

（二）面谈咨询

面谈咨询是律师当面倾听咨询者的问题，回答咨询者的疑问，从而解析法律，分析案情的过程。面谈咨询较之电话咨询，双方的交流更直接、有效。同时，面谈咨询更能体现律师的业务水平及考验其综合能力。在面谈阶段，律师的主要任务一是树立独立和良好的职业形象，二是了解案情并依法剖析案件，三是和当事人协商办理委托代理手续。律师要想完成上列任务，应注意以下问题。

1. 接待前的工作安排

（1）根据当事人自身和案件的不同情况，选择合适的接待场所。对当事人的接待，可以选择多种不同的场所。最常见的是请当事人到律师的办公场所面谈。在这种情况下，就需要律师事先对接待室的环境进行必要的整理，这样可以为双方提供一个良好的交流空间，也使得客户能最快地建立与律师之间的亲近感与信任感。

当然，律师也可以根据当事人的要求到当事人所在的场所（办公室或者家里），以及双方所约定的其他地点会见。场所的不同，往往会直接或间接地影响当事人对律师个体形象的评价，并因此影响当事人是否聘请律师作为诉讼代理人。例如，客户想约律师谈一起工程纠纷的问题，但因其工作很忙，难以亲自去律师事务所。这样，律师就可以让对方选择会面的地点，甚至可以选择到客户工作的地方进行询问。这种从细微处入手，尽量替当事人着想的做法，可以为日后的顺利合作奠定良好的基础。

（2）告知当事人准备必要的证据材料。想要咨询变成有效率的活动，律师往往需要做必要的准备。在实践中，虽然有些当事人并不是真心聘请律师作为其诉讼代理人，而只是想以请代理人的名义进行咨询，但也确实也有律师因为没有在咨询前进行必要的准备而出现多次重复接待的情况。比如律师在接待当事人之前，没有告知当事人事先应做好哪些准备工作，以至于在接待时出现当事人根本就没有准备好相应的案件材料或者所委派的工作人员并不了解情况，只能对案件事实进行基本陈述，这就使得双方的面谈咨询毫无效率可言。因此，为了提高接待效率，节省自己和当事人的时间，律师有必要在接待之前告知当事人做好相应准备，如准备好案件材料，委派了解情况的工作人员，最好安排一名相对负责的人员参加，等等。这种提醒对于接待效率的提高是非常有必要的。

2. “先看后听再问”的接待模式

诚然，每位律师在工作中都会有一套自己惯用的接待方式，但是，接待当事人的不同模式，体现了不同律师的工作技巧。在实践中，“先看后听再问”的模式，应当是最能体现律师工作技巧的接待模式。律师应先进行简短的谈话后让当事人将案件材料留下研读，然后尽量让当事人完整地叙述一下案情，最后有针对性地问一些当事人认为并不重要但律师认为会直接或间接影响案件处理结果的问题。如果觉得当事人咨询的问题比较复杂，也可以先就其提出的简单问题出具初步的解决方案，然后向对方提议仔细阅读对方提供的材料后，再约当事人详谈。这样做的好处在于：律师可以避开当事人的视线静静地阅看材料、查找资料、进行思考。当对案件思考成熟后面对当事人时，可以很从容地询问当事人并对当事人的一些观点进行评判，从而使其感到律师的业务功底深厚。在实践中，有些律师先听后问再看，结果因为对当事人提出的问题一时无法回答，使当事人对律师的能力产生怀疑，律师本人也很尴尬，从而失去代理机会。

3. 律师要成为面谈的引领者

作为律师，不能指望非法律专业的当事人可以将所有问题讲出来，因为欠缺法律知识的普通当事人往往难以抓住问题的重点。为了使双方之间的谈话有成效，就需要律师针对案件涉及的法律要素进行针对性提问，对当事人进行必要的引领。在交谈过程中，律师要注意引导当事人迅速、简洁地在最短的时间内把涉及法律关系的事实说出来。比如开始谈话时就告诉当事人“为了使我能够清楚全面地了解案件情况，我们之间做一个配合，你在 10 到 20 分钟之内，告诉我什么时间、什么地点、什么人与什么人发生了什么事情，希望律师解决什么问题，之后，如果我还有什么不明白的，或者你觉得还有什么需要向律师说明白的，我们还可以充分地交流。”经过律师这样的引导，双方的沟通就会非常顺畅，而且也会按照律师设计的轨迹运行。

律师提问的过程，就是将客观事实转化成法律事实的过程。比如，针对当事人咨询的欠款纠纷，在其叙述案件事实后，律师就要针对性地提问，如“借款关系是否有客观证据证明，比如说欠条”“如果没有欠条，有无其他无利害关系的人可以证明”“你提供借款时以何种方式？有无付款证明”“债务是否到期”“债务到期后你是否进行了追讨”“对方借款时有无配偶”等。

总之，律师的提问应当有层次、有逻辑性。当然，这样有针对性的发问是律师长期办案实践的积累过程，有经验的律师会在当事人陈述案件事实的过程中针对其错过的法律点进行记录，以便自己在提问的时候不遗漏。

但是，在实践中，有些律师并不注意上面的问题，而是往往放任当事人讲很多与案件无关的、没有任何法律价值的话，结果讲半天还讲不到关键问题，然后，再反复发问，其实这样做的后果就是使得双方的谈话没有任何效率，也无法达到预期的法律效果。

4. 解答当事人的提问

接下来，律师就要回复当事人的咨询了。律师的回复应当经过深思熟虑，而不能只是就当事人的问题本身进行回答，而且律师的回答要有层次，一般应从以下方面回答当事人的咨询：

（1）根据当事人告知的基本案件信息，为其判断该案例可能的处理结果。律师要对案件的一般法律适用问题对当事人进行解答，以便当事人可以了解法院的审理原则、方式及方法。

（2）在向当事人介绍案件的基本法律规定后，律师还要以自己的经验，以及以往的办案经历告诉当事人案件在实际操作后可能遇到的问题，这样做的目的是可以实现理论与实践的结合。

（3）咨询结束后，律师还要和当事人讲解如何解决问题，当事人需要做好哪些准备、当事人需要经历哪些阶段、所需时间和经济成本如何。这样做可以让当事人对案件的解决有一个较为详尽的了解。

5. 面谈咨询时对证据的审查

证据材料是诉讼的灵魂，是决定案件能否胜诉的关键。律师在和当事人进行面谈咨询时，有时会接触当事人提供的证据材料，这就需要律师在咨询时对证据进行必要的审查。

（1）对证据的真伪进行审查。虽然有时当事人并不是有意要欺骗律师，但会在无意中向律师提供虚假无效的材料，而这些材料如果不能被律师及时发现，进入诉讼环节，被法官甄别出系虚假的证据，就会影响案件的成败。比如，有一个客户因为房屋买卖纠纷向律师提出咨询，在其出具的一份出让方提供的房屋产权复印件中，律师经过审查发现该产权证存在变造的痕迹，于是建议客户去房地产交易中心查询，并及时查询出房产证系变造的事实。这样的辨别有时会最大限度地为客户挽回经济损失。

（2）对证据的正确评判。律师与当事人看待证据的角度不同，其得出的结论往往也不尽相同。律师站在一个法律人的客观角度，会帮助当事人过滤一些利己的主观判断，从而形成客观、正确的评判。比如，一位当事人到律师事务所咨询一个遗赠纠纷。在其提供给律师的遗嘱中有这样一段表述：“我去世后，名下的财产由某某全权负责处理。”据此，当事人认为其享有受遗赠的权利，这种认识与事实的客观情况是有明显差异的，这就需要律师通过对证据进行客观评判将案件的诉讼风险及时告知当事人。

6. 如何通过法律咨询获得当事人的委托

律师进行法律咨询的目的通常不是给对方提供咨询，从自身利益的角度考虑，几乎每一位律师都希望获得当事人的委托，如何通过法律咨询获得委托呢？关键在于要善于处理下列问题：

（1）关于案件分析度的把握。几乎每一位律师在接待当事人的过程中，都会面对这样一个两难的问题：如果将案情分析得很透，当事人有可能不再愿意花钱聘请律师，而白白占用律师的劳动成果；反之，如果分析得不透，又会使当事人觉得律师不具备相应的水平，这样的律师又很难获得委托。如何破解这样的难题呢？律师应针对不同情况采取不同的方法。比如，一个案件仅涉及一个关键点，在没有确信当事人会委托自己的情况下，律师在解答的时候就应当有所保留，也就是只就该问题的基本法律适用问题提出意见，而不要就诉讼策略等进行详细分析，并告知对方一旦形成委托关系，会出具详细的代理方案；如果一个案件涉及了数个法律适用问题，如一个案件既涉及合同的无效，又涉及诉讼时效，还涉及保证责任的归属，律师可以就一个论点给当事人以详尽的论证，其他论点可不予论证，这样既可使当事人对律师的能力产生信任，又可防止律师的知识被别人无偿地占用。

（2）关于案件结果的回答。一般来说，当事人聘请律师代理民事诉讼案件的最终目的都是胜诉。因此，在接待阶段，当事人往往会问："我这官司能打赢吗？"面对这样的问题，律师回答时应把握好两个点：一是律师要告诉对方，自己所作的判断是基于对方提供的材料真实可信，而非最终判断。二是决定一个案件结果的因素有很多，当事人在诉讼中要做好充分的思想准备。比如，案件的结果可能要受制于裁判者的认识水平，且可能受到权力因素及不正之风的影响等。据此，面对当事人的询问，律师可以采用有技巧的回答方式："如果你所陈述的情况是事实，根据现有的材料，这个官司从法律的角度讲应该是一个胜诉（或败诉）的官司。"这种回答可进可退，不失为对律师自身的一种保护。

（3）关于是否接受委托的选择。当事人有选择律师的权利，律师也有选择案件的权利。当律师对案件的结果有了初步判断时，就应考虑是否接受委托。这种考虑，就是对案件的选择。在实践中，有些律师为了争取案源，不考虑案件的审理结果是否有利于自己的当事人，以及自己代理之后在庭审过程中是否有话可说，而是盲目地接受委托。笔者认为这种做法不妥。其实这样做的负面作用是非常明显的。因为律师在代理失败后，律师的职业形象会在一定程度上受到损害，从长远看，则会影响律师有形资产增加。

（4）提出代理费用以及收费标准。在律师与当事人达成了委托的意向后，律师就要提出代理费用的收取方法和收费标准。但这一看似简单的工作，其中也蕴含了很深的学问。因为律师收取代理费如果超过了当事人的心理预期，当事人会放弃委托；如果收费太低，又无法保护律师的合法权益。因此，律师只有合理地提出收费标准和方法，才有可能与当事人达成合意，最终代理案件。从现行的收费方法看，大致有四种：一是按司法行政管理部门和物价行政管理部门规定的标准收。二是协商收费，即由律师和当事人根据案件的难易程度及律师代理这一案件可能付出的劳动量，再加上当事人自身的经济状况来确定当事人应缴纳的代理费数额。三是风险代理，即律师只有在其所代理的案件胜诉后或执行后，才能获得代理费；但并不是所有的案件都适用风险代理。一般认为下列案件就不适合进行风险代理：①婚姻、继承案件；②请求给予社会保险待遇或者最低生活保障待遇的；③请求给付赡养费、抚养费、扶养费、抚恤金、救济金、工伤赔偿的；④请求支付劳动报酬的等。四是协商收费加风险代理，即先交一部分代理费，这部分代理费不管诉讼结果如何都不退，然后再约定按胜诉标的的一定比例收取代理费。第四种方法一般适用于标的数额大，但当事人又经济困难的情况。这种方式的好处是：既在一定程度上保护了律师的劳动，又不增加当事人的经济负担，而且还增强了律师的责任感。

对于律师的收费标准及收费方法，早在2006年4月，司法部和发改委就联合发布了《律师服务收费管理办法》作为律师收费标准的指导性文件。律师在与当事人协商费用时要将上述指导意见中的收费方式告知当事人，如果不告知对方具体的收费规定，在律师完成委托事项，而当事人不支付代理费用引起诉讼时，律师往往会陷入被动。因此，律师应当提前告知当事人收费标准并书面确认。

（三）接受委托

律师与当事人之间是否能够确立委托关系，其实质内容是双方能否形成委托代理合同关系。这就需要双方就委托事项的代理范围、代理内容、代理权限、代理费用及代理期限等进行讨论，经协商达成一致后，当事人就应当同律师事务所而非律师本人签署代理协议。当然，并非所有的案件都可以被代理，律师在决定是否代理案件时还应考察确认案件是否存在利益冲突，并将案件的风险提前告知当事人。

1. 确认案件是否存在利益冲突

按照美国著名的律师职业责任理论研究专家罗伯特 H. 埃若森教授等人所下的定义："利益冲突是指律师与当前的客户客观上存在潜在的相反利益取向，这种潜在的相反利益取向存在于律师通过各种方式提供法律服务的过程中，即使当前律师采取的法律行动或提供的法律服务，从律师的角度来讲，确实是最大限度地有利于客户，但也并不能消除由于存在潜在的相反利益而造成的这种利益上的冲突和紧张关系。"❶

对于存在利益冲突的案件，律师事务所不能接受委托。律师事务所应当建立利益冲突审查制度。律师事务所在接受委托之前，应当进行利益冲突审查并作出是否接受委托决定。律师在接受委托后知道诉讼相对方或利益冲突方委聘的律师是自己的近亲属或其他利害关系人，应及时将这种关系明确告诉委托人，由委托人决定是否建立或维持委托关系。委托人提出异议的，律师应当回避。委托人决定建立或维持委托关系的，应当签署《知情同意书》，表明当事人已经知悉存在利益冲突的基本事实和可能产生的法律后果，以及当事人明确同意与律师事务所及律师建立或维持委托关系。律师在接受委托后知道诉讼相对方或利益冲突方已经委托同一律师事务所其他律师的，应由双方律师协商解除一方的委托关系，协商不成功，应与后签订委托合同的一方或没有支付律师费的一方解除委托关系。

2. 诉讼风险的提前告知

律师的职业与风险相伴，帮助当事人防范、控制化解风险贯穿于律师执

❶ 上海市律师协会律师学院、谭芳：《民事诉讼律师实务》，法律出版社 2014 年版。

业的全过程。风险防范的能力与律师的职业能力和职业水平成正比。而民事诉讼一般周期普遍较长，且专业性较强，在诉讼中可能存在一些当事人无法预知的风险。优秀的律师往往会事先将可能不利于当事人的风险告知当事人，而且也尽量不要对诉讼结果作出连自己也无法掌控的承诺。

民事诉讼中的风险主要包括以下几大类：

（1）诉讼时效经过的风险。诉讼时效是当事人可以有效主张权利的期间。如果案件的诉讼时效已经届满，且无诉讼时效中止或中断的情形，则当事人虽然享有起诉权，但一旦被告以原告行使诉讼权利超过诉讼时效为由进行抗辩，而原告确无诉讼时效中止、中断的法定事由或不符合人民法院可予延长诉讼时效的情形，人民法院将判决原告丧失胜诉权。

（2）举证不能的风险。民事诉讼的举证原则在于，“谁主张，谁举证”，如果没有证据或证据不足以证明当事人的事实主张的，当事人将承担诉讼结果上的不利益。因此，律师应该告知当事人可能承担的举证不能的风险，即：不提供或不能充分提供证据的风险；逾期提供证据的风险及不能提供原始证据的风险等。

（3）成本风险。民事诉讼的复杂性决定了其结果的不可预知性。而作为原告的当事人一旦起诉，其就要承担诉讼费用、保全费用等成本，加之律师费及其他成本支出，一旦案件败诉，这些都会成为当事人额外的负担和成本。如果原告提出明显过高的诉讼请求而未获得法院支持，该部分诉讼费用也将由原告承担。律师对于诉讼费交纳的成本风险一定要预先向当事人释明。

（4）无法执行的风险。即便当事人最终获得了案件的胜诉判决，但如果对方当事人没有足够的财产可供执行，法院就将对未履行部分裁定中止执行，如果对方的执行能力无法恢复，则案件就将被终止执行，那么当事人的损失不仅无法追回，而且还会使他预支的成本也无法收回。

（四）确立委托关系后与当事人的沟通

确立委托关系，签订委托协议，只是双方合作的第一步，案件受理后，一位优秀的律师要善于处理与当事人的关系，获得当事人的理解与支持。

1. 经常与当事人沟通案件进展

当事人是案件结果的直接承受者，其在案件办理过程中难免有一些复杂的心理变化，作为律师，要让当事人感觉到律师时刻与自己站在一起，同情自己的遭遇，而不是站在一个高高在上的法律捍卫者的立场去评判当事人。由于法律专业知识的缺乏，当事人可能会对案件操作的法律程序比较陌生，律师一定要善于与当事人进行沟通，让其了解案件的成本情况与进展，以消除其负面情绪，以饱满的热情投入冗长的诉讼过程。

2. 要让当事人知晓案件的推进过程

律师要在整个代理过程中始终如一地对待当事人，有的律师在接受委托前往往对当事人热情有加，而一旦接受委托，或者说收取代理费用后，对当事人开始变得冷淡，这是与律师的职业道德不相符合的做法，长此以往会使自己丧失信誉。正确的做法是，律师不应等到当事人询问就将案件进展的各个环节及时告知当事人，设法让当事人了解事态发展的趋势，并对案件的处理结果有充分的思想准备。

五、实训过程

（一）案例 1

1. 通过投影仪，教师与学生共同回顾案例 1 的基本案情。

2. 通过小组讨论，明确上述纠纷中所涉实体法律关系的性质，并由学生代表发言予以确认。

3. 以上述讨论确认的买卖合同法律关系的实体法事实为基础，明确律师和当事人各自不同的角度应做好的诉讼准备。

4. 通过小组演练，由不同学生扮演不同角色，模拟案件电话咨询的具体过程。

（二）案例 2

1. 通过投影仪，教师与学生共同回顾案例 2 基本案情。

2. 通过小组讨论，分析不动产所有权的构成要件，明确本案中对某男可以进行何种救济，由学生代表发言予以确认。

3. 以上述讨论确认的实体法事实为基础，明确律师和当事人各自不同的角度应做好的诉讼准备。

4. 通过小组演练，由不同学生扮演不同角色，模拟完成诉讼主体的咨询过程。

（三）案例3

1. 通过投影仪，教师与学生共同回顾案例3基本案情。

2. 通过小组讨论，明确请求权竞合的构成要件、解决方法及关于诉讼时效的法律规定问题，并由学生代表发言予以确认。

3. 以上述讨论确认的结论为中心，考虑在案件已经接受委托的情形下，应当如何向当事人告知诉讼风险。

4. 通过小组演练，由不同学生扮演不同角色，模拟完成案件的咨询及委托过程。

六、实训点评

（一）角色自我点评（略）

（二）旁听学生点评（略）

（三）指导教师点评

1. 案例1点评要点

首先，对当事人的实训点评可以从以下方面来掌握：（1）从何途径了解咨询的律师；（2）起诉是否符合起诉条件；（3）证据材料是否完整，如何进行初步的证据收集。

其次，对代理律师的实训点评可以主要从以下方面来掌握：（1）明确当事人提出的法律问题的法律适用；（2）对案件的证据进行甄别分析；（3）接受咨询时的具体方式方法是否得当。

2. 案例2点评要点

首先，对当事人的实训点评可以从以下方面来掌握：（1）向律师咨询的基本要点；（2）是否了解起诉前的准备工作；（3）所掌握的证据材料的种类，如何进行证据的补充。

其次，对代理律师的实训点评可以从以下方面来掌握：（1）对当事人提出的法律问题的法律适用进行全面分析；（2）如何指导当事人对案件的证据进行补充完善；（3）如何引导当事人签订委托协议。

3. 案例3点评要点

首先，对当事人的实训点评可以从以下方面来掌握：（1）了解自己实体权利受损的情况；（2）选择责任承担者的初步设想；（3）所掌握的证据材料的种类，如何进行证据的收集及补充。

其次，对代理律师的实训点评可以从以下方面来掌握：（1）对当事人提出的法律问题的法律适用进行全面分析，提出不同的诉讼方案；（2）如何指导当事人对案件的证据进行补充完善；（3）如何引导当事人签订委托协议并告知其诉讼风险。

七、实训文书

接谈笔录

接谈时间：

接谈地点：

案由：

接谈律师：

来访人：

来访人基本信息：

接谈记录：

律师：我们是某某律师事务所律师，（出示律师证），请问可以为您提供什么法律帮助？

来访人：

律师：现请您简要介绍一下案情。

来访人：

律师：以上您陈述的事实，有什么证据予以支持？

来访人：

律师：您对本案有什么期待或要求？

来访人：

律师：针对本案的处理意见及可能出现的风险提示。

来访人：针对本人的陈述，本人声明完全是真实的。律师提出的风险提示本人已知晓。

对来访人咨询　收费：　　　　　元；不收费原由：

来访人阅后签名：

年　　月　　日

八、实训法律法规

1.《中华人民共和国民事诉讼法》第 51—65 条。

2.《最高人民法院关于适用〈中华人民共和国民事诉讼法〉的解释》第 50—89 条。

3.《律师办理民事诉讼案件规范》第 1—20 条。

4.《律师执业行为规范》第 1—52 条。

附：实训拓展

一、问题思考

1. 在新媒体时代下的微信、网络咨询与传统律师咨询之间的差异？你更倾向于通过何种方式与当事人建立联系？理由是什么？

2. 在与当事人确立委托关系后，如果你发现了不利于你当事人的证据材料，你将如何与当事人进行有效的沟通？

二、知识拓展

年轻律师如何找律师案源（见二维码）

详见

第二节　证据收集

一、实训目标

了解原告起诉证据及被告反驳证据的基本构成；明确证据收集的基本方式；掌握律师收集证据的基本方法及具体程序。具体应具备如下实训技能：（1）确定为不同目的进行的证据收集的方法及程序；（2）熟练掌握调取证人证言的基本方法及程序；（3）掌握申请法院调取证据的方法及程序，了解民事诉讼中调查令的适用条件。

二、实训素材

案例 1

2021 年 1 月，孙某因生意资金周转不灵，向吴某借款 58000 元，由于两人是朋友关系，因而，当时并没有签订书面借款合同，仅口头约定孙某资金困难一旦缓解就向吴某还钱。一年后，孙某在市内购买了商品房及汽车，吴某认为孙某的资金困难已经缓解，于是向孙某要求还款。孙某开始百般推托，后来干脆对吴某说“我是不会还钱的，我又没给你写欠条，你就算到法院告我，也没有凭证”。吴某为此向律师求助。[1]

问题：

1. 如果你是吴某委托的代理律师，你会针对诉讼请求帮助当事人收集哪些证据材料？

2. 如果吴某提出约孙某就还款问题进行谈判，并在孙某不知情的情况下进行录音，你将如何向其解释该证据的效力？

案例 2

2023 年 6 月 8 日凌晨 3 时许，某省公路发生一起致 3 人死亡的重大交通

[1] 该案例选自江伟：《新版以案说法：民事诉讼法篇》，中国人民大学出版社 2005 年版。

事故。一辆行驶中的微型货车，为避让停放在路边的大货车，将两名路人撞伤致死。事发后，肇事车辆驾驶员弃车逃逸。案发7天后，交警部门认定肇事者系事发时胸腹部受伤而死在医院的大鹏，且对事故负有全部责任。此后，两名被害人家属欲将大鹏的数名法定继承人诉诸法院，主张民事赔偿。

问题：

1. 如果你是被害人家属委托的代理律师，你会针对诉讼请求帮助当事人收集哪些证据材料？

2. 如果被害人家属向你提出怀疑大鹏有被人拿来“顶包”的可能，想要调取大鹏在医院治疗的有关病历档案，你又将如何处理？

案例3

甲与乙素有积怨。2022年11月，两人因发生口角进而厮打，甲的眼睛被打伤，住院28天，花去医疗费1万多元。甲诉至人民法院，请求判令乙赔偿经济损失。两人厮打的过程，被一个上过5年聋哑学校的聋哑人丙在场看到。乙始终不承认与甲发生争执进而厮打，并称是甲自己不小心摔倒的。[1]

问题：

1. 如果你是甲的代理律师，你会诉讼请求帮助当事人收集哪些证据材料？

2. 如果需要你作为甲的代理人，向丙进行调查取证，你应该遵循什么样的原则，按照什么样的方法和程序取证？

三、实训准备

1. 按照学生人数的多少，教师将学生分成若干小组，并确定扮演的不同角色。

2. 阅读《民事诉讼法》教材有关民事诉讼证据中证据能力与证明力、证据的分类与种类及证据的收集、交换和保全等基础理论知识，熟练掌握《民事诉讼法》《最高人民法院关于适用〈中华人民共和国民事诉讼法〉的解释》《最高人民法院关于民事诉讼证据的若干规定》等诉讼类规范性文件，同时

[1] 该案例选自陈娴灵：《民事诉讼法案例》，中国财政经济出版社2008版。

尽最大可能熟悉各种民事实体法中有关民事责任承担的相关内容。

3. 实训前将实训素材的基本案情资料传发给学生，要求检索有关程序法和实体法方面的法律依据，根据具体实训案例结合实体法的内容明确律师如何协助案件收集证据材料。在通过学生的自主学习后，要求提交书面形式的报告。

4. 书面报告：确定诉讼主体，发现案件的基本事实和需要适用的法律法规，以上内容需以书面形式提交报告。同时，根据扮演角色的不同，准备相应的法律文书或者书面材料。

四、实训要点

从某种意义上看，民事案件的胜败完全取决于证据是否充分，举证是否得当。而民事诉讼又是一门讲究程序的技术，在证据的收集和运用过程中，证据的适用，将直接导致案件最终的走向和结果。作为一名优秀的民事诉讼律师，必须善于发挥证据的功能，用好手中的"武器"来取得案件的胜利。

（一）原告起诉证据的准备

原告提起诉讼请求，就必须提供相应的证据。这些证据主要有两大类：一是立案证据，即受诉法院审查起诉时必须具备的证据；二是诉讼证据，即支持诉讼请求的证据。

1. 原告诉前需要准备的具体证据

根据《民事诉讼法》中关于起诉条件的规定，原告在诉前需要准备的证据主要包括：

第一，关于当事人主体资格的证据材料，这类证据主要围绕原告的诉权是否具备及本人与案件争议事实具有法律上的利害关系进行准备。比如，原告欲起诉和被告解除婚姻关系，就应该围绕双方存在婚姻关系进行证明，如应提供双方的《结婚证》。如果原告起诉被告继承纠纷，就应围绕原、被告与被继承人的关系，是否有遗嘱等事实组织证明材料。

第二，是否属于法院的民事案件受理范围以及是否属于受诉法院管辖的证据材料。

第三，诉讼请求所依据事实是否存在的证据材料，包括证明民事法律关系成立、变更、消灭的事实的证据材料。例如，一消费者在商场购买电热毯发生火灾致其损伤。该消费者欲提出告诉，就要围绕案件的法律关系确定证据。因为本案属于加害给付的情形，构成请求权竞合。如果消费者以侵权为由主张权利，律师就要协助他组织侵权行为和损害后果的事实材料，如果其以与商场的买卖合同关系主张对方承担违约责任，就要收集证明违约情况的相关材料。

2. 原告收集证据的特殊要求

原告固然应当围绕自己的诉讼请求确定证据，但因为不同案件对于证据有不同的要求，这就需要律师在实践中充分积累经验，总结出不同种类的案件需要的证据材料。

比如，委托人因合同纠纷起诉对方，其需要的起诉证据材料主要包括：[1]（1）原告身份证明材料，如户口簿、身份证或企业法人营业执照复印件等；（2）当事人之间存在买卖合同法律关系的证据材料，有书面合同的提交书面合同，口头成立买卖关系的，提交买卖关系存在的证据材料或线索，如发货单、购货发票、信函、票据等；（3）违约事实证据材料或线索；（4）原告同时起诉担保人的，提交担保人的最新户籍资料（公安机关出具）、身份证复印件、担保合同或者有关担保情况的证据材料。

又如，在人身损害赔偿纠纷案件中，起诉的证据主要包括：（1）原告身份证明材料，如户口簿、身份证或企业法人营业执照复印件等，以及原告与本案具有利害关系的证明材料，如与本案受害人存在继承关系的证明材料；（2）侵权行为证据材料如证人证言、公安机关询问笔录等；（3）损害后果的证据材料，例如人身损害赔偿纠纷案件，提供病历资料、医疗费用清单、护理费证明、丧葬费及抢救费单据等。

（二）被告反驳证据的准备

被告需要针对原告的起诉，在应诉、答辩的过程中予以承认、否认或者

[1] 上海市律师协会律师学院、谭芳：《民事诉讼律师实务》，法律出版社 2014 年版。

反驳以及提起反诉，同样也需要提供相应的证据。被告的反驳证据主要是从原告所主张的事实及提供的证据入手，对其证据进行“质疑”和“批驳”，从而削弱原告证据的证明力。

1. 针对原告提出的证据进行反驳

被告的代理人需要围绕原告的诉讼请求组织相应的抗辩证据进行批驳。比如，原告提出被告侵犯其人身权利，并提供了其受伤证明。被告方就需要对该证据进行质疑，比如提出原告的身体损害后果与被告的行为无因果关系，从而否认原告证据的证明力。

2. 形成己方独立的证据体系

除了围绕原告提出的证据进行批驳外，被告还应从自己的角度收集可以证明自己诉讼主张的证据，与原告提供的证据形成有效对冲。比如一起离婚案件中，原告提出与被告感情破裂并要求分割房产，被告可以从原告的诉讼请求依附的事实入手，确定自己的反驳证据。例如，被告可从双方的婚姻基础较好、尚未分居等方面收集证据，同时还可以通过调取房产信息证实房屋系被告婚前财产，从而在诉讼中占据主动地位。

当然，无论是原告还是被告，一旦因为客观原因无法收集证据的，都可以借助司法救济手段请求法院调取证据。在实践中，对于需要有鉴定结论、勘验笔录的案件；对于需要查询的保密材料，以及有关单位和证人不愿向代理律师提供证明的情况，应及时、主动申请人民法院进行调查取证。特别是，律师可以请求法院对与案件有关的关键证据和事实，依据职权进行勘验、鉴定。

在证据可能灭失或者以后难以取得的情况下，律师应告知当事人可以在诉讼过程中向人民法院申请保全证据，人民法院也可以主动采取保全措施。代理律师在情况紧急的时候可以主动建议当事人采取证据保全措施，以免时过境迁无证可查。对书证的保全，可采取拍照、复制的方法；对物证的保全，可制作勘验笔录、绘图、拍照、录像或保存原物：对证人证言的保全，可采取让证人自书，或制作谈话笔录，或以录音的方法保全。

（三）调取证据

为了获取必要的证据，律师在代理活动中要做的主要工作是调查取证，除了向己方当事人调查收集证据外，还包括向对方当事人和证人调取证据。其中，向己方当事人调取证据只要按照相应的取证程序进行即可，没有太大的难度。向对方当事人调查取证的工作，一般也大多申请法院依职权调取，最关键的取证就是向证人调取证据。但律师的取证终究与司法人员的取证有所区别，除己方当事人能提供的外，要调查到有利又有效的证据确非易事。这就要求律师除熟练掌握法律的各项具体规定外，还要讲究调查取证方式的艺术性。

1. 调查证人

调查证人，律师首先必须真正熟悉案情，精研诉状和答辩状，根据案情需要事先拟定调查提纲，然后与证人或以拉家常，或先自我介绍，取得证人的信任后逐步深入转向正题。切忌一开始就摆好纸笔拉开取证架势，那样有时会使证人不敢讲话或不敢讲真话。为了做好调查证人的取证工作，代理律师应重点把握好以下几点：

（1）认真分析现有材料，从中发现争执焦点，并据此确定调查方向。调查询问之前要先考虑所要询问的主要问题和拟订询问计划，并根据案件事实确定调查方向，即围绕双方的争议焦点进行询问。

例如，在张某与王某欠款纠纷一案中，有一个关键证人李某。张某与王某原系合伙关系，后二人散伙，张某经清算后给王某出具了一张欠条，写明其欠王某180万元，出具欠条时作为中间人的李某在场目睹了此过程。现王某起诉张某给付欠款，但张某提出其与王某的合伙关系未进行清算，其给王某出具欠条后发现王某还占用了合伙企业的资金，故不同意给付。在这种情况下，王某的代理律师找到李某调查取证，那么在此之前，就要拟订询问计划，即围绕双方的合作经过，欠条的形成过程等进行提问，以获取对查证己方主张事实有利的证据。

（2）了解被调查对象的基本情况，确立相应的调查预案。我们必须面对一个现实：在我国司法尚不注重追究民事诉讼伪证人责任的情况下，在律师并无强制证人做证权力的情况下，一项调查任务能否完成，从某种程度上讲，其主动权掌握在证人手中。在调查前，律师应详细了解被调查对象的信息，包括姓名、性别、住所、学历、性格、品格、修养、爱好等，并在此基础上确立相应的调查预案，比如是到其办公室调查，还是到其家中调查；是约好时间调查，还是突然袭击；是居高临下，还是朋友式的谈话，等等，都要事先做出考虑和安排。唯有如此，才能做到事半功倍并收集到相应的证据。

律师见到被调查人之前就将调查笔录的首部填写好。调查笔录的首部包括被调查人的基本情况，如果调查之前就知道，应该在开始调查之前就写好，如果调查之前不知道，也不要用一问一答的方式提问和记录。这样做的原因有两个：一是谈话一开始就记录，会加剧被调查人的紧张情绪；二是可以赢得更多的记录正文时间。调查材料应遵循一定的格式，应写清调查人、被调查人、在场人姓名，被调查人的性别、年龄、工作单位、住址、与本案当事人关系、调查时间、地点等情况。调查材料应由被调查人签名或盖章，在签名和修改的地方要捺指纹。

（3）随着科学技术的发展，律师调查取证的装备也要与时俱进，要改变律师取证总是一纸一笔的传统做法。律师事务所尽量创造条件，使律师逐步配备小巧录像机、微型录音机、摄影机、电脑技术和一些精密测算仪器。

2. 律师调查取证的规范性

在诉讼实践中，律师收集的证据有的不被法庭采用，失去了证据的效能。其中一个重要原因是律师收集证据的行为方式不规范。因此，律师收集证据除注意其真实性、关联性外，还应保证合法性、规范性。

（1）律师调查取证首先必须有当事人委托这一先决条件，并且经过律师事务所统一受案后持“律师专用调查证明”方可进行调查取证活动。

（2）调查取证一般应由两人进行。律师调查取证，法律虽没有规定像审判人员那样要有两人才能进行，但一般应以两人为宜。如因为情况特殊确系一人调查，至少要有一名与本案无利害关系的第三人在场；被调查人是未成年人的，可请监护人在场，以免在出示证据时被对方质疑取证行为的规范性。

（3）不要对众多证人同时取证，取证时也应当避免委托当事人在场。首先，一人一证不但是证言的格式要求，更是客观真实性的要求。取证时委托当事人不要在场是出于获得客观真实证据的考虑。众多证人在场同时取证，或取证时当事人在场，都可能会使证人产生顾虑，不利于律师了解客观真实情况。当事人在场收集的证人证言在法庭质证时，容易被对方当事人和代理人以缺乏客观真实性进行驳斥，使法官难于认定其效力。

（4）律师在调取物证时最好先进行拍摄或绘图，测量好各项数据，写明出处，制作较为详尽的说明书，并要求被提取人或单位在说明书上签名或盖章。如提取不到原物的，可以提交复制品代替，但必须与被复制品相符，并且注意到物证有变质、遗失的可能。调查书证最好是原件，书证或书证的复制（复印）件应由出具书证单位、个人盖章或签名说明出处，证实证据的效力。此外，律师要十分清楚物证、书证与案件的联系和具有的证明价值。

（5）收集的电子证据、视听材料要完整、不加剪辑。法庭对视听资料和电子证据的审查，主要是辨别真伪，并结合本案的其他证据，确定其能否作为认定事实的依据。另外，为证人录音、录像最好要经证人同意。因为未经对方当事人同意私自录制其谈话取得的资料一般不能作为证据使用。

3. 申请法院依职权调查

根据《民事诉讼法》第 67 条第 2 款规定，“当事人及其诉讼代理人因客观原因不能自行收集的证据，或者人民法院认为审理案件需要的证据，人民法院应当调查收集。”

对于调查取证的律师来说，如果在取证过程中确实遇到了因客观原因不能自行收集的证据，就可以请求人民法院依职权进行调取。

（1）人民法院依当事人申请调查取证的情形：第一，申请调查收集的证据属于国家有关部门保存并须人民法院依职权调取的档案材料。这里的国家有关部门，不仅指国家机关，而且包括提供公共事业服务的企业事业单位，如医院等。此外，对于虽由国家有关部门保存，但已经对社会开放档案的行政机关，当事人可以自行收集。比如，当事人的身份信息材料、出入境登记材料、非本人的就诊病历等材料，就属于此类。第二，涉及国家秘密、商业秘密、个人隐私的材料。第三，当事人及其诉讼代理人确因客观原因不能自行收集的其他材料。此处当事人未能提供证据的原因应当排除主观原因。所谓客观原因，是指超出当事人意志的、当事人无法控制的原因，比如，第三人或对方当事人掌控的证据，当事人要求其提供而其无正当理由拒绝提供或延迟提供。

（2）具体的申请程序：第一，当事人及其诉讼代理人申请人民法院调查收集证据，应当提交书面申请。申请书应当载明被调查人的姓名或者单位名称、住所地等基本情况、所要调查收集的证据的内容、需要由人民法院调查收集证据的原因及其要证明的事实。第二，当事人及其诉讼代理人申请人民法院调查收集证据，不得迟于举证期限届满前7日。人民法院对当事人及其诉讼代理人的申请不予准许的，应当向当事人或其诉讼代理人送达通知书。当事人及其诉讼代理人可以在收到通知书次日起3日内向受理申请的人民法院书面申请复议一次。人民法院应当在收到复议申请之日起5日内作出答复。

五、实训过程

（一）案例1

1. 通过投影仪，教师与学生共同回顾案例1的基本案情。

2. 通过小组讨论，明确上述纠纷中所涉实体法律关系的性质，并由学生代表发言予以确认。

3. 以上述讨论确认的借款合同法律关系的实体法事实为基础，明确律师和当事人各自不同的角度应做好的诉讼准备。

4. 通过小组演练，由不同学生扮演不同角色，模拟证据收集的具体过程。

（二）案例2

1. 通过投影仪，教师与学生共同回顾案例2基本案情。

2. 通过小组讨论，分析侵权损害赔偿的构成要件，明确本案中被害人可以请求的赔偿范围，由学生代表发言予以确认。

3. 以上述讨论确认的实体法事实为基础，明确律师和当事人各自不同的角度应做好的诉讼准备。

4. 通过小组演练，由不同学生扮演不同角色，模拟完成证据收集及请求法院调取证据的过程。

（三）案例3

1. 通过投影仪，教师与学生共同回顾案例3基本案情。

2. 通过小组讨论，明确人身损害赔偿的构成要件、责任承担及赔偿范围的法律规定问题，并由学生代表发言予以确认。

3. 以上述讨论确认的结论为中心，考虑在案件已经接受委托的情形下，应当如何帮助当事人收集证据，以及根据证人的特点调取证人证言。

4. 通过小组演练，由不同学生扮演不同角色，模拟完成案件证据的收集及询问证人的过程。

六、实训点评

（一）角色自我点评（略）

（二）旁听学生点评（略）

（三）指导教师点评

1. 案例1点评要点

首先，对当事人的实训点评可以从以下方面来掌握：（1）起诉是否符合起诉条件；（2）欲提出何种诉讼请求；（3）证据材料是否完整，如何进行初步的证据收集。

其次，对代理律师的实训点评可以从以下几方面掌握：（1）明确当事人提出的法律问题的法律适用；（2）对案件的证据收集进行建议及具体操作；（3）收集证据时的具体方式方法是否得当。

2. 案例2点评要点

首先，对当事人的实训点评可以从以下方面来掌握：（1）诉讼请求的基本内容；（2）是否了解起诉前的准备工作；（3）所掌握的证据材料的种类，如何进行证据的补充。

其次，对代理律师的实训点评可以从以下几方面掌握：（1）对当事人提出的法律问题的法律适用进行全面分析；（2）如何指导当事人对案件的证据进行补充完善；（3）如何向法院申请调取证据。

3. 案例3点评要点

首先，对当事人的实训点评可以从以下方面来掌握：（1）了解自己实体权利受损的情况；（2）对于争议解决的初步设想；（3）所掌握的证据材料的种类，如何进行证据的收集及补充。

其次，对代理律师的实训点评可以从以下几方面掌握：（1）对当事人提出的法律问题的法律适用进行全面分析，提出不同的诉讼方案；（2）如何指导当事人对案件的证据进行补充完善；（3）如何询问案件的关键证人，提供取证预案。

七、实训文书

1. 证据目录

××诉××××争议纠纷案的×审证据目录（含证据材料）

×告××提供

________年________月________日

证据一：××年×月×日，××事项的《××》

证据二：……

……

证据说明

证据编号：证据一

证据名称：……

证据内容：……

证据来源：××提供

（后附证据）

2. 证据清单样式（参考）

民事诉讼证据清单

编号	证据名称	证据来源	证明事实	页份
1	双方协议	原、被告签订并分别持有	明确约定了双方的合同权利义务	1
2	调查笔录	律师调查取得	订立协议的过程及协议内容的含义	2
3	票据	原、被告合伙时留存	原、被告曾经合伙的事实	7

续表

编号	证据名称	证据来源	证明事实	页份
4	被告门市 招牌照片	原告拍照	(1) 招牌上有被告电话号码 (2) 涉及合同限制经营品种	2
5	某手机交费 票据	交费时取得	证明该手机机主是被告	1
6	照片	原告拍照	被告到龙泉等饭店 送合同约定限制经营 品种产品的事实	10
7	电话录音	原告整理	被告自认违约的事实	1
8	光盘、U 盘 录音录像资料	原告监控录像、 拍照或打电话取得	被告违约的事实	
9	证人证言			
10				

证据材料提交人：　　　　提交人签名

提交日期：　　　　接受人签名

3. 保全申请书

______人民法院：

我单位与________因________合同纠纷一案，你院正在审理。

根据《中华人民共和国民事诉讼法》有关规定，为保证判决的执行，特请你院采取________保全措施。

担保事项：________________________________

申请人：____________（盖章）

法定代表人：____________（签章）

______年______月______日

注：保全措施包括中止合同履行、查封、扣押货物、变卖不易保存物并保存价款，责令被申请人提供担保或法律允许的其他方法。

4. 质证意见

A 公司诉 B 公司 ×× 纠纷案的质证意见

________年________月________日　被告 B 公司提供

原告证据序号	原告证据内容	被告质证意见
证据一		(1) (2)
证据二		

八、实训法律法规

1. 《中华人民共和国民事诉讼法》第 66—84 条。

2. 《最高人民法院关于适用〈中华人民共和国民事诉讼法〉的解释》第 90—124 条。

3. 《最高人民法院关于民事诉讼证据的若干规定》第 1—19、49—97 条。

4. 《律师办理民事诉讼案件规范》第 21—50 条。

5. 《律师执业行为规范》第 62—69 条。

附：实训拓展

一、问题思考

1. 如何对不同类型的证据进行举证、质证？如何理解其各自不同的侧重点？试举一例。

2. 举例说明被告如何形成己方独立的证据体系？

二、知识拓展

目前，在司法实践中针对当事人及其诉讼代理人调查取证难的实际情况，我国上海等部分地方法院借鉴国外立法的先进经验，将调查令制度作为深化民事审判方式改革的措施予以推行，以补充当事人的调查取证权。

所谓调查令，是指当事人在民事诉讼中因客观原因无法取得自己需要的证据，经申请并获人民法院批准，由法院签发给当事人的诉讼代理律师向有关单位和个人收集所需证据的法律文件。

上海市高级人民法院立案庭于2012年7月起在全市法院层面统一推行立案审查阶段调查令机制，并制定了《上海法院调查令实施规则》，以缓解当事人由于取证难而导致立案难的困境。在上海某缝纫设备有限公司诉蔡某劳动争议纠纷中，被告蔡某系中国台湾居民，原告无法提供被告的详细住址和身份信息，向金山法院申请调查令。律师持调查令赴上海市公安局出入境管理局调查了蔡某的详细地址和身份信息，案件得以顺利立案。[1]

申请调查令需要具备以下条件：第一，申请人必须是法院已经立案受理的案件当事人或经当事人委托的诉讼代理人；第二，申请人应当向人民法院递交申请书，述明需要收集的证据和所要证明的待证事实，以及无法取得上述证据的原因；第三，持令人是案件当事人的诉讼代理人，仅限于取得有效律师执业证书的律师。

不予签发调查令的情形：涉及国家秘密、个人隐私或不宜由诉讼代理律师自行调查收集的证据，以及因其他原因不宜公开的证据。对于涉及上述范围的证据，当事人应当向受理法院提交证据线索，经审查由法官依职权调查。

下附调查令的基本格式：

调查令申请书

申请人：×××，男，汉族，住辽宁省沈阳市××区××路××村××幢××号，身份证号：××××××××××××××××××××，企业职工，联系电话：×××××××××××

[1] 上海市律师协会律师学院、谭芳：《民事诉讼律师实务》，法律出版社2014年版。

申请事项：请求贵院依法开具调查令，以便申请人能够持令前往×××公司调查×××情况

事实与理由：

申请人诉×××一案，贵院业已受理，现为了查明和确定申请人因被告侵权损失情况，需到×××单位调取×××证据材料，此证据对查明案件事实非常重要而申请人又无法自行调取，特依法申请人民法院对以上事项开出调查令，以便申请人能持令前往×××公司调查取得上述具体证据材料，望准许。

此致

沈阳市××区人民法院

申请人：×××

委托代理人：

年　　月　　日

第三节　代理方案设计

一、实训目标

了解拟定代理方案的注意事项；掌握律师起草代理方案的格式及内容。具体应具备下列技能：确定为不同类型案件设计的代理方案的目的；熟练掌握代理方案设计的格式；掌握撰写代理方案的具体要求及代理方案的内容。

二、实训素材

案例 1

2017 年 2 月 28 日，原告张某从被告北京某汽车服务有限公司（以下简

称某公司）购买上海通用雪佛兰景程轿车一辆，价格为138000元，双方签有《汽车销售合同》。该合同第七条约定："……卖方保证买方所购车辆为新车，在交付之前已做了必要的检验和清洁，车辆路程表的公里数为18公里且符合卖方提供给买方的随车交付文件中所列的各项规格和指标……"合同签订当日，张某向某汽车公司交付了购车款138000元，同时支付了车辆购置税12400元、一条龙服务费500元、保险费6060元。同日，汽车公司将雪佛兰景程轿车交付张某，张某为该车办理了机动车登记手续。2017年5月13日，张某在将车辆送某汽车公司保养时，发现该车曾于2017年1月17日进行过维修。

某汽车公司表示张某所购车辆确曾在运输途中造成划伤，于2017年1月17日进行过维修，维修项目包括右前叶子板喷漆、右前门喷漆、右后叶子板喷漆、右前门钣金、右后叶子板钣金、右前叶子板钣金，维修中更换底大边卡扣、油箱门及前叶子板灯总成。送修人系该公司业务员。某汽车公司称，对于车辆曾进行维修之事已在销售时明确告知张某，并据此予以较大幅度优惠，该车销售定价应为151900元，经协商后该车实际销售价格为138000元，还赠送了部分装饰。为证明上述事实，某汽车公司提供了车辆维修记录及有张某签字的日期为2017年2月28日的车辆交接验收单一份，在车辆交接验收单备注一栏中注有"加1/4油，此车右侧有钣喷修复，按约定价格销售"。汽车公司表示该验收单系该公司保存，张某手中并无此单。对于某汽车公司提供的上述两份证据，张某表示对于车辆维修记录没有异议，车辆交接验收单中的签字确系其所为，但汽车公司在销售时并未告知车辆曾有维修，其在签字时备注一栏中也没有"此车右侧有钣喷修复，按约定价格销售"字样。[1]

问题：

1. 如果你是张某委托的代理律师，你会针对案件情况在案件的法律适用方面为其提出哪些意见？

2. 你会根据其诉讼请求帮助当事人收集哪些证据材料？

---

[1] 本案例参见中国法院网：http：//www.chinacourt.org/article/detail/2013/11/id/1150419.shtml，访问时间：2014年7月1日。

案例 2

侯某某作为河南安阳“德国华格纳生物晶片”专卖店经营者，向群众散发了盖有本店印章的关于该产品的宣传页。糖尿病患者毕某某于 2016 年 10 月7 日到侯某某经营的专卖店购买了华格纳生物晶片一块，价格为 2390 元。毕某某佩戴该产品后停止服用治疗糖尿病的药品。2017 年 3 月，毕某某感到身体不适，经医院检查，查出其血糖升至 14 点，遂于 2017 年 3 月 13 日住院治疗，支付医疗费 19167. 96 元，其中个人支付 2919. 24 元。2017 年 6 月 22 日，毕某某在观看了《今日说法》栏目关于对“德国华格纳生物晶片”利用虚假广告等相关报道后到当地工商所投诉，工商所对被告经营的专卖店采取了暂扣有关资料和物品，责令专卖店退给消费者现款等行政措施。因调解不成，毕某某遂向河南省安阳市北关区人民法院起诉，要求侯某某返还购物款 2390 元，并给付加倍赔偿款 2390 元。[1]

问题：

1. 如果你是毕某某委托的代理律师，你会针对诉讼请求建议当事人收集哪些证据材料？

2. 对于本案的法律适用问题，你又会对当事人提出哪些意见，试出具一份代理方案。

案例 3

锐邦公司作为强生公司医用缝线、吻合器等医疗器械产品的经销商，与强生公司已有 15 年的经销合作关系。2018 年 1 月，强生公司与锐邦公司签订《经销合同》及附件，约定锐邦公司不得以低于强生公司规定的价格销售产品。2018 年 3 月，锐邦公司在北京大学人民医院举行的强生医用缝线销售招标中以最低报价中标。2018 年 7 月，强生公司以锐邦公司私自降价为由取消锐邦公司在阜外医院、整形医院的经销权。2018 年 8 月 15 日后，强生公司不再接受锐邦公司医用缝线产品订单，2019 年 9 月完全停止了缝线产品、吻合器产品的供货。2019 年，强生公司不再与锐邦公司续签《经销合同》。

---

[1] 本案例参见中国法院网：http：//www. chinacourt. org/article/detail/2014/03/id/1228967. shtml，访问时间：2014 年7 月2 日。

原告向上海市第一中级人民法院起诉，主张被告在《经销合同》中约定的限制最低转售价格条款，构成反垄断法所禁止的纵向垄断协议，诉请法院判令被告赔偿因执行该垄断协议对原告低价竞标行为进行“处罚”而给原告造成的经济损失人民币1439.93万元。[1]

问题：锐邦公司作为委托人拟委托一名律师起草一份代理方案，你恰好是该公司咨询的律师，你将如何为其出具代理方案？

三、实训准备

1. 按照学生人数的多少，教师将学生分成若干小组，并确定扮演的不同角色。

2. 阅读《民事诉讼法》教材有关民事诉讼证据中证据能力与证明力、证据的分类与种类及证据的收集、交换和保全等基础理论知识，熟练掌握《民事诉讼法》《最高人民法院关于适用〈中华人民共和国民事诉讼法〉的解释》《最高人民法院关于民事诉讼证据的若干规定》等诉讼类规范性文件，同时尽最大可能熟悉各种民事实体法中有关民事责任承担的相关内容。

3. 实训前将实训素材的基本案情资料传发给学生，要求检索有关程序法和实体法方面的法律依据，根据具体实训案例结合实体法的内容掌握代理方案的撰写要求。在通过学生的自主学习后，要求提交书面形式的报告。

4. 书面报告：确定诉讼主体，发现案件的基本事实和需要适用的法律法规，以上内容需以书面形式提交报告。同时，根据扮演角色的不同，准备相应的法律文书或者书面材料。

四、实训要点

对于重大案件，一般都需要律师拟定代理方案。律师代理方案是律师提供法律服务的一种综合性的书面文件，其内容包括向委托人提供法律依据、法律建议以及解决问题的方案。律师代理方案的起草水平往往能够反映代理

---

[1] 本案例参见中国法院网：http：//www.chinacourt.org/article/detail/2013/10/id/1110845.shtml，访问时间：2014年7月2日。

律师的法律素养及对案件的熟悉程度。没有长期的实践经验的累积，也不能写出完整、规范的代理方案，而且，现在有的诉讼项目，当事人可能会找到几个律师事务所通过招投标的竞争性缔约方式来选择委托对象，因此，拟订代理方案，是民事诉讼代理律师所应具备的基本技能之一，并且也成为律师能否获得委托的关键要素。虽然说，代理方案并不像法律文书一样具有统一的书写模式，但一般的代理方案都会按照下面的格式行文。代理方案一般应包括首部、正文、尾部三部分，下面笔者将一一为读者介绍。

（一）代理方案撰写应注意的问题

1. 撰文前首先要做好调查工作，即针对案件的事实认定及法律适用问题，做好充分的案头准备，包括寻找有关法律依据，参阅有关文件、规定、批件，到实际部门进行实地调查、查询等。

2. 对案件实际存在的问题分析要准确、透彻，法律依据要充分。在出具代理方案之前，需要寻找出有关适用的法律依据，对问题经过梳理、分析、比较对照，从中归结出正确的答案，做到合理合法，切实可行。

3. 合理安排好表达内容的逻辑结构。一般来说，代理方案的正文部分最为重要。在正文中也应分出相应的层次，关键性的问题应放到前面说明，次要问题可放到后面去写，有主有次，重点突出，使人读后一下就把握了重点，留下深刻印象。此外，还要注意分论点与论据、分论点与总论点之间的密切联系，使其证明的层次形成一个环环相扣的链形结构，从而集中、有力地突出所要说明的问题。

4. 代理方案的制作，还要符合一定的格式要求，比如首部、尾部的写法都体现了代理方案的规范性。

（二）代理方案的首部撰写

1. 标题。在代理方案的首部应首先写明标题“某某案件的代理方案”，也可加副标题，副标题应该概括全文主旨，使人感到一目了然。

2. 致送单位（或人）的称谓。在标题的下一行顶格写明接受文书的单位名称或人的名称。例如，“××有限责任公司”“尊敬的××××先生（女士）”“××董事长”等。这样的代理方案开头会让对方感觉比较正规，且体现了对对方的尊重。

3. 说明受理案件的缘起。律师可以介绍下受理案件的过程，比如什么时间通过何种方式接触了该案件，在这部分，律师要通过已经掌握的案件材料对案件的案由进行总结，如买卖合同纠纷，人身损害纠纷，离婚纠纷还是继承纠纷等。下面，律师就要简单梳理下委托人提供的证据情况，可以将证据予以简单列明，但不需要对证据的证据能力及证明力等进行评判。在首部的最后，可以提出下面的代理方案的基本内容，即从哪些方面针对案件提出方案。

当然，也有的代理方案在首部的最后作出会对在案件中掌握的客户信息予以保密的声明。例如，“我们在此郑重承诺，我所在调查、阅读及代理该项目时所接触到的关于该项目的及与该项目相关的资料履行保密义务”。

（三）正文部分的撰写

正文是代理方案中的核心部分。在这一部分，律师一般要从已经掌握的案件证据入手，通过证据还原案件事实，结合案件事实，提出法律意见，发现案件代理可能存在的法律风险，并提出具体措施，适当控制风险，使案件代理过程中做到重点明确、思路清晰，防止因决策失误给当事人造成不应有的损失。

1. 从分析证据入手，还原案件事实

众所周知，案件事实发生在过去，需要通过证据加以还原。民事诉讼的过程就是当事人通过收集、提供证据来证明己方的诉讼请求。根据证明责任的规定，当事人对于自己提出的诉讼请求所依据的事实或者反驳对方诉讼请求所依据的事实有责任提供证据加以证明。在案件要件事实真伪不明时由负有证明责任的当事人承担不利后果。因此，证据也被称为“诉讼之王”。律师在起草代理方案时，往往已经了解了案件现有的证据情况，包括己方掌握的证据及对方可能提供的证据等。这足以使一位法律专业人士通过证据认证的基本规则对案情进行初步认定。

当然，这样通过对现有证据的分析进行的案件事实认定可能与法官最终认定的案件事实不一致。其中除了律师自身业务能力的原因外，还因为对于

证据质证及认证的过程本身就充满了复杂的变数，律师也可以在分析案件事实的同时，对这种可能的不确定性予以说明，以使当事人形成合理的心理预期。

2. 结合案件事实提出法律意见

在通过证据还原案件事实后，律师就要通过案件事实提出自己在法律适用方面的意见。首先，律师应当分析案件中存在哪些法律关系，其中核心要素及双方争议的焦点是什么。比如，甲公司将房屋租赁给乙公司使用，双方在合同中约定了乙公司如果不按时支付租金超过 15 天，甲公司有权解除合同并将乙公司存放在屋内又未取走的物品清除。后来甲公司在乙未支付租金超过 15 天的情形下，找到管理房屋的物业公司更换了门锁，并将乙公司存放在屋内的物品全部清除，现在乙公司向法院提出起诉要求赔偿财产损失，并要求物业公司承担连带责任。如果作为物业公司委托的律师，请你在出具的代理方案中就应当就甲公司处置乙公司财产的行为是否合法，以及乙公司要求物业公司承担连带责任是否具有法律依据这两方面的法律问题进行分析和阐述。这一部分要注意对材料进行分析研究，作出逻辑整理，事实要确凿，并进行明确具体的分析说明，指出问题所在，写出法律依据。力争做到事实准确，说理有依据且充分，逻辑性要强。

其次，要确定己方的论辩角度。确定论辩角度是指确定某个案件的论辩切入点，比如是从事实方面进行论辩，还是从法律适用方面进行论辩，抑或从程序方面进行论辩，或者几方面都进行论辩，等等。在上述案例中，律师在代理方案中应当围绕事实及法律适用两方面进行论辩，提出因为乙公司构成违约，符合合同约定的法定解除条件，甲公司将屋内物品处理的行为不违反合同约定。且更换门锁也是按照合同约定而为，甲公司尚无须承担法律责任，要求物业公司承担连带责任也就缺乏事实及法律依据。

3. 发现法律风险，提出具体措施

如前所述，民事案件的专业性强，周期较长等特点，决定了当事人可能会面对各种各样的诉讼风险。在代理方案中，律师对于诉讼中可能遭遇的风险一定要提示给委托人，如举证不能的风险，法律冲突的风险等。随后，应针对列举的案件风险提出具体的解决方案，既可以保护律师自身的权益，又可以使委托人了解案件的复杂性与艰巨性，并为此做好思想上及物质上的各种准备。

4. 确定代理思路

在正文的最后，要结合上面的论述内容，确定代理思路及诉讼策略。律师首先应表明通过代理活动欲实现的代理目标是什么，也就是根据案件的基本事实结合辩论各方的基本证据等分析案件可能出现的结果，这样可以让委托人对案件结果有一个基本预期。然后，要围绕代理目标阐明实现目标的具体途径，在确定代理思路时，也可以确定相应的诉讼策略，即拟订诉讼的基本步骤、己方参与诉讼人员的配合、对法庭可能出现的各种情况的对策以及各种论辩预案的准备等工作。

5. 与代理有关的其他内容

在正文的最后，律师可就自己的代理优势及费用的收取等进行介绍，以使委托人对于律师的个人能力及诉讼成本等了然于胸。

（四）结尾部分的撰写

正文写完之后，一般应另起一段，用几句话对所述问题进行总结，加以概括，起到归纳全文的作用。最后在文末右下角写出律师的工作单位、职务及姓名，并注明制作日期，加盖公章。

五、实训过程

（一）案例1

1. 通过投影仪，教师与学生共同回顾案例1的基本案情。

2. 通过小组讨论，明确上述纠纷中所涉实体法律关系的性质，并由学生代表发言予以确认。

3. 以上述讨论确认的买卖合同中违约责任认定的相关实体法内容为基础，明确律师和当事人各自不同的角度应做好的诉讼准备。

4. 通过小组演练，由不同学生扮演不同角色，模拟证据收集的具体过程及法律适用的具体建议。

（二）案例2

1. 通过投影仪，教师与学生共同回顾案例2基本案情。

2. 通过小组讨论，分析侵权损害赔偿的构成要件，明确本案中被害人可以请求的赔偿范围，由学生代表发言予以确认。

3. 以上述讨论确认的实体法事实为基础，明确律师和当事人各自不同的角度应做好的诉讼准备。

4. 通过小组演练，由不同学生扮演不同角色，模拟完成诉讼提起及代理方案撰写等过程。

（三）案例3

1. 通过投影仪，教师与学生共同回顾案例3基本案情。

2. 通过小组讨论，明确纵向垄断行为的构成要件及赔偿范围的法律规定问题，并由学生代表发言予以确认。

3. 以上述讨论确认的结论为中心，考虑在案件已经接受委托的情形下，应当如何帮助当事人收集证据以及提出法律适用意见。

4. 通过小组演练，由不同学生扮演不同角色，模拟完成代理方案的撰写过程。

六、实训点评

（一）角色自我点评（略）

（二）旁听学生点评（略）

（三）指导教师点评

1. 案例1点评要点

首先，对当事人的实训点评可以从以下方面来掌握：（1）起诉是否符合起诉条件；（2）欲提出何种诉讼请求；（3）证据材料是否完整，如何进行初步的证据收集。

其次，对代理律师的实训点评可以从以下几方面掌握：（1）明确当事人提出的法律问题的法律适用；（2）对案件的证据收集进行建议及具体操作；

(3) 掌握对此案出具代理方案的具体要求。

2. 案例2点评要点

首先，对当事人的实训点评可以从以下方面来掌握：(1) 诉讼请求的基本内容；(2) 是否了解起诉前的准备工作；(3) 所掌握的证据材料的种类，如何进行证据的补充？

其次，对代理律师的实训点评可以从以下几方面掌握：(1) 对当事人提出的法律问题的法律适用进行全面分析；(2) 如何指导当事人对案件的证据进行补充完善；(3) 如何撰写代理方案。

3. 案例3点评要点

首先，对当事人的实训点评可以从以下方面来掌握：(1) 了解自己实体权利受损的情况；(2) 对于争议解决的初步设想；(3) 所掌握的证据材料的种类，如何进行证据的收集及补充？

其次，对代理律师的实训点评可以从以下几方面掌握：(1) 对当事人提出的法律问题的法律适用进行全面分析，提出不同的诉讼方案；(2) 如何指导当事人对案件的证据进行补充完善；(3) 如何撰写代理方案。

七、实训文书

1. 诉讼风险告知单

诉讼风险告知单[1]

致：××公司

贵司委托本所律师代理×诉贵司××争议纠纷案，接受委托后，本所律师尽其可能，收集提交证据约××份，针对原告诉讼请求积极应诉。

现根据我国有关法律法规的规定，以及本所律师以往代理同类案件的经验，进行如下风险告知：

1. 贵司的证据缺陷（或其他事项）（略）

2. 案件审理分析（略）

[1] 乔路：《企业法律顾问实务全书》，法律出版社2013年版。

3. 后续事宜提示

（如我国的“两审终身制”、诉讼后相关执行等问题的处理。（略））

综上，特此进行诉讼风险告知，以便贵司对诉讼结果有一个初步的判断（或采用其他提示用语）。

××律师事务所

________________律师

________年________月________日

2. 代理方案（见二维码）

详见

八、实训法律法规

1.《中华人民共和国民事诉讼法》第 18—39、66—86 条。

2.《最高人民法院关于适用〈中华人民共和国民事诉讼法〉的解释》第 1—42、90—124 条。

3.《最高人民法院关于民事诉讼证据的若干规定》第 60—84 条。

4.《律师办理民事诉讼案件规范》第 51—56 条。

附：实训拓展

一、问题思考

尝试选择一个实践案例，并从原告或被告代理律师的角度为当事人设计案件的代理方案。

二、知识扩展

诉讼风险是当事人因行使诉讼权利、履行诉讼义务不当，以及因某一法律事实的出现，所导致法律或事实上的不利后果的可能性。我国的民事诉讼制度自20世纪90年代以来，不断发展、完善、创新。民事诉讼制度已经由法官职权主义逐步进入当事人主义的诉讼制度。“尽管最后作出判决的是法官，当事人却被视为形成判决的主体。在诉讼开始时，当事人必须按自己追求的判决内容提出请求，该请求划定了判决的范围，最后的判决既不能超出其上限，也不能代之以其他救济形式。接着，当事人双方必须就存在争执的事项进行协议，把争议的焦点确定下来，而这些争点一旦确定同样对法官具有拘束力，法官不能自行确定争点，也不能在判决中离开当事人确定的争点做出判断。”[1] 当然，并非所有的案件均需要进行风险告知，律师应根据客观情况，对有些案件进行风险告知。风险告知可以在律师接受委托前，或在接受委托后进行，如有可能和必要，应交由委托人签收。

最高人民法院在广泛听取各方意见后，公布的《人民法院民事诉讼风险提示书》中，将诉讼风险归纳为以下17类：

1. 起诉不符合条件：当事人起诉不符合法律规定条件的，人民法院不会受理，即使受理也会驳回起诉；当事人起诉不符合管辖规定的，案件将会被移送到有权管辖的人民法院审理。

2. 诉讼请求不适当：当事人提出的诉讼请求应明确、具体、完整，对未提出的诉讼请求人民法院不会审理；当事人提出的诉讼请求要适当，不要随意扩大诉讼请求范围；无根据的诉讼请求，除得不到人民法院支持外，当事人还要负担相应的诉讼费用。

3. 逾期改变诉讼请求：当事人增加、变更诉讼请求或者提出反诉，超过人民法院许可或者指定期限的，可能不被审理。

4. 超过诉讼时效：当事人请求人民法院保护民事权利的期间一般为2年（特殊的为1年）。原告向人民法院起诉后，被告提出原告的起诉已超过法律保护期间的，如果原告没有对超过法律保护期间的事实提供证据证明，其诉讼请求不会得到人民法院的支持。

5. 授权不明：当事人委托诉讼代理人代为承认、放弃、变更诉讼请求，

---

[1] 王亚新：《论民事、经济审判方式的改革》，载《中国社会科学》1994年第1期。

进行和解，提起反诉或者上诉等事项的，应在授权委托书中特别注明。没有在授权委托书中明确、具体注明特别授权事项的，诉讼代理人就上述特别授权事项发表的意见不具有法律效力。

6. 不按时交纳诉讼费用：当事人起诉或者上诉，不按时预交诉讼费用，或者提出缓交、减交、免交诉讼费用申请未获批准仍不交纳诉讼费用的，人民法院将会裁定按自动撤回起诉、上诉处理；当事人提出反诉，不按规定预交相应的案件受理费的，人民法院将不会审理。

7. 申请财产保全不符合规定：当事人申请财产保全，应当按规定交纳保全费用，没有交纳的，人民法院不会对申请保全的财产采取保全措施；当事人提出财产保全申请，未按人民法院要求提供相应财产担保的，人民法院将依法驳回其申请；申请人申请财产保全有错误的，将要赔偿被申请人因财产保全所受到的损失。

8. 不提供或者不充分提供证据：除法律和司法解释规定不需要提供证据证明外，当事人提出诉讼请求或者反驳对方的诉讼请求，应提供证据证明。不能提供相应的证据或者提供的证据证明不了有关事实的，可能面临不利的裁判后果。

9. 超过举证时限提供证据：当事人向人民法院提交的证据，应当在当事人协商一致并经人民法院认可或者人民法院指定的期限内完成。超过上述期限提交的，人民法院可能视其放弃了举证的权利，但属于法律和司法解释规定的新的证据除外。

10. 不提供原始证据：当事人向人民法院提供证据，应当提供原件或者原物，特殊情况下也可以提供经人民法院核对无异的复制件或者复制品。提供的证据不符合上述条件的，可能影响证据的证明力，甚至可能不被采信。

11. 证人不出庭作证：除属于法律和司法解释规定的证人确有困难不能出庭的特殊情况外，当事人提供证人证言的，证人应当出庭作证并接受质询。如果证人不出庭作证，可能影响该证人证言的证据效力，甚至不被采信。

12. 不按规定申请审计、评估、鉴定：当事人申请审计、评估、鉴定，未在人民法院指定期限内提出申请或者不预交审计、评估、鉴定费用，或者不提供相关材料，致使争议的事实无法通过审计、评估、鉴定结论予以认定的，可能对申请人产生不利的裁判后果。

13. 不按时出庭或者中途退出法庭：原告经传票传唤，无正当理由拒不到庭，或者未经法庭许可中途退出法庭的，人民法院将按自动撤回起诉处理；被告反诉的，人民法院将对反诉的内容缺席审判；被告经传票传唤，无正当理由拒不到庭，或者未经法庭许可中途退出法庭的，人民法院将缺席判决。

14. 不准确提供送达地址：适用简易程序审理的案件，人民法院按照当事人自己提供的送达地址送达诉讼文书时，因当事人提供的己方送达地址不准确，或者送达地址变更未及时告知人民法院，致使人民法院无法送达，造成诉讼文书被退回的，诉讼文书也视为送达。

15. 超过期限申请强制执行：向人民法院申请强制执行的期限，双方或者一方当事人是公民的为 1 年，双方是法人或者其他组织的为 6 个月。期限自生效法律文书确定的履行义务期限届满之日起算。超过上述期限申请的，人民法院不予受理。

16. 无财产或者无足够财产可供执行：被执行人没有财产或者没有足够财产履行生效法律文书确定义务的，人民法院可能对未履行的部分裁定中止执行，申请执行人的财产权益将可能暂时无法实现或者不能完全实现。

17. 不履行生效法律文书确定义务：被执行人未按生效法律文书指定期间履行给付金钱义务的，将要支付迟延履行期间的双倍债务利息；被执行人未按生效法律文书指定期间履行其他义务的，将要支付迟延履行金。

第六章

涉外民事诉讼案件法律实务实训

现如今我国经济实力迅速跃升，对外开放程度不断加深，随之而来的是各级人民法院审理的涉外民事诉讼案件数量的大幅增长。涉外民事诉讼与普通民事诉讼的不同之处在于前者具有涉外因素。所谓涉外因素，是指诉讼主体涉外、作为诉讼标的的法律事实涉外以及诉讼标的物涉外，具备上述三个因素之一的民事诉讼就属于涉外民事诉讼。本章将通过管辖争议、域外法律的查明和适用以及判决、裁定的送达与执行等方面补充介绍涉外民事诉讼与普遍民事诉讼不同的地方。

第一节　涉外民事案件管辖

涉外民事诉讼案件的管辖与普通民事诉讼案件的管辖相比多了涉外这一因素，与前文提到的民事诉讼重复部分本节不再赘述。对起诉到人民法院的案件，人民法院经过识别，如果认定属于涉外商事案件，接下来就要审查案件属于仲裁管辖还是属于诉讼管辖。涉外民事诉讼中的管辖异议往往需要综合考虑案件是否符合涉外民事案件的认定条件、管辖法院的级别与管辖金额标准、当事人住所地或经常居住地的判定以及是否存在特殊主体参与等因素来确定。本节以案例对涉外民事案件的管辖问题进行实训。

一、实训目标

在掌握《民事诉讼法》中管辖相关规定的基础上，拓展对涉外民事诉讼案件管辖相关规定的了解，明晰人民法院审查涉外诉讼管辖权的基本原理，在涉外民事案件实践中熟练选择管辖法院，本节包含以下三项实训内容：（1）判断是否存在有效仲裁协议。（2）识别影响管辖法院选择的因素。（3）管辖权异议申请书及管辖权异议裁定书的制作。

二、实训素材

案例 1

上海市浦东新区人民法院受理原告 General × ×诉被告上海 × ×航空技术有限公司、被告 × ×航空工业有限公司擅自使用他人企业名称纠纷一案后，被告 × ×航空工业公司在提交答辩状期间对管辖权提出异议，认为其是在中国香港注册并经营的公司，在中国内地没有任何经营活动，其住所地、经营地以及原告起诉所谓的侵权行为地均不在中国内地，更不在浦东新区，因此，受诉法院上海市浦东新区人民法院对其无管辖权，请求裁定驳回原告对其的起诉。

问题：

1. 从法律规定看，哪个（或哪些）人民法院对本案有管辖权？

2. 假设你是受诉法院的法官，你支持（或驳回）被告提出的管辖权异议的理由是什么？

案例 2

在香港 × ×贸易有限公司诉云 × ×进出口贸易有限公司买卖合同纠纷一案中，当事人签订的仲裁协议未约定明确的仲裁机构，仅约定仲裁地点为北京（Any dispute arising out of or in connection with this contract, including any question regarding its existence, validity or termination, shall be referred to and finally resolved by arbitration in BEIJING, CHINA.），且当事人未选择仲裁协议效力适用的法律。

问题：

1. 你认为本案中的仲裁协议是否有效？本案应通过诉讼还是仲裁途径解决？并说明你的理由。

2. 如果你是本案的代理律师，会如何为当事人选择合适的法院？

案例 3

李某与姜某于××年结婚，现双方夫妻感情确已破裂，原告李某依法诉至法院，请求依法裁判解除双方事实婚姻关系。丹东市振兴区人民法院审查认为，本案被告姜某长期居住国外，属于涉外案件。根据辽宁省高级人民法院关于调整省内涉外民商事案件管辖的通知精神，依照《民事诉讼法》第36条、《最高人民法院关于适用〈中华人民共和国民事诉讼法〉的解释》第211条之规定，于2021年×月××日作出（2021）辽0603民初××××号裁定：本案移送辽宁省丹东市振安区人民法院处理。

2022年×月××日，丹东市振安区人民法院认定本案为离婚案件，属于婚姻家庭纠纷，不属于归口办理民商事案件，该院对本案无管辖权，报请辽宁省丹东市中级人民法院指定管辖。

问题：

1. 丹东市振兴区人民法院的报请事项是否符合法律规定，并说明你的理由。

2. 如果你是丹东市中级人民法院的法官，将指定哪一法院对本案进行审理？

三、实训准备

1. 分小组和角色：教师按照学生人数的多少，将学生分成若干小组，并确定每名学生扮演的诉讼角色。

2. 基础准备：阅读《民事诉讼法》中有关涉外民事案件管辖的理论知识，掌握《民事诉讼法》《最高人民法院关于涉外民商事案件管辖若干问题的规定》《中华人民共和国仲裁法》《最高人民法院关于适用〈中华人民共和国民事诉讼法〉的解释》中有关涉外案件管辖权的基本规定，熟悉最高人民法院有关管辖问题的若干司法解释和司法文件等框架性依据。

3. 文献检索：根据具体的实训素材，尽量查找与实训素材相关的法律、行政法规以及有关司法解释、批复等，从而判断实训素材中的仲裁协议效力、确定涉外民事纠纷的管辖法院，从当事人和法院法官两个不同角度设计相应的诉讼方案。以上内容要求以书面报告的形式提交。

4. 书面报告：确定诉讼主体，整理案件的基本事实和需要适用的法律法规，以上内容需以书面形式提交报告。同时，根据扮演角色的不同，准备相应的法律文书或者书面材料。

四、实训要点

（一）我国涉外民事诉讼管辖的原则

1. 基本原则

我国涉外民事诉讼管辖的基本原则除了“诉讼与法院所在地实际联系”“尊重当事人”原则外，还包括“维护国家主权”原则。司法管辖权是国家主权的重要组成部分，因此，确定与行使涉外管辖权在维护涉外案件当事人合法权益的同时，充分体现了我国的司法主权。

2. 一般原则

在我国涉外民事诉讼中有特别规定的要适用特别规定，没有特别规定的则适用《民事诉讼法》关于诉讼管辖的一般规定；在我国缔结或参加的国际条约中对管辖权有特别规定的应当优先适用其中的规定；如果上述法律条文中没有约定的管辖权，可以参考国际惯例或者世界上多数国家普遍采用的做法来确认。

（二）我国涉外民事诉讼的管辖权

1. 专属管辖

即使是涉外民事诉讼仍根据《民事诉讼法》第 34 条和第 279 条的规定，由我国相应法院对下列案件进行专属管辖：（1）因不动产纠纷提起的诉讼；（2）因港口作业中发生纠纷提起的诉讼；（3）因继承遗产纠纷提起的诉讼；（4）因在中华人民共和国领域内设立的法人或者其他组织的设立、解散、清算，以及该法人或者其他组织作出的决议的效力等纠纷提起的诉讼；（5）因与在中华人民共和国领域内审查授予的知识产权的有效性有关的纠纷提起的诉讼；（6）因在中华人民共和国履行中外合资经营企业合同、中外合作经营企业合同、中外合作勘探开发自然资源合同发生纠纷提起的诉讼。

2. 协议管辖

涉外民事诉讼案件中的协议管辖仍遵循《民事诉讼法》中对协议管辖符合条件的相关规定，根据《最高人民法院关于适用〈中华人民共和国民事诉讼法〉的解释》第529条规定，属于我国法院专属管辖的案件，当事人不得协议选择外国法院管辖，但协议选择仲裁的除外。而在海事纠纷中，当事人书面协议选择我国海事法院管辖的，即使与纠纷实际联系的地点不在我国领域内，对该纠纷也具有管辖权。

3. 属地管辖

（1）根据《民事诉讼法》第270条规定，在我国领域内进行涉外民事诉讼，适用《民事诉讼法》规定。《民事诉讼法》第四编没有规定的，适用《民事诉讼法》其他有关规定。现阶段我国《民事诉讼法》仍采用原告就被告的原则，即以被告住所地为普通管辖的依据，凡是涉外民事案件中的被告住所地在我国，我国法院就有管辖权。因此，只要被告在我国境内有住所，我国法院均有管辖权。

（2）根据《民事诉讼法》第23条第1款第1项规定，对不在中华人民共和国领域内居住的人提起的有关身份关系的诉讼，由原告住所地人民法院管辖；原告住所地与经常居住地不一致的，由原告经常居住地人民法院管辖。

（3）根据《民事诉讼法》第276条规定，因涉外民事纠纷，对在中华人民共和国领域内没有住所的被告提起除身份关系以外的诉讼，如果合同签订地、合同履行地、诉讼标的物所在地、可供扣押财产所在地、侵权行为地、代表机构住所地位于中华人民共和国领域内的，可以由合同签订地、合同履行地、诉讼标的物所在地、可供扣押财产所在地、侵权行为地、代表机构住所地人民法院管辖。除前款规定外，涉外民事纠纷与中华人民共和国存在其他适当联系的，可以由人民法院管辖。

4. 不方便法院原则

根据我国《最高人民法院关于适用〈中华人民共和国民事诉讼法〉的解释》中第530条规定，涉外民事案件同时符合下列情形的，人民法院可以裁定驳回原告的起诉，告知其向更方便的外国法院提起诉讼：（1）被告提出案件应由更方便外国法院管辖的请求，或者提出管辖异议；（2）当事人之间不存在选择中华人民共和国法院管辖的协议；（3）案件不属于中华人民共和国法院专属管辖；（4）案件不涉及中华人民共和国国家、公民、法人或者其他组织的利益；（5）案件争议的主要事实不是发生在中华人民共和国境内，且案件不适用中华人民共和国法律，人民法院审理案件在认定事实和适用法律方面存在重大困难；（6）外国法院对案件享有管辖权，且审理该案件更加方便。

从最高人民法院的裁定说明中我们可以看出，对我国法院有管辖权的涉外商事案件，符合《民事诉讼法解释》第530条规定的6项要件，才能拒绝行使案件的管辖权。同时，域外平行程序的存在并不构成不方便法院的当然理由。

5. 平行诉讼的处理

平行诉讼，又称“诉讼竞合”，是指相同当事人就同一争议基于相同事实以及相同目的同时在两个或两个以上国家的法院进行诉讼的现象。由于各国都奉行国家主权原则，对民事诉讼行使司法管辖权是国家主权的体现之一，因此，平行诉讼在各国民事诉讼中是存在且被允许的。我国在司法实践中允许平行诉讼，且对平行诉讼有一定的规定。对同一案件，只要根据我国法律或者我国参加的国际条约规定，我国法院有管辖权，则不管该案是否在其他国家或地区起诉，或者该案是否已经由其他享有司法主权的国家或地区审理或作出判决，均不影响我国法院对该案的管辖。

以原被告地位为标准，平行诉讼可以分为以下两种情况：第一，重复诉讼，是指同一原告对同一被告就同一诉讼标的在两个国家法院同时提起诉讼，或者先后提起诉讼。第二，对抗诉讼，是指双方当事人就同一诉讼标的分别在不同国家法院提起诉讼。在涉外商事纠纷中，对抗诉讼比重复诉讼更为常见，因为涉外商事案件的管辖权是由各个国家自行决定的，管辖权在国与国之间不存在相互指引和相互制约关系，第一个诉讼的被告可以通过直接向其他法院起诉的方式达到对抗原告的目的。

关于对抗诉讼，我国采取的是以本国诉讼为主的模式，并将其延伸到对外国法院判决的承认与执行领域。根据《民事诉讼法解释》第 531 条规定，中华人民共和国法院和外国法院都有管辖权的案件，一方当事人向外国法院起诉，而另一方当事人向中华人民共和国法院起诉的，人民法院可予受理。判决后，外国法院申请或者当事人请求人民法院承认和执行外国法院对本案作出的判决、裁定的，不予准许；但双方共同缔结或者参加的国际条约另有规定的除外。外国法院判决、裁定已经被人民法院承认，当事人就同一争议向人民法院起诉的，人民法院不予受理。

而关于重复诉讼，根据《民事诉讼法解释》第 542 条规定，当事人向中华人民共和国有管辖权的中级人民法院申请承认和执行外国法院作出的发生法律效力的判决、裁定的，如果该法院所在国与我国没有缔结或者共同参加国际条约，也没有互惠关系的，裁定驳回申请，但当事人向人民法院申请承认外国法院作出的发生法律效力的离婚判决的除外。承认和执行申请被裁定驳回的，当事人可以向人民法院起诉。

五、实训过程

（一）案例 1

1. 通过投影仪，教师与学生共同回顾案例 1 的基本案情。

2. 通过小组讨论，了解近年来与涉外民商事诉讼有关管辖的法律规定、司法解释、批复等，再结合案例素材的案情，明确原、被告在本案中究竟应如何适用相应的法律，最后拟定有利于己方的选择管辖策略。上述问题由学生在实训过程中发言予以确认。

3. 以上述讨论确认的事实问题和法律问题为中心，由扮演原告的学生完善相应的法律文书，并提交相应的证据材料。面对原告选择管辖法院的起诉，立案庭法官的学生做好受理与否的准备工作。

4. 以上述讨论确认的事实问题和法律问题为中心，由扮演被告的学生完善管辖权异议申请书，并提交相应的证据材料。面对被告提出的管辖权异议申请，扮演审判庭法官的学生应如何应对，并撰写相应的民事裁定书。

5. 通过小组演练，由学生扮演不同的诉讼角色，模拟完成上述实训素材可能出现的法律场景（立案、提出管辖权异议申请、法官对当事人双方的询问等）。

（二）案例2

1. 通过投影仪，教师与学生共同回顾案例2的基本案情。

2. 通过小组讨论，确定本案的仲裁协议效力，讨论应以何种途径解决；明确上述问题，拟定有利于己方的诉讼或非诉讼策略。上述问题由学生在实训过程中发言予以确认。

3. 以上述讨论确认的事实问题和法律问题为中心，由扮演原告的学生完善相应的法律文书，并提交相应的证据材料。面对原告提出的起诉或提交仲裁，扮演立案庭法官或仲裁机构仲裁员的学生做好应对的准备工作。

4. 以上述讨论确认的事实问题和法律问题为中心，由扮演被告的学生完善相应的法律文书，并提交相应的证据材料。面对被告提出的答辩，扮演审判庭法官或仲裁机构仲裁员的学生应如何应对，并撰写相应的民事裁定书（或民事裁决书）。

5. 通过小组演练，由学生扮演不同的诉讼角色，模拟完成上述实训素材可能出现的法律场景（律师与当事人研讨、拟订策略的过程；原告与立案庭法官的立案过程；等等）。

（三）案例3

1. 通过投影仪，教师与学生共同回顾案例3的基本案情。

2. 通过小组讨论，查找涉及涉外民事诉讼管辖的相关法律规定，结合本案案情，判断影响本案选择管辖法院的具体因素；明确各法院作出相应选择的法律依据。上述问题由学生在实训过程中发言予以确认。

3. 以上述讨论确认的事实问题和法律问题为中心，由扮演各法院法官的学生提出各组观点，并提交相应的法律依据，撰写相应的申请和裁定文书。

4. 通过小组演练，由学生扮演不同的诉讼角色，模拟完成上述实训素材可能出现的法律场景（律师与当事人讨论管辖法院的选择；区级法院面对管辖权归属提交申请；市级法院作出指定裁决；等等）。

六、实训点评

（一）角色自我点评（略）

（二）旁听学生点评（略）

（三）指导教师点评

1. 案例1点评要点

首先，对原告的实训点评可以从以下方面来掌握：（1）涉外民事案件中，与管辖有关的法律规定、司法解释、批复的变化脉络；（2）涉外民事案件中，确定管辖法院的方法，以及与实训案例的关联性；（3）素材案例中，原告要求在某地法院诉讼，设计方案是否合理合法？（4）原告撰写的民事起诉状以及提交的证据材料，是否充分地反映了设计的方案，优点、缺点在哪里？

其次，对人民法院的立案庭法官的实训点评可以从以下方面来掌握：（1）依照法律规定，被告选择向本案提起管辖异议，是否有相应的法律依据？（2）根据被告的管辖异议以及提供的证据材料，法官的处理方法是否正确？

再次，对被告的实训点评可以从以下方面来掌握：（1）涉外民商事案件中，与管辖有关的法律规定、司法解释、批复的变化脉络；（2）涉外民商事案件中，确定合同履行地的方法，以及与实训案例的关联性；（3）根据自身的实际情况，是否设计了足够多的可能情形，分别拟订了不同的诉讼策略；（4）被告提出的管辖权异议以及提交的证据材料，是否充分地反映了诉讼策略，优点、缺点在哪里？

最后，对审判庭法官的实训点评可以从以下方面来掌握：（1）依照法律规定，原告选择向本案提起诉讼，是否有明确的法律规定？（2）面对原告的起诉，审判庭法官的处理是否妥当？（3）面对被告的相应行为，审判庭法官的处理是否妥当？（4）案例素材中的做法，审判庭法官的评价是什么，有无法律依据？

2. 案例2点评要点

首先，对原告的实训点评可以从以下方面来掌握：（1）原告选择的处理本案的途径是否正确，法律依据是否充分。（2）原告选择仲裁解决，案由是什么，仲裁协议是否有效。

其次，对被告的实训点评可以从以下方面来掌握：（1）无论原告选择诉讼还是仲裁，被告的应对方案如何，有无法律依据。（2）撰写的法律文书以及提交的证据材料，是否充分地反映了应对的方案，优点、缺点在哪里。

最后，对人民法院法官的实训点评可以从以下方面来掌握：（1）面对仲裁协议的审查，立案庭法官的处理是否妥当，有无法律依据？（2）面对被告的应对，审判庭法官的处理是否妥当，有无法律依据？（3）人民法院的法官，能否以本案为基础，谈谈诉讼和仲裁之间转化的可能性。

3. 案例3点评要点

对人民法院法官的实训点评可以从以下方面来掌握：（1）面对原告的起诉，法官移交给他院处理的做法是否正确。（2）各法院作出的裁定文书书写是否规范合理。

七、实训法律法规

1.《中华人民共和国民事诉讼法》。

2.《最高人民法院关于涉外民商事案件管辖若干问题的规定》。

3.《第二次全国涉外商事海事审判工作会议纪要》。

4.《中华人民共和国仲裁法》。

第二节　涉外民事案件法律适用

在涉外商事案件的审理中，人民法院经常要面临法律适用问题，即确定涉外商事法律关系的准据法。准据法是指经冲突规范指定援用来确定涉外商事关系当事人具体权利和义务的特定的实体法，不包括冲突规范和程序法。由于我国采取的是“民商合一”的立法模式，因此，立法上所说的涉外民事关系包括涉外商事关系，涉外民事关系的冲突规范也适用于涉外商事关系。故在法律适用一节统一使用涉外民事关系这一表述方式。

一、实训目标

了解涉外商事案件如何适用诉讼程序规定；了解当事人的需求，判断应该适用的法律；分析涉案合同的类型，明确涉外合同的准据法；熟悉我国作为多法域国家对香港特别行政区、澳门特别行政区及台湾地区的商事案件的法律适用。

二、实训素材

案例

××科技有限公司于2008年5月29日参加××大学所需仪器设备采购ZK－0808项目第三包的公开招标并中标。数量一套，有配置清单。中标价格为人民币2455000元。2008年6月12日，××科技公司与××国际贸易有限公司签订《委托进出口协议》，约定××科技公司委托××国际贸易有限公司办理相关进口代理手续，手续费为中标价格的1%，即人民币24550元，该费用包括被告为完成该业务的全部费用；并由××科技公司承担汇率风险，多退少补；××科技公司有权选择按照实际购汇日或者信用证兑付日结算。××国际贸易有限公司有义务提供结汇日银行出具的结汇价格，结余部分被告付给××科技公司账户或其指定账户，不足部分××科技公司补齐。随后，××国际贸易有限公司与××大学签订了《进口设备委托代理采购合同》，代理采购仪器设备；与××科技公司签订了买卖合同，采购××科技公司仪器设备，合同履行完毕。根据双方《委托进出口协议》，××科技公司依约支付了被告全部代理费用。协议第3项约定，由××科技公司承担欧元汇率变化的风险和收益，经计算，××国际贸易有限公司应支付××科技公司因欧元汇率变化所产生的差价款人民币414881.6元。但其以扣除各种税款为由，拒绝支付。且未能提供其已经扣款及缴税的合法票据。××科技公司认为，双方之间签订的《委托进出口协议》合法有效。××科技公司委托被告办理进出口代理手续，依约支付了代理费用，同时享有和承担因汇率变化所产生的风险和收益。××国际贸易有限公司拒不支付汇率差价没有法律依据且没有扣款缴税的合法票据证明。因对方的延迟支付给××科技公司造成了经济损失，故诉至法院。

问题：本案中涉及多个主体和合同，适用法律应如何选择？

三、实训准备

1. 按照学生人数的多少，教师将学生分成若干小组，并确定扮演的不同角色。

2. 阅读《民事诉讼法》教材中有关适用法律相关基础理论知识，熟练掌握《民事诉讼法》《最高人民法院关于适用〈中华人民共和国民事诉讼法〉的解释》《最高人民法院关于民事诉讼证据的若干规定》《最高人民法院关于审理涉台民商事案件法律适用问题的规定》等规范性文件，同时尽最大可能熟悉各种民事实体法中有关涉外民事诉讼案件适用法律的相关内容。

3. 实训前将实训素材的基本案情资料传发给学生，要求检索有关程序法和实体法方面的法律依据，根据具体实训案例结合实体法的内容明确案件适用法律条例，判断原审裁判是否适当。

4. 确定诉讼主体，发现案件的基本事实和需要适用的法律法规，以上内容需以书面形式提交报告。同时，根据扮演角色的不同，准备相应的法律文书或者书面材料。

四、实训要点

（一）强制性规定的直接适用

根据《中华人民共和国涉外民事关系法律适用法》（以下简称《法律适用法》）第4条的规定，中华人民共和国法律对涉外民事关系有强制性规定的，直接适用该强制性规定。这里的“强制性规定”，是指涉及我国社会公共利益、当事人不能通过约定排除适用、无须通过冲突规范指引而直接适用于涉外民事关系的法律、行政法规的规定。

值得强调的是，强制性规定的适用是直接适用，并不是适用冲突规范的结果，盖因强制性规定体现了国家的重大政策和社会的核心利益，故而排除当事人意思自治的介入。

（二）当事人协议选择适用法律

根据《法律适用法》第3条规定，当事人依照法律规定可以明示选择涉外民事关系适用的法律，此处的“明示选择”主要指协议选择，亦包括在诉讼中的口头选择。这一规定虽体现了对当事人意思自治原则的尊重，但仍受到国际条约的直接适用、强制性规定的直接适用、禁止法律规避等限制。

1. 当事人协议选择法律的范围

当事人在诉讼中协议选择法律应符合《法律适用法》对此规定的范围，我国法律没有明确规定当事人可以选择涉外民事关系适用的法律，当事人选择适用法律的，人民法院应认定该选择无效。现阶段，我国当事人选择法律的民事关系范围从涉外合同领域扩展至代理、信托、仲裁协议、夫妻财产关系、动产物权、侵权、不当得利与无因管理、知识产权等。

2. 当事人协议选择法律的注意事项

首先，协议选择法律的时间节点。当事人协议选择或者变更选择适用的法律，须在一审法庭辩论终结前。但为方便法院审理以及明确双方的争议焦点，法庭仍应在审理过程中尽早提示当事人明确其适用法律，以便及时进行域外法查明，提高涉外民事诉讼案件的审理效率。人民法院可以通过召集庭前会议或者以其他适当方式，尽早确定需要查明的外国法律的范围。

其次，默示选法的认定。各方当事人援引相同国家的法律且未提出法律适用异议的，可以认定当事人已经就涉外民事关系适用的法律作出了选择。在此情况下，当事人仍可在一审法庭辩论终结前明确选择或变更法律适用。

最后，在同一案件中面对不同的权利义务关系，人民法院可确定适用不同的法律，当事人亦可选择不同的适用法律。

（三）最密切联系原则的适用方法

该原则既包括法律原则也包括具体规则，既规定于一般法中也规定于特别法中，在具体适用上应注意以下适用方法：

1. 具体规则先于法律原则

在《法律适用法》第41条规定合同当事人未协议选法的，可适用与该合同有最密切联系的法律时，应当优先援引该条具体规则而非援引法律原则，即《法律适用法》第2条规定：涉外民事关系适用的法律，依照本法确定。其他法律对涉外民事关系法律适用另有特别规定的，依照其规定。本法和其他法律对涉外民事关系法律适用没有规定的，适用与该涉外民事关系有最密切联系的法律。

2. 特别规定优于一般规定

最密切联系原则的规定并不限定于《法律适用法》，在其他法律中也有关于这一原则的规定：《中华人民共和国民用航空法》第188条中规定，民用航空运输合同当事人可以选择合同适用的法律，但是法律另有规定的除外；合同当事人没有选择的，适用与合同有最密切联系的国家的法律；《中华人民共和国海商法》第269条规定，合同当事人可以选择合同适用的法律，法律另有规定的除外。合同当事人没有选择的，适用与合同有最密切联系的国家的法律。如纠纷属于上述特别规定，无须再援引一般规定。

3. 最密切联系原则的补充性适用

即在选择适用法律时应先依照《法律适用法》规定的准据法，在无法适用时再适用最密切联系原则。例如，依照《法律适用法》适用国籍国法律，自然人具有两个以上国籍的，适用有经常居所的国籍国法律；在所有国籍国均无经常居所的，适用与其有最密切联系的国籍国法律。

4. 最密切联系原则的选择性适用

在选择适用法律时既可依照《法律适用法》规定的准据法，也可适用最密切联系原则确定。例如，有价证券的问题，根据《法律适用法》第39条规定，可适用有价证券权利实现地法律或者其他与该有价证券有最密切联系的法律。

（四）不当得利和无因管理的法律适用

在《法律适用法》颁布之前，我国未制定不当得利、无因管理的法律适用规则。在实践中，将不当得利、无因管理识别为准侵权，依据属地原则，适用事实发生地法。而《法律适用法》第 47 条对不当得利、无因管理的法律适用作出了明确规定："不当得利、无因管理，适用当事人协议选择的法律。当事人没有选择的，适用当事人共同经常居所地法律；没有共同经常居所地的，适用不当得利、无因管理发生地法律。"

（五）外国法的排除

1. 公共秩序保留

《法律适用法》第 5 条规定，外国法律的适用将损害我国社会公共利益的，适用中华人民共和国法律。港澳台地区法律适用可以比照该条的规定处理。据此，根据我国冲突规范确定的准据法为外国或港澳台地区法律，而该法律的适用违反社会公共利益的，则不应适用，而应适用我国相应的法律。

与前文提到的强制性规定的适用不同的是，公共秩序的保留建立在适用域外法的基础上，是适用域外法将违背我国社会公共利益才转而适用我国法律。

2. 法律规避

法律规避，又称法律欺诈，是指涉外商事法律关系的当事人故意制造某种联结点，以避开冲突规范援引的本应适用的对其不利的强制性法律，而使对其有利的法律得以适用的一种逃法或脱法行为。由于确定涉外商事案件的准据法有赖于种种联结点，而有些联结点是能够随当事人的意思而变更的，如国籍、住所、所在地等。如果当事人为了某种特定目的，滥用设立和变更联结点的自由，显然不利于法律秩序的稳定，也不利于国内法律所体现的政策的贯彻实施。

与公共秩序的保留相比，在法律规避中，当事人存在规避强制性规定的故意，且存在制造联结点的行为，以达到规避法律的目的。而公共秩序保留则是由冲突规范所指引的域外法与冲突规范所属国的公共秩序相抵触引起的，是域外法的适用结果问题，并不存在当事人的故意规避。

（六）域外法律查明的规则与实践

域外法律的查明是审理涉外民商事争议的一个重要环节，不仅决定了法院能否正确地适用域外法，而且直接影响最终裁判结果的走向，因此在立法、司法实践中受到格外重视。对域外法查明方式、查明主体与客体、查明的形式和程序作出系统规定，有利于促进我国建设更为严密的域外法查明制度，并解决司法实践中“查明难”的问题。

1. 域外法的查明方式

现阶段，我国法律并未对查明方式进行明文规定，在实践中往往采用：(1) 当事人提供；(2) 中外法律专家或者法律查明机构提供；(3) 国际商事专家委员会专家提供；(4) 与我国订立司法协助协定的对方的中央机关或者主管机关提供；(5) 我国驻该国使领馆或者该国驻我国使领馆提供；(6) 法律查明合作机制参与方提供等方式。

2. 域外法的查明主体和客体

对域外法性质的理解，目前有事实说和法律说两种观点。一般而言，如将域外法视为法律，则应由人民法院依职权查明；如将域外法视为事实，则应由当事人负责提供。根据《法律适用法》第 10 条第 1 款的规定，涉外民事关系适用的外国法律，由人民法院、仲裁机构或者行政机关查明。当事人选择适用外国法律的，应当提供该国法律。由此可以看出我国采用人民法院依职权查明为主、当事人提供外国法为辅的方法查明域外法。

根据《法律适用法》第 9 条规定，涉外民事关系适用的外国法律，不包括该国的法律适用法。据此，在适用域外法时，不存在反致条件，也即不包括该国的法律适用法，而指该国的实体规范和程序性规范。

3. 域外法的查明途径与认定

《最高人民法院关于适用〈中华人民共和国涉外民事关系法律适用法〉若干问题的解释（二）》在第 2 条中对人民法院查明域外法的途径进行了明确规定：(1) 由当事人提供（指人民法院作为查明义务主体要求当事人协助提供域外法）；(2) 通过司法协助渠道由对方的中央机关或者主管机关提供；(3) 通过最高人民法院请求我国驻该国使领馆或者该国驻我国使领馆提供；(4) 由最高人民法院建立或者参与的法律查明合作机制参与方提供；(5) 由最高人民法院国际商事专家委员会专家提供；(6) 由法律查明服务机构或者中外法律专家提供；(7) 其他适当途径。同时规定：人民法院通过前款规定的其中一项途径无法获得外国法律或者获得的外国法律内容不明确、不充分的，应当通过该款规定的不同途径补充查明。人民法院依法适用外国法律审理案件，应当在裁判文书中载明外国法律的查明过程及外国法律的内容。

4. 对域外法的审查与认定

查明的外国法律的相关材料均应当在法庭上出示。人民法院应当听取各方当事人对外国法律的内容及其理解与适用的意见。法律查明机构、法律专家可以出庭协助人民法院查明。在程序启动上，人民法院认为有必要时可以通知法律查明服务机构或者法律专家出庭接受询问；当事人也可以申请其出庭。在参与方式上，可以现场出庭；确有困难的也可以在线接受询问。但法律查明服务机构或者法律专家只围绕外国法律及其理解发表意见，不参与其他法庭审理活动。

至于域外法的认定情况，多分为以下三种：（1）当事人对外国法律的内容及其理解与适用均无异议的，人民法院可以予以确认。（2）当事人对外国法律的内容及其理解与适用有异议的，应当说明理由；人民法院认为有必要的，可以补充查明或者要求当事人补充提供材料；当事人仍有异议的，由人民法院审查认定。（3）外国法律的内容已为人民法院生效裁判所认定的，人民法院应当予以确认，但有相反证据足以推翻的除外。

5. 域外法的查明不能

（1）当事人作为查明义务主体时：当事人选择适用外国法律，其在人民法院确定的期限内无正当理由未提供该外国法律的，人民法院可以认定为不能查明外国法律。然而，不得仅以当事人对域外法内容存在争议为由认定不能查明域外法。

（2）法院作为查明义务主体时：要求当事人协助提供域外法的，不得仅以当事人未予协助提供为由认定外国法律不能查明。人民法院通过由当事人提供、已对我国生效的国际条约规定的途径、中外法律专家提供等合理途径仍不能获得外国法律的，可以认定为不能查明外国法律。

（3）不能查明的处理：不能查明外国法律或者该国法律没有规定的，适用我国法律。并且，应当在裁判文书中载明不能查明的理由。

五、实训过程

案例

1. 通过投影仪，教师与学生回顾案例的基本案情。

2. 通过小组讨论，分析本案中所涉实体法律关系，由学生代表发言予以确认。

3. 通过小组讨论，明确本案中影响法律适用选择的条件，根据实际情况判断准据法的选择。

六、实训点评

（一）角色自我点评（略）

（二）旁听学生点评（略）

（三）指导教师点评

首先，对人民法院的立案庭法官的实训点评可以从以下方面来掌握：（1）依照法律规定，原告选择向本院提起诉讼，是否有明确的法律依据？（2）根据原告的民事起诉状以及提供的证据材料，法官的处理方法是否正确？

其次，对审判庭法官的实训点评可以从以下方面来掌握：（1）依照法律规定，审判庭的法官对原告的起诉处理是否妥当？（2）面对被告的相应行为，审判庭法官的处理是否妥当？（3）案例素材中，审判庭法官作出判决的法律适用是否合适？

七、实训法律法规

1. 《联合国国际货物销售合同公约》。

2. 《中华人民共和国涉外民事关系法律适用法》。

3. 《最高人民法院关于审理涉台民商事案件法律适用问题的规定》。

第三节　判决、裁定的承认与执行

随着经济全球化的迅速发展，跨国经济活动日益频繁，当纠纷发生而在其所在国完成诉讼程序却无法执行回款时，执行人的海外财产如何纳入执行范围、如何执行等问题逐渐进入大家的视线。这种情况下，我们往往不会选择在当地再次提起诉讼，更好的选择是当地法院能够执行我们在境外已经形成的判决，此时就涉及不同国家法律下对境外民商事判决的承认与执行程序。本节将以案例的方式从中国法院对他国法院作出的民商事判决的承认与执行的角度进行训练。

一、实训目标

阅读《民事诉讼法》及相关规定，了解我国法院现阶段对于承认与执行外国法院作出民商事判决的依据，掌握中国与其他国家签订的双边司法协助条约，或者互惠原则。本节包含以下实训内容：（1）了解互惠关系的认定。（2）掌握互惠关系的原则和审查标准。（3）熟练判断影响判决承认与执行的要素。

二、实训素材

案例 1

申请人彼克托美术式有限公司（以下简称彼克托公司）与被申请人上海创艺宝贝教育管理咨询有限公司（以下简称创艺公司）申请承认和执行外国法院民事判决。申请人与被申请人因合同纠纷，申请人向韩国首尔南部地方法院起诉，且首尔南部地方法院于 2019 年 2 月 15 日作出民事判决书（编号：2011Gahap6992），判决被申请人向申请人支付 84 万美元及相应利息，并判决被申请人创艺公司在其网页（www. babyart. cn）、营业用招牌、广告、印刷物、标牌上除去申请人的“美术式思维课程”营业标志等。

问题：

1. 如果你是人民法院的法官，是否承认韩国首尔南部地方法院的判决，说出你的理由和依据。

2. 如果你是申请人，会向法院提供哪些证据来支撑你的申请？

案例 2

申请人无锡洛社印染有限公司（以下简称洛社公司）、黄智泽与被申请人李安山、TAHome 有限公司申请承认和执行外国法院民事判决。申请人洛社公司、黄智泽申请称：洛社公司、黄智泽诉李安山、TAHome 有限公司民事纠纷一案，美国加利福尼亚州圣马物奥郡高等法院审理已于 2016 年 7 月 12 日作出了第 502381 号民事判决书，现该判决已经生效。《关于邮寄材料的宣誓书》载明，上述判决于 2016 年 7 月 12 日被寄往各当事人的送达地址。2016 年 9 月 28 日，李安山不服该判决，提交上诉通知，由加利福尼亚州第一上诉区上诉法院以 A149522 号登记在册。

问题：

1. 如果你是人民法院的法官，会支持当事人的申请还是驳回，说出你的依据。

2. 如果你是被申请人，你的抗辩理由是什么？

三、实训准备

1. 按照学生人数的多少，教师将学生分成若干小组，并确定扮演的不同角色。

2. 阅读《民事诉讼法》及相关规定中有关域外法院判决与裁定的承认与执行的相关基础理论知识，熟练掌握各国间互惠关系的原则和认定审查、明晰承认和执行申请的程序性条件，同时尽最大可能熟悉各种民事实体法中有关域外法院判决与裁定效力的相关内容。

3. 实训前将实训素材的基本案情资料传发给学生，要求检索有关涉外法院判决执行争议方面的法律依据，根据具体实训案例结合实体法的内容明确案件适用法律条例。

4. 发现案件的基本事实和需要适用的法律法规及原则，以上内容需以书面形式提交报告。同时，根据扮演角色的不同，准备相应的法律文书或者书面材料。

四、实训要点

1. 海外执行的法律依据

根据我国《民事诉讼法》第297条规定，人民法院作出的发生法律效力的判决、裁定，如果被执行人或者其财产不在中华人民共和国领域内，当事人请求执行的，可以由当事人直接向有管辖权的外国法院申请承认和执行，也可以由人民法院依照中华人民共和国缔结或者参加的国际条约的规定，或者按照互惠原则，请求外国法院承认和执行。

在中华人民共和国领域内依法作出的发生法律效力的仲裁裁决，当事人请求执行的，如果被执行人或者其财产不在中华人民共和国领域内，当事人可以直接向有管辖权的外国法院申请承认和执行。

从国际法层面来看，海牙国际私法会议通过的《承认与执行外国民商事判决公约》在民商事领域为外国判决的承认与执行提供了公约路径和国内法路径。根据《民事诉讼法》及相关规定，我国法院目前承认与执行外国法院作出民商事判决的依据，多为中国与其他国家签订的双边司法协助条约，或者互惠原则。至于外国法院对于执行来自中国法院判决，实际上同样适用互惠原则。

（1）民商事双边司法协定

目前与我国缔结了包含互为承认和执行法院判决、裁定内容的双边司法协助的国家，包括法国、意大利、俄罗斯、乌克兰、西班牙、匈牙利、摩洛哥、阿联酋、巴西、波兰、蒙古、白俄罗斯、阿根廷、越南、土耳其、埃及、希腊、塞浦路斯、哈萨克斯坦、罗马尼亚、保加利亚、古巴、吉尔吉斯斯坦、塔吉克斯坦、乌兹别克斯坦、突尼斯、秘鲁、阿尔及利亚、科威特、波黑、埃塞俄比亚、老挝、立陶宛和朝鲜等国家。

针对上述国家生效的民商事判决，当事人可依据该法院所在国与我国签订的互相承认民商事判决的司法协定请求我国法院承认和执行该判决。

（2）承认与执行外国民商事判决公约

海牙国际司法会议经过多年谈判，通过了《承认与执行外国民商事判决公约》，我国代表团与其他各国代表于 2019 年 7 月 2 日签署确认了执行公约，但该公约尚需国务院审核、全国人民代表大会常务委员会决定批准、中华人民共和国主席根据全国人民代表大会常务委员会的决定予以批准等程序，执行公约方可对我国生效。由此可见，外国法院或当事人目前暂无法依据执行公约请求我国法院承认和执行外国法院生效判决。

（3）互惠关系

除了上述与我国缔结了互为承认法院判决的国家外，与我国经济往来相对密切的美国、英国、日本、韩国等国家，当事人可依据互惠关系原则申请我国法院承认和执行域外法院生效判决。

“互惠关系”分为“事实互惠”“法律互惠”“推定互惠”。其中，“事实互惠”是指作出请求承认和执行判决的外国法院所属国曾经有过承认我国法院判决的先例，作为回应，我国对该国法院判决也承认和执行。

“法律互惠”是指两国规定了大致相同的承认和执行外国法院判决的有关规定，并以国内立法形式作出互惠保证，若根据作出判决的外国法院所在国的法律，我国法院作出的民商判决可以得到该国法院的承认和执行，则可以认定该国与我国存在法律上的互惠关系。

“推定互惠”是指两国法院通过外交途径达成互惠谅解或共识，或者存在外交互惠承诺等事实则可以推定两国存在互惠关系。目前，我国法院对互惠原则逐渐从事实互惠向法律互惠与推定互惠标准转变。

近年来，最高人民法院发布的《关于人民法院为“一带一路”建设提供司法服务和保障的若干意见》第 2 条第 6 项；《最高人民法院关于人民法院进一步为“一带一路”建设提供司法服务和保障的意见》第 19 条规定、第 24 条规定，以及最新发布的《全国法院涉外商事海事审判工作座谈会会议纪要》第 44 条规定，反映了我国司法实践长期以来适用事实互惠的标准有了重大突破，尤其是涉外会议纪要不再将事实互惠作为承认和执行外国法院判决的必要条件，而是转而采取法律互惠和推定互惠的精神。因此，虽然《民事诉讼法》对互惠关系的理解和适用未作出详细规定，但是当事人可以在申请承认和执行外国法院判决时结合上述司法政策的变化予以应用。

2. 对判决、裁定承认的审查过程

人民法院应当根据外国法院判决、裁定的实质内容，审查认定该判决、裁定是否属于《民事诉讼法》第 298 条规定的“判决、裁定”。外国法院对民商事案件实体争议作出的判决、裁定、决定、命令等法律文书，以及在刑事案件中就民事损害赔偿作出的法律文书，应认定属于《民事诉讼法》第 298 条规定的“判决、裁定”，但不包括外国法院作出的保全裁定以及其他程序性法律文书。

人民法院应当根据判决作出国的法律审查该判决、裁定是否已经发生法律效力。有待上诉或者处于上诉过程中的判决、裁定不属于《民事诉讼法》第 298 条规定的“发生法律效力的判决、裁定”。

人民法院在审理申请承认和执行外国法院判决、裁定案件时，经审查，不能够确认外国法院判决、裁定的真实性，或者该判决、裁定尚未发生法律效力的，应当裁定驳回申请。驳回申请后，申请人再次申请且符合受理条件的，人民法院应予受理。

3. 域外法院对于来自中国法院的判决的执行

外国法院对于执行来自中国法院判决，实际上同样适用互惠原则。《全国法院涉外商事海事审判工作座谈会会议纪要》的出台及对于互惠原则的明确，也可作为向外国法院证明互惠关系存在的有力依据之一。互惠关系的审查，仅仅是众多审查要素之一。以马来西亚等国为例，他们会关注、审查判决本身，如判决是否明确的金钱之债、是否终局、作出判决的法院是否有管辖权等。例如美国，除需审查待承认案件的终局性外，还特别关注相对方有否被合法传唤等程序性要素，以及对案件的承认与执行是否违反国内法律或者公共利益等实体要素。在这种情况下，复杂多变的国际关系亦有可能影响承认与执行案件申请的审核结果。另外，我们还留意到，以美国为例，因为其除了联邦立法外，还有州立法的体系，为此具体到州立法院进行承认与执行的申请，其法院更多地考察州司法层面的要素（如该州与中国是否构成“互惠”关系、有否承认与执行司法判决的先例等）。

在实践中，我国与美国、韩国、德国、爱尔兰等国家均有承认和执行民商事判决的案例。在 2019 年时，已有我国法院出具的民事调解书在加拿大法院得到承认与执行。虽然民事调解书是我国司法独有的产物，但在申请方充分说明民事调解书性质、法律作用等要素的情况下，外国法院同样会对其承认与执行。

五、实训过程

（一）案例 1

1. 通过投影仪，教师与学生共同回顾案例 1 的基本案情。

2. 通过小组讨论，了解近年来与涉外民商事诉讼判决承认与执行的审查条件、法律规定、司法解释、批复等，再结合案例素材的案情，明确互惠关系的原则，最后拟定有利于己方的诉讼方案。上述问题由学生在实训过程中发言予以确认。

3. 以上述讨论确认的事实问题和法律问题为中心，由扮演申请人的学生完善相应的法律文书，并提交相应的证据材料。面对提出的申请和证据，扮演人民法院法官的学生做好应对的准备工作。

4. 以上述讨论确认的事实问题和法律问题为中心，由扮演被申请人的学生完善自己的抗辩思路，并提交相应的证据材料。面对被申请人提出的抗辩理由，扮演法官的学生应如何应对，并撰写相应的法律文书。

5. 通过小组演练，由学生扮演不同的诉讼角色，模拟完成上述实训素材可能出现的法律场景。

（二）案例 2

1. 通过投影仪，教师与学生共同回顾案例 2 的基本案情。

2. 通过小组讨论，确定本案影响互惠原则审查的方面，讨论应以何种途径应诉；明确上述问题，拟定有利于各自的诉讼或非诉讼策略。上述问题由学生在实训过程中发言予以确认。

3. 以上述讨论确认的事实问题和法律问题为中心，由扮演申请人的学生完善相应的法律文书，并提交相应的证据材料。面对申请人提出的申请，扮演人民法院法官的学生做好应对的准备工作。

4. 以上述讨论确认的事实问题和法律问题为中心，由扮演被申请人的学生完善抗辩的法律文书，并提交相应的证据材料。面对被申请人提出的抗辩，扮演人民法院的学生应如何应对，并撰写相应的民事裁定书（或民事裁决书）。

5. 通过小组演练，由学生扮演不同的诉讼角色，模拟完成上述实训素材可能出现的法律场景。

六、实训点评

（一）角色自我点评（略）

（二）旁听学生点评（略）

（三）指导教师点评

1. 案例 1 点评要点

首先，对申请人的实训点评可以从以下方面来掌握：（1）涉外民事案件中，与互惠关系有关的法律规定、司法解释、审查条件的变化脉络。（2）涉外民事案件中，确定判决的效力、承认条件的依据。（3）素材案例中，被申请人要求执行他国判决，所提供的证据是否能够支撑自己的需求。（4）被申请人的抗辩理由以及提交的证据材料，是否合理合据。

其次，对人民法院法官的实训点评可以从以下几方面掌握：（1）依照法律规定，申请人提出执行他国判决，是否有相应的法律依据。（2）根据被上诉人的抗辩理由以及提供的证据材料，法官的处理方法是否正确。（3）面对双方当事人的相应行为，法官的处理是否妥当。

最后，对被申请人的实训点评可以从以下方面来掌握：（1）涉外民商事案件中，与互惠关系有关的法律规定、司法解释、批复的变化脉络。（2）涉外民商事案件中，确定域外判决效力的方法，以及与实训案例的关联性。（3）根据自身的实际情况，是否设计了足够多的可能情形，分别拟订了不同的诉讼策略。

2. 案例 2 点评要点

首先，对申请人的实训点评可以从以下方面来掌握：（1）申请人提出的申请是否合理合据，相关证据材料是否充分。（2）申请人选择这个法院进行申请是否有法律依据。

其次，对被申请人的实训点评可以从以下方面来掌握：(1) 被申请人的抗辩理由是否合理，提供的证据是否能够支撑己方诉请。(2) 撰写的法律文书以及提交的证据材料，是否充分地反映了其应对的方案，优点、缺点在哪里。

最后，对人民法院法官的实训点评可以从以下方面来掌握：(1) 面对互惠关系的审查，法官的处理是否妥当，有无法律依据。(2) 面对双方当事人的请求，法官的处理是否妥当，有无法律依据？(3) 人民法院的法官，能否以本案为基础，谈谈对判决效力审查途径的把握。

七、实训法律法规

1. 《中华人民共和国民事诉讼法》。

2. 《承认与执行外国民商事判决公约》。

3. 《最高人民法院关于人民法院进一步为“一带一路”建设提供司法服务和保障的意见》。

4. 《全国法院涉外商事海事审判工作座谈会会议纪要》。